儿童情绪管理训练手册

鲁鹏程 / 著

清华大学出版社

北京

内 容 简 介

如何帮孩子进行情绪管理训练？这是每一个父母都应深入思考的问题。实际上，父母就是孩子最好的情绪管理训练师，他们可以帮孩子学会控制情绪，抚慰孩子的心灵。本书旨在解决广大父母在现实家庭教育中的痛点。书中的内容无论是教育理念还是案例、故事，均源自作者多年的教育研究及各类教育讲座、咨询，真实有效，既有专业性，又有实用性，可谓父母对孩子进行情绪管理训练的好帮手。

图书在版编目（CIP）数据

儿童情绪管理训练手册 / 鲁鹏程著 . —北京：清华大学出版社，2022.8
ISBN 978-7-302-60727-4

Ⅰ . ①儿… Ⅱ . ①鲁… Ⅲ . ①情绪—自我控制—儿童读物 Ⅳ . ① B842.6-49

中国版本图书馆 CIP 数据核字（2022）第 072931 号

责任编辑：杜春杰
封面设计：长沙鑫途文化传媒
版式设计：文森时代
责任校对：马军令
责任印制：丛怀宇

出版发行：清华大学出版社
      网　　址：http://www.tup.com.cn，http://www.wqbook.com
      地　　址：北京清华大学学研大厦 A 座　　邮　　编：100084
      社 总 机：010-83470000　　邮　　购：010-62786544
      投稿与读者服务：010-62776969，c-service@tup.tsinghua.edu.cn
      质量反馈：010-62772015，zhiliang@tup.tsinghua.edu.cn
印 装 者：三河市东方印刷有限公司
经　　销：全国新华书店
开　　本：170mm×240mm　　印　　张：19.75　　字　　数：260 千字
版　　次：2022 年 8 月第 1 版　　印　　次：2022 年 8 月第 1 次印刷
定　　价：69.80 元

产品编号：091372-01

情绪，每个人都有，孩子也不例外。情绪管理，在如今这个快节奏的社会，无论对于成人还是孩子而言，都是一项非常重要的"工作"。

的确，就亲子教育而言，"掌控情绪才能掌控未来"绝非一句虚言，而且是一个极富哲理的论断。孩子如果能掌控自己的情绪，那么无论是他当下的学习、生活，还是未来的工作，都将会是"平和"的、"平顺"的，当下可控，未来可期。父母如果能掌控自己的情绪，就不仅能掌控自己的未来，也能掌控孩子的未来。因为拥有一对能掌控情绪的父母，是孩子一生最大的福气；相反，如果遇到情绪难以自控的父母，则是孩子一生的噩梦，甚至是灾难。所以，情绪掌控之于个人、之于家庭，都极为重要。

早在 2010 年，我就倡导过"不吼不叫"的教育理念，并着手这方面的研究与写作。2011 年 7 月，我撰写的《好妈妈不吼不叫教育男孩 100 招》出版，畅销全国。其后，各种以"不吼不叫"为名的书籍、短视频、课程等如雨后春笋般地"铺满"全国，掀起了传播、践行"不吼不叫"教育理念的热潮。

可以说，《好妈妈不吼不叫教育男孩 100 招》是父母的情绪训练课，着力于教父母在控制自己情绪的基础上教育孩子，所以，较少涉及教孩子自己去掌控情绪的内容。

但当下，大多数孩子都或多或少地存在一些情绪方面的问题，比如，易怒、爱生气、发脾气、任性、黏人、顶嘴、冲动、有攻击性、好动、爱哭、骂人、吵闹、无礼、执拗、自卑、孤独、悲伤、纠结、后悔、自我厌恶、怨恨、嫉妒、焦躁、抑郁、恐惧……而父母也囿于经验与认知，无法有效应对，以至于错失很多教育良机，甚至因此而导致亲子矛盾、亲子"大战"，严重影响了孩子身心的健康发展，实属遗憾。

由此可见，孩子的情绪自控与管控也是个大问题，值得关注。所以，现在我基于"儿童情绪管理"的视角，又写了这本《儿童情绪管理训练手册》。

如何帮孩子进行情绪管理训练？这是需要父母深入考虑的问题。实际上，父母就是孩子最好的情绪管理训练师，他们可以帮孩子学会控制情绪，理顺孩子的心灵。在对孩子进行情绪管理训练时，不必吼叫、责骂，以各种方式多费口舌，避免与孩子冲突、对立，也不必因孩子的各种不良情绪而愤怒与沮丧，否则，反而容易把孩子推向更加情绪化的深渊。作为父母，是可以用爱与尊重、包容与接纳等方式让孩子走向幸福与成功的人生的。

我认为，对孩子进行情绪管理训练并不难，只需要五步（情绪管理训练"五步法"）即可。

第一步：读懂情绪，同理共情。

第二步：认同接纳，联结情感。

第三步：正向引导，积极沟通。

第四步：鼓励表达，刻意练习。

第五步：解决问题，巩固提升。

在实施"五步法"之前，父母还需要做好三件事。

第一，了解一个现象：情绪难以自控孩子的表现，即：是什么？（了解孩子情绪的各种呈现方式——现象。）

第二，发现一个原因：透视孩子情绪背后的信息，即：为什么？（分析孩子情绪背后隐含的信息——成因。）

第三，确认一种信念：父母是孩子最好的情绪管理训练师。（在前述"现象"与"成因"的基础上，坚信自己可以训练孩子学会控制情绪。）

在实施核心的情绪管理训练"五步法"后，还有最后两项内容：一是父母的情绪管理训练，教父母学会自控，建立和谐的家庭氛围（需要父母从自身情绪控制入手，因为父母的情绪平和，孩子才会幸福一生）；二是全家人的情绪管理持久训练，让家庭情绪管理"基业长青"（本部分为附加课，即巩固"战果"，通过"全家人的情绪控制训练课"让家人、孩子一直处于一种平和的情绪状态）。

这也是本书的设计"路线图"，可以说，既有内在逻辑关系，又有外显实践路径。我希望读者一看就懂，一学就会，一用就灵，能最大限度地帮父母解决孩子情绪无法自控的问题。

本书旨在解决广大父母在现实家庭教育中的痛点。书中内容无论是教育理念还是案例、故事，均源自我多年的教育研究及各类教育讲座、咨询，真实有效，既有专业性，又有实用性，可谓父母对孩子进行情绪管理训练的好帮手。

就本书的特点，我总结了以下几条。

第一，原创性。本书最大的特点是原创性，教育理念和案例均源自我的研究、思考、讲座与各类咨询等。

第二，实用性。本书在讲解教育理念的同时，更辅以案例解读，并总结了大量切实可行的培养方法、训练技术，让读者看得懂、学得会、用得灵。会用、实用、好用，是本书力图实现的最大功能。

第三，逻辑性。本书逻辑结构严谨，线索清晰，教育实践路径鲜明。

第四，系统性。本书系统地阐述了"儿童情绪管理训练"的背景（是什么、为什么）、对教育真相的认知（坚定信念——我就是孩子最好的情绪管理训练师）、训练路径（"五步法"），以及加强训练课（父母的情绪管理训练，以及全家人的持久"和平相处"氛围营造），极具系统性。

第五，融合性。本书融西方现代心理学理念与中国传统教育智慧于一身，中西合璧，道术结合，铸魂育人。

需要指出的是，本书"技术性"极强，有各种"不吼不叫"的情绪管理方法与"非暴力亲子沟通话术"，所以，读者可将本书作为随身、随手查阅的"手册"，可以从自己感兴趣的任何一节开始阅读。

我热切期盼这本书既可以提升父母的亲子教育水平，培养出不发怒、不抓狂、不失控、不崩溃、情绪稳定、善于沟通表达、自信心满满、自律自强、情商高的好孩子，又可以积聚父母、孩子、家庭天天向上的正能量，在一定程度上"拯救"广大父母、孩子于"水火"之中。

开卷有益。祝福你，祝福你的孩子！

鲁鹏程

2022 年 4 月

目 录

第三章

坚定信念：你就是孩子最好的情绪管理训练师

第四章

训练第一步：读懂孩子的情绪，同理共情

第十章

附加课:全家人的情绪控制训练课

第一章

预备课：认识情绪难以自控的孩子

你的孩子就是"与众不同"

家有儿女，很多父母总是感慨，为什么自己家的孩子跟别人家的孩子不一样呢？我想，这就像德国哲学家莱布尼茨（Leibniz）说过的"这个世界上没有两片完全相同的树叶"一样，这个世界上也没有两个完全一样的人。

每一个孩子其实都是珍贵的存在。他本来就是与众不同的，他不是别人家的孩子，他是你的孩子，他也不是别人，他是他自己。就这么简单。那我们还感慨什么呢？还有必要去跟别人家的孩子去做对比吗？显然不需要。发现并接纳自家孩子的与众不同，我们才能更平静地看待孩子，才能更充满爱地走近孩子，跟他沟通、交流和亲密接触。

看到这里，你可能"不太服气"："我是说，为什么别人家的孩子那么乖，而我的孩子这么暴躁，脾气那么坏，动不动就乱发脾气？为什么？"

的确，孩子的与众不同，不仅包括相貌的不同，也包括各种特质的不同，而特质之一，就是有的孩子确实不能控制情绪，没有自控力。这也很正常。我们要特别平静地了解一个真相：总有一些孩子是与众不同的，而我们的孩子很可能就是这些孩子中的一员。这并不是说与众不同就不好，这里所说的"与众不同"是一个中性词，不含任何情感表达或价值判断，就是"与别人不一样"，仅此而已。

比如，有的孩子热情奔放、"人来疯"、"自来熟"，有的孩子不善言辞、腼腆害羞、脆弱敏感；有的孩子有很强的好胜心，凡事都想跟别人"争一争"，而有的孩子却"与世无争"、安安静静；有的孩子爱冲动，有攻击性，爱争吵，爱发脾气，甚至总"闯祸"，有的孩子就是小"乖乖男"、小"乖乖女"；有的孩子情绪如同"过山车"——或喜或悲，喜怒无常，有的孩子情绪"如履平地"——四平八稳，不起波澜……

总之，孩子都在以自己的个性、独有的方式去感知这个世界，与这个世界接触甚至"碰撞"，在这个过程中让自己得以成长。

这些孩子，其实都是正常的孩子；他们的表现，也都是正常的表现。因为他们都是独立的个体。孩子有共性，也有个性，这就是大千世界中的孩子的本来样子。正是这些个性特征不同的孩子，才让这个世界、我们的家庭变得多姿多彩。

不过，如果孩子总是难以自控，经常"强烈"地表达自己的各种情绪，已经影响到了他的生活，如与人相处、学习成长等，那就需要"治疗"了，要引导孩子学会控制情绪，做到"制怒"，不做情绪的奴隶，而是成为情绪的主人。

很多时候，愤怒的孩子向外攻击的时候，其实也有一种力量在向内攻击。换句话说，他在以愤怒不已、难以自控的情绪伤害别人的同时，也会深深地伤害自己。所以，父母要做的工作，就是避免他的这种"对外"和"对内"的双重伤害，让他学会平和处事。

所以，当孩子需要教育、管教时，父母要做到坚决不放任；不需要"大动干戈"时，父母也不必"用力过猛"。但这需要用智慧去判断。而这个智慧的最基本的"出发点"是——我们的孩子就是"与众不同"。我真诚地希望父母能深刻认识这一点。

"好"孩子也会有各种"坏"的时候

中国传统蒙学经典《三字经》开篇就说"人之初，性本善"，但接下来又指出"性相近，习相远"。也就是说，儿童本性善良，但随着成长，后天习染积久养成的习性却可能不再纯真，甚至有很多"自私"的成分在其中，这就需要通过各种合作训练，使他摆脱这份"自私"、这份后天的不良习染。

所以，我宁愿相信，每个孩子都是天性善良的，所以，他们都是"好"孩子。但是，好孩子如果缺失了教育，后天的习性就会把他引向坏的发展方向，以致成为一个坏孩子。

但本节主题讲的"好"孩子也会有各种"坏"的时候，这里的"好""坏"并非真的好、坏，而是我们不理解其根本，想当然地认为他"好"或者"坏"。

以下，我就举例说明"好"与"坏"的对比。

比如，这样的孩子，你可能认为是好孩子：

做什么事都有条不紊；

没有任何情绪波澜，总是"乖乖的"；

什么事情都不用父母操心——看上去很完美；

不用父母催促，就自动自发地学习，而且成绩还非常好；

听话、不反驳；

喜欢照顾弟弟妹妹，不与他们争抢；

……

家里有这样的孩子，的确是令人羡慕的，可能这样的孩子就是"别人家的孩子"的样子。但我想说的是，如果你的孩子从小（比如幼儿园大班、小学一二年级）就这样，那未必是一件让你轻松愉悦的事情。为什么？因为这里面可能隐藏着某种危机。

每个人心中都有被认可、被赏识的渴望。对于孩子来说，他渴望得到父母尤其是妈妈的赞赏，这也是他与生俱来的天性。他如果为了无条件地被接纳，可能就会变得听话、乖巧，担心自己违背妈妈的意愿以致被妈妈嫌弃，所以他在妈妈面前表现得非常乖，是个好孩子的样子。可一到了学校，就换成另一副样子——淘气、不听老师的话、攻击同学、说脏话、粗鲁不堪……这就是"好孩子"也有"坏"的时候的表现。

而与此相反的，是孩子在学校表现得"乖巧有加"、安静沉稳，一回到家就变得"放飞自我"，又蹦又跳、又嚷又叫、又哭又闹……在学校和在家的表现完全不一样。这是"好"的一面在"坏"的时候的另一种表现方式。在这些孩子看来，爸爸妈妈都是自己人，在他们面前，自己不需要伪装，想怎样就怎样，而到学校立马就不一样了，他要给老师、同学留一个好印象，所以他就刻意收敛自己的行为，适度伪装，甚至是深度伪装，让自己成为一个"好"孩子。

我想，这两种孩子在我们的生活中很常见，你家的孩子可能不是前者，就是后者。但无论是哪一种，都是正常的，但也都需要适度地去纠正。

先说在家"好"的孩子。因为父母不知道在什么样的机缘巧合下，给他贴上了"好"孩子的"标签"，而且他也从这个"标签"中得到了或多或少的实惠——父母的表扬、骄傲与自豪感，哪怕犯点儿错误也会被包容……于是，孩子就会把自己束缚起来，包裹起来，强迫自己做个"好"孩子，但实际上，他的内心一直压抑着某种强烈的情感，甚至是火爆的脾气。这种被压抑的冲动、负能量，要到哪里去释放呢？就是在与家完全不同的环境——学校。

实际上，在学校表现"好"的孩子，也是这个道理。当他伪装下的负能量"爆棚"时，他势必会找一个突破口来释放，而最好的释放空间，可能就是家庭。因为在家里，在父母面前，他完全可以卸下伪装，做真实的自我。

所以，"好"孩子也会有各种"坏"时候，甚至可以说，每个孩子都既有"好"孩子的一面，也有"坏"孩子的一面。所以，我们应该反思：

是不是我们在生活中给了孩子过大的压力？

是不是我们要求孩子必须做个"好"孩子？

是不是孩子所有的"好"的表现都是在我们的指示下完成的？

是不是孩子表现"好"时我们心里就乐开了花？

是不是孩子善于观察我们的脸色？

……

如果是，那父母就要改变自己。

第一，不给孩子过大的压力。

第二，鼓励孩子表现真实的自己——该收敛的时候就收敛，该释放的时候就释放，把自己当成一个孩子看待。

第三，可以给孩子适度的自由，而不要指挥他所有的行动——虽然行为上没有为他包办代替，但在精神上已经行使了这个功能。

第四，把孩子当孩子。孩子不是完美的，允许他有"坏"的表现，不用那么在乎表面的"好"，只要他的人格是健全的、德行是高尚的、心理是健康的就好。

第五，告诉孩子：你不必察言观色，你是我的孩子，我会永远爱你，所以，你大可放飞心灵，不必再"缩着"自己。

……

加油！

动不动就哭，都成"习惯"了

为人父母，最烦的事情之一可能就是孩子动不动就哭这件事。遇到一点不如意的小事就哭；遇到一道题目算不出来也哭；妈妈简单的一句提醒，"见到叔叔阿姨要打招呼"，还哭……让我们真是又生气又无奈。

面对这些情形，有的父母就会跟人感叹："孩子动不动就哭，遇到一点儿小事就哭，真是愁死了！"或者直接批评自己的孩子："又哭，整天就知道哭，动不动就哭，都成习惯了，怎么就不知道改呢？"

往往这时，孩子不仅不会停止哭泣，反而哭得愈发厉害。因为在他看来，没人理解他，没人懂他内心的苦，他很孤单、很无助……

所以，如果父母、孩子任何一方都不改变，他们的心灵可能就永远没有默契、没有交集，彼此都生活在各自的烦恼中。怎么办？

作为父母，要发现背后的原因，试图改变这种状况。

比如，有的孩子性格天生就比较悲观，很难融入陌生的环境，一遇到环境中或大或小的变化，就会畏畏缩缩，甚至有点"胆战心惊"的感觉，不由自主地担忧，总爱往负面方向想，经常自己吓唬自己。当然，他不敢面对挑战，情绪很难平静，因为经常处于情绪的低谷，所以动不动就哭。

而当一个孩子对事情经常有负向预期时，结局也往往会朝着他的预期发展。这就是心理学上所讲的自证预言（self-fulfilling prophecy），也称自我应验预言，就是在有目的的情境下，个人对自己所作的预期，常常在以后的行为结果中得到验证。成语"心想事成"说的其实也是这个道理。

我继续深入阐述一下这个问题。

当这样的自证预言多次重复之后，孩子的内心深处就会建立一种认知——"都是我不好，都是我不行"，产生了一种对自我评价过于偏向负面的自我信念，认为自己毫无价值或者价值极低，过度放大自身的缺点、不足，而忽略优点、长处。这种妄自菲薄的状态，其实就是一种"低自尊"的表现。可见，低自尊的孩子容易出现哭泣、情绪低落等现象。

心理学的研究也证明了这一点。在面对生活中的困难、挫折时，低自尊的孩子往往没有主动突破的意愿，也没有强大的心理承受力，容易自我放弃，因为他们对自己没有信心，也不敢积极挑战困难和挫折。没有了主动性，就只能被动地哭泣，以此来表达自己的情绪。

长此以往，孩子就会接纳自己当下的性格，就认定自己是一个爱哭的人，由此，爱哭、动不动就哭，真的就会成为一种习惯，成为他性格的一部分。即使他在生活、学习中偶尔做得不错，也会错误地认为那是运气使然，而与他自身的努力、成长无关。

面对这种情形，父母该怎样做出改变，又怎样帮孩子改变呢？

第一，积极正向地回应孩子，客观、公平地看待他。孩子对自我的认知，很大程度上来自于父母对他的回应。如果父母在平时生活中注意发现他的优点，及时鼓励他、认可他，他就会看到自身的优势，就会更有信心，也会觉得自己有能力。这样，即使是天性悲观的孩子，在父母积极正向的回应下，也会有所改变。所以，这就要求父母要客观、公正地看待孩子，而不是想当然地去评判他。

第二，不贴"爱哭"标签，强化孩子不哭的时刻。要停止对孩子再贴各种负面标签的行为，比如"爱哭"等，说他不好，他就不好，这也是另一种意义上的"自证预言"，比如，老师认为这个学生好，那这个学生就会表现得很优秀；认为那个学生不好，那个学生就会真的表现很差。也就是说，老师的预期也会产生自证预言。1968 年美国心理学家罗伯特·罗森塔尔（Robert Rosenthal）所做的那个实验也说明了这个问题，这就是后来的罗森塔尔效应。所以，父母对孩子的信任和期待，也会产生自证预言的效果。简单来说，你越是认为他好，他就越会努力地做好给你看；你越是认为他不好，他就越努力地做坏给你看，尽管那可能不是他的本心所愿。

另外，也要注意强化孩子不哭的时刻，比如爱哭的孩子，总会有不哭的时候，或者他在哭之前，还说了一句话——好像是表达自己的想法。我们要善于发现并抓住这个机会，告诉他："你能说出自己内心的想法，哪怕只说了一句，我都觉得你进步了，我希望你能多表达自己，我相信你会改变。加油！"虽然孩子只是"前进了一小步"，但我们要把它当成"一大步"，毫不吝啬地对他提出表扬，而且要表扬到"点"上，以此提振孩子的信心。而孩子也真的会把你的话记在心里，化成他内在的自我对话，从而逐渐变得自信起来。

第三，给孩子"刚刚好"的期待，不要"超标"。我们对孩子都有期待，这很正常，但如果这个期待太高，已经超出了孩子的能力，无论他怎么努力，都做不好，或者都不能让我们满意的话，那这个期待就"超标"了。

曾经有一个 9 岁的女孩，因为担心不能在规定的时间内完成老师布置的作文而自杀，她留下两封遗书，一封写的是："妈妈，对不起，这是我的决定。"另一封写的是："为什么我干什么都不行？"

这件事是极为令人痛心的，但已经不可挽回。我们不能认定这就是孩子的错，但她内心的压力实在太大，以至于无法调适而走了极端。女孩对妈妈说了"对不起"，可能是她觉得辜负了妈妈的期待，由此可以推断，她的压力源自妈妈的期待。而且她还说，自己"干什么都不行"，这也说明，她是一个低自尊的孩子。

这就提醒我们，对孩子的期待，无论是他完成作业，还是尝试新鲜事物，又或者是与人交往，等等，都要合乎他的性格、能力，也就是给他"刚刚好"的期待，以此让他建立信心，进而培养他的高自尊。但我们也不要走另一个极端，那就是不对孩子有任何期待，因为毫无期待的培养也会导致孩子的低自尊，他觉得父母已经"放弃"他了，他会认为自己毫无价值。

那"刚刚好"的期待标准是什么呢？怎样判断自己对孩子的期待或要求既不过高，也不过低，以防止孩子掉入低自尊的陷阱呢？

其实，这就需要我们在对孩子提出要求、设定目标之前，衡量一下：这个要求孩子当下是否可以做到？难度有多大？是不是"一跳脚"就能达到？还是使劲"跳几脚"也未必能达到？如果是前者，那就是"刚刚好"；如果是后者，那就是"超标"。所以，如果你提的要求、设定的目标过高，那孩子就难免遭遇"失败"，这时哪怕你不批评、不吼叫、不责骂，孩子也依然会陷入低自尊的状态。反之，如果你对孩子的要求、目标都"刚刚好"，孩子付出一定的努力就可以做好，那他就会有成就感，这时再加上我们的肯定、表扬，他就会更自信，坚持几次下来，孩子慢慢就会走向高自尊。

第四，善于发现例外情况，可以无视孩子的哭闹。孩子动不动就哭也是分情形的，不是所有动不动就哭的孩子都是悲观的，都是低自尊的，而是有其他例外情形。有的孩子平时嘴皮子挺"溜"的，什么事都能表达清楚，也积极乐观，但他就是会在特定的时间节点哭闹。

比如，他要做什么或者是买什么，我们要是不同意，他就在地上打滚，越劝越不听，你弱他就强，你不答应他就誓不罢休，即使答应，他可能还会再"加码"，进一步跟你讨价还价、得寸进尺。而且，处于耍性子、发脾气状态的孩子，不会轻易接受我们的开导或教育，他很容易就会非常"委屈"地哭起来，可能是后悔：刚才如果努力一下，也许就能得到那个想要的东西；或者是装可怜，博得我们的同情，进而让我们改变主意，满足他的愿望……如果我们再继续说教，他可能就会开始变本加厉地耍性子。

对此，我们可以跟孩子立好规矩，有什么问题、想法或心里话，及时表达出来，而不能"无缘无故"地就突然哭闹起来。也就是说，孩子也应该努力约束自己，不能随便哭闹、喊叫、撒泼打滚，否则，我们可以无视。但是这种无视不是彻底的不理会，而是"有关注的无视"，也就是在保证孩子、别人及其他物品安全的前提下，任由他随便闹。

当孩子发现我们对他的胡闹没有什么反应时，他也许就会安静下来。尤其是在他哭闹的时候，也不要觉得他有多可怜，只要能判定他是在用哭来吸引我们的注意，就可以不用理他，没一会儿他自己自然就会停下来。在这之后，你可以再向他强调一遍规矩的内容，以防止他下次再犯。

一遇到变化，无论大事小事孩子都紧张

有的孩子害怕面对各种变化，比如，老师布置了家庭作业，他是认可接受的，但放学回来后，老师突然在社群中通知，要完成"安全教育平台"的一项作业，这属于临时添加的"项目"，尽管可能10分钟就能完成这项作业，但孩子却很紧张、很排斥，一时接受不了，甚至还会哭闹，但到最后，他还是会"乖乖"地完成，因为他不敢"违抗"老师的指令。

类似情形还有很多，就是面对临时的各种或大或小的变化，不管事情大小，孩子都会感到紧张，由此导致情绪不佳。这样的孩子并不罕见。

实际上，适度的紧张感并非坏事，它是一种必要的自我保护机制，可以让人有一种警觉反应，有助于生命个体留意周围环境中的威胁，从而及时采取规避行动，让自己免于遭受意外。所以，当一个人有不安全感时，他会下意识地评估所处的环境、所面对的事情，同时还会启动内在的生理反应，让自己处于高度应激状态，以便实施进一步的行动，如逃跑等。这都是紧张时的正常行为表现。事实上，这样一套"连锁反应"大多数人都会有。不过，不同个体对潜在威胁、不安全感的感知程度不同，所以在处理方式上也会有差异。

但如果紧张感是过度的，那就有问题了。比如，遇到大小事情都紧张的孩子，就会对很多事情过于警觉，甚至对还没有到来的变化也警觉，所以就会排斥、抗拒这些变化，他会放大这些变化潜在的危险，从而出现强烈的情绪感受与行为反应。

那这背后的原因是什么呢？可能源自孩子对自己的表现有比较高的期待，或者是期待爸爸妈妈不要"看低"他，所以就担心自己面对变化无法很好地应对，从而无法把控接下来的局面，进而出现情绪失控的情形。

这与心理学上所讲的"鸵鸟心态"有些类似。鸵鸟心态是一种逃避现实的心理，外在表现就是一种不敢面对问题的懦弱行为。心理学研究表明，很多人在面对压力时，都会选择回避的态度，明明知道必须面对这些已经出现或即将出现的问题，可就是不去想办法应对，只想一门心思地逃避，结果就会导致问题越来越难以处理。这就像鸵鸟被逼得走投无路时，干脆把头埋进沙子里。

对于孩子来说，当他不愿意或不敢面对这些必须面对的现实问题时，为了追求所谓的"安全感"，他可能就会以更加强烈的情绪、更为固执的行动来抗拒"被改变"。

如果我们不了解这些原因，就很容易以行为结果的好坏来"教导"孩子：

"你要勇敢面对变化，不要这么懦弱！"

"整天就知道紧张，这可不好，有变化才是正常的！"

"妈妈要是你，就会高高兴兴地看待这些变化！"

"你要是现在不勇敢面对，以后走向社会，有你受的！"

"你就知道逃避，从来不努力！"

……

这些道理都对，都没问题，但问题是孩子听不进去，他非但听不进去，还会排斥，因为你不理解他的内心，你感受不到他内心的需要。他可能对此反而做出更加不合适的回应。由此，孩子的抗拒与父母的"教导"就会化为一场亲子关系的拉锯战，亲子互动不仅无效，甚至还会产生较大的负面效果，从而导致亲子关系的恶化。

那么，我们该如何教育这样的孩子呢？

第一，要注意辨识孩子的紧张源。孩子一遇到变化，无论大事小事都紧张，是一直就存在的状态，还是近期刚刚出现的？这需要辨识。

如果是最近刚出现的，那孩子一定会有一个压力源，也就是近期孩子出现过压力事件。这就需要我们跟孩子沟通，引导他发现自己的压力源所在，跟他平静地、客观地讨论这个压力源，从而帮他缓解。

比如，可以跟他这样说：

"这件事确实让你感到了压力，我能理解你的难处！"

"虽然这个变化是正常的，但确实也会带给你短暂的不适应感！"

"妈妈要是你，可能也会紧张的！"

"现在，我们一起想办法应对，相信你可以突破自己！"

"看得出来，你已经很努力了，爸爸很欣慰。"

……

也就是认同他的情绪，不负向批评，而是正向引导，让孩子感受到我们的真诚和关爱，从而不再排斥、抗拒那个压力源，进而缓解紧张的亲子关系。

如果长期以来孩子都如此，那平时就要多引导他了。比如，经常鼓励他、认可他、接纳他、理解他，让他感觉自己是有价值的、有能力的，慢慢地积累信心，从紧张到舒缓，到轻松，再到愉悦面对生活中的大事小事，并真正认为变化是一种正常的状态。

第二，关注孩子的内在心理需要。不要忽略孩子的紧张感、焦虑感，如果只关注外在的行为，而不关注他内在的心理，那你想出来的应对方法也只能治标不治本。

比如，孩子马上要考试了，他感觉很紧张，就认定他没学好；孩子没好好写作业，就认定他是淘气、不认真……然后就是各种威逼利诱，甚至大吼大叫，当然这样也可能会有点效果，但效果终究是不彻底的、不能持久的。实际上，考试紧张，可能是因为孩子很看重这次考试；没好好写作业，可能是因为孩子根本就没掌握与作业有关的知识。遗憾的是，这些背后的信息，父母都没有看到或关注到。所以，对孩子的所谓"教育"也都是徒劳的。

所以，不要忽略孩子的紧张，不要再强化他的挫败感，而是要走进他的内心，感知他的紧张，可以引导他表达出来，分担他的紧张，让他在心理上有所依靠，从而能够以平和的情绪去面对困难，面对各种变化。在这个过程中，我们不要着急，不要习惯性地再说"别紧张""别担心"这样的话了，因为这不但起不到实际的安慰作用，反而还是一种负向强化。

第三，管住我们自己的言语、行为。很多时候，孩子遇事紧张，不喜欢各种变化，也与父母的言行举止有关。比如，有的父母面对一些状况的时候，总是难以自控地发牢骚，说：

"又这样，真烦人！"

"整天变来变去，让人怎么适应？"

"我就知道事情会变，果然！真闹心！"

……

父母看似发泄了自己的情绪，尽管可能是无意的，但很可能将这样的坏情绪传递给孩子。真的，情绪会传染，一个情绪失控的妈妈往往会教出情绪化的孩子！所以，一定要慎重。正如苏联著名教育家马卡连柯所说："不要以为只有你们在同儿童谈话、教他、命令他的时候才是教育。在你们生活的每一瞬间，甚至当你们不在家的时候，都在教育儿童。你们怎样穿衣服，怎样跟别人谈话，怎样谈论其他的人，你们怎样表示欢欣和不快，怎样对待朋友和仇敌，怎样笑，怎样读报……这一切对儿童都有很大意义……"我认为，这段话说得非常真诚，对孩子的教育，其实就是给他做好榜样。

可见，我们在日常生活中要管住自己的言语、行为，不给孩子做错误的示范。

总是乱发脾气、乱使性子

———— ✦ ————

关于这个主题，很多妈妈都期待得到答复。的确，这样的孩子，在今天来讲，可能家家都有一个，甚至两个。什么意思呢？也就是说，几乎所有的孩子都会出现动不动就乱发脾气、乱使性子的时候，面对这个"暴脾气"小孩，很多妈妈都会非常头痛。

尤其是在一些公共场合，如超市、餐厅、车站等地方，孩子稍微不满意，或者是没有满足他买东西、吃东西、玩耍的各种愿望，他就大吼大叫，甚至撒泼耍赖——说"我不要……""我就要……"家长好说歹说都不管用……

面对这样的孩子，你也许会陷入两难的境地：一方面想要好好教育他，希望他不要这么"没大没小"地乱发脾气、乱使性子；另一方面，如果你的"意志"不够坚定，可能就会开始犹豫了，因为孩子如果哭闹得厉害，性子表现得太过暴躁，可能也并不是你希望看到的。再者，你可能也会心软，感觉他哭闹得这么厉害，会不会影响他的身体健康……

有一位妈妈曾经非常感慨地说："养育孩子的过程就像坐过山车。他刚出生的时候我手忙脚乱，好不容易慢慢上手了，就好比过山车开始爬坡的时候缓缓，让你觉得可以舒心一点了。结果孩子一过 3 岁，立刻就一个急转直下，他开始有自己的想法了，变得叛逆了，学会发脾气、使性子了，就像过山车一路飞过去，根本刹不住闸。他总能有办法让你变得焦头烂额，让你完全不知道应该怎么应对他。他可爱的时候，还真是可爱；可要是真闹起来，就真的无法无天，完全变了一个人，我也真是无奈了。"

我想对于前面讲的那些，还有这位妈妈的感慨，你可能也会深有感触。

当然，也不一定像这位妈妈说的这个转折点就发生在 3 岁的时候，也有可能会提前，也有可能会推后，但 3 岁前后，是一个普遍的时间点，大部分孩子都会出现一定程度的变化，这其实就是我们经常提到的"幼儿叛逆期"，或者是"执拗敏感期"。如果不了解这方面的内容，只是想当然地去教育孩子，可能会事倍功半。所以，还是要加强这方面的学习，而不是仅仅去责怪孩子。

实际上，几乎每个孩子都会有情绪不好的时候，因为年龄和能力的问题，他没有办法更好地掌控自己的情绪，甚至表达能力也不是很足，想想看，一个既不能掌控情绪，又不能顺畅表达自己的孩子，在遇到一些不如意、不顺心的事情的时候，忍不住耍性子、发脾气，是不是也可以理解呢？我想，应该是这样。

但是，既然孩子出现了某种问题——这个问题未必是真问题，或者是严重的问题，但却是他情绪"不佳""心不平""气不和"的表现，所以也不能听之任之，还是要认真对待的。

瑞士著名儿童教育家、儿科医学教授雷默·哈·拉尔戈（Remo H. Larg）曾将孩子类似于发脾气、挑衅这样的冲动行为称为"常见于儿童的教育危机"，他这种观点在 2 ～ 4 岁的孩子身上非常适用。因为这个年龄段的孩子很多都会化身为"小炮仗"，一点就着，动不动就发火。

看着孩子面红耳赤的样子，听着孩子那可能很尖锐的言辞，很多父母会变得很不淡定，也许会觉得这孩子的脾气怎么这么暴躁。往往在这个时候，有的妈妈可能就会感慨："怎么别人家的孩子都那么乖巧，我家的孩子就这么暴躁呢？"

虽然按照拉尔戈教授的说法，孩子出现大发脾气的现象是常见的，但是这其实也可以算作一种成长危机。假如不能及时帮孩子克服，任由其继续发展，那么孩子的暴躁脾气将会变成习惯。他可能会越来越不能好好地控制自己的脾气，以致可能形成影响他一生的暴躁性格。

那怎么去应对呢？我想，不妨试试下面这个"三步曲"。

第一步，分析一下，到底是什么让孩子这么愤怒。

孩子可能因为各种原因而愤怒，比如，孩子早上起床后有时候会很不开心，莫名其妙地生气。这也被称作"起床气"。为什么会这样呢？因为人早上起床，有时候会有低血糖的现象，或者是没有睡醒，就容易出现类似的情形。

怎么办？不妨多一些耐心，包容他，对他的情绪淡化处理，因为孩子的起床气不会持续很久，一会儿也就过去了。当然，有时候情感的包容与支持，可能不如一杯橙汁来得更实在。一方面，给孩子喝橙汁就蕴含着情感的包容与支持；另一方面，橙汁有助于恢复孩子的血糖，可以有效缓解他的起床气。

再比如，有的孩子是在跟自己较劲，一做不好事情，就会着急生气、乱发脾气。又比如说，一些妈妈可能对孩子的能力表现得很不信任，或者逼着他去做他不愿意做的事情，或者对孩子有各种各样的误解……这都可能激起孩子的不满情绪，使他变成一个"暴脾气"小孩。

这样来看，孩子发脾气其实恰恰是在反映他某些方面的发展，他在用自己的思维去理解事物，用自己的方式去解决问题，他在尝试，想要看看自己到底能做到什么地步。或者说，是我们给了孩子太大的压力。

越是在这种时候，我们越应该理解孩子的激动情绪，接纳孩子的不完美，对他的期望或要求适当降低一些。这样，我们才可以更平静地观察孩子，进而更容易发现他愤怒的根源，也更利于我们改进。当我们改变了，孩子可能也就轻松了，自然也会少很多脾气、情绪和愤怒。

第二步，不过度关注孩子大发脾气这件事。

有些孩子发脾气其实是在博得他人的关注，假如我们真的回应了他，那么他可能就会发现，原来发脾气也能受关注。这是个很不好的习惯，家长要帮孩子纠正。

孩子如果发了脾气，我们不要上前去承受他的坏脾气，因为他发脾气一定是有原因的，我们不能照单全收，最好也不要觉得内疚。当然，我们可以给他一些安慰，表示可以理解他的怒气，这可能会让他感觉好过一些。接下来，就不要再一直安慰下去了，因为凡事都要有度，物极必反，尤其是不要加入吼叫、责骂的语气，也不要说得太多，而是要等他自己安静下来，如果他安静了、平静了，那么我们就可以给他一个拥抱，表示肯定他的自我控制。

第三步，适当对孩子采取"暂停"惩戒。

孩子一旦发脾气，可能是要闹一阵子的。如果孩子脾气暴躁，并且太过于无理取闹，那就适当地对他进行惩戒。比如，暂停他手中的一切活动，让他自己单独待着，或者让他面壁反省，直到他安静下来。当然，其间，我们要保证孩子的安全与健康，也要保证他不会破坏别的东西或者伤害其他人。当孩子静下来的时候，我们可以告诉他，发脾气也解决不了问题，这个惩戒是为了让他学会安静、学着自控。接着，也可以再找一些简单方法让他保持平静，比如深呼吸，比如多和爸爸妈妈沟通，等等。

经历了上述三步之后，我们可能就会对孩子发脾气有一个基本的了解，也知道了简单的处理方案。在这之后，再根据孩子发脾气的原因，以及我们可以选择的处理方法，来给孩子立一个"不随便发脾气"的规矩，这样孩子和我们都能更容易地去遵守这个规矩。

容易冲动、打人，甚至咬人

看到孩子才两三岁就爱打人，很多父母都会担心他有"暴力"倾向，甚至认为这是自己没教育好孩子所致。其实，这种担心和自责是多余的。因为两三岁的孩子正处于手的敏感期，"打人"是正常表现。

一般来说，孩子在 9 个月左右的时候，手部的功能会有一个突然的发展，手臂到上臂的支配能力会有一个很大的突破。这时候，孩子打人，只是在进行手臂肌肉运动的练习，这会让他体验到一种前所未有的乐趣。

另外，孩子打人，可能是为了吸引父母或别人的注意力；可能是想用肢体语言表达内心的真实想法，如"我想和小姐姐交朋友""我不想让他拿我的东西""我不喜欢他"；也可能是太兴奋而无法控制自己；等等。所以，不能把孩子爱打人的行为归结为他有暴力倾向，更不要采取打骂、惩罚的处理方式，而是要理解他，用温和的态度调整他的行为。

五六岁、七八岁的孩子也会打人，这个阶段的孩子打人背后的原因肯定就与敏感期无关了。比如，男孩打人，可能与他体内的睾丸素有关（在第二章将详细讲述），女孩骂人，可能只是她在发泄情绪，她找不到合适的"表达方式"，才会出此"下策"。当然，男孩骂人的也很多，骂人与性别并没有直接关系。

一个小男孩在放学的时候，被妈妈很大声、很严厉地训斥，原因是小男孩随便打人。原来，在小男孩的班级，每天中午老师会要求孩子们做一些练习，要求是"不写完老师布置的任务，就不能出去活动"，但小男孩每次都写不完就想跑，班长就总是拦着他不让他跑，结果小男孩每次都被拦，就非常生气，连着好几天都打了班长。班长的妈妈向老师反映了情况，小男孩的妈妈得知后，就当着老师和同学的面狠狠地训斥了他。

这样的训斥有效果吗？当时有。小男孩态度很好，他满怀愧疚地向班长道歉，并说"以后我再也不打人了"。但以后是不是真的会实现呢？不一定。为什么？因为男孩体内的睾丸素会"指挥"他继续试图用暴力来解决问题。所以，当时的训斥，很可能只会管一时。

这就需要我们及时发现孩子打人背后的原因。

我们要认识到一点：孩子绝对不会无缘无故就去攻击别人，尽管他难以控制自己的情绪，但他出现这些异常的行为终归是有原因的。其实两三岁的孩子并不知道他的这些行为是攻击。他可能会打人、咬人，要不就伸出小手抓人，但如果他不知道这些动作是会伤害别人的攻击行为，那我们就不能说孩子这时候是带着恶意去攻击别人。这些行为可能有独特的含义，也许孩子只不过是想知道自己的这种行为会引发别人什么样的反应。

大一点的孩子打人，也不会无缘无故，我们只有找到原因，才能帮孩子对症下药，并进行有效的引导教育。

实际上，冲动容易导致情绪失控，而之所以会情绪失控，是大脑中关于情绪的两个传输路径失衡的结果。也就是说，大脑中的神经元接收到令人不快的刺激后，信息就会沿着两条路径前进：一条通往杏仁核（这是大脑的"恐惧中心"——类似报警系统，主管直觉反应，反应门槛比较低），另一条通往大脑皮质（类似指挥中心，主管理性反应，反应门槛比较高，也需要一定的时间）。如果孩子的大脑皮质发育不成熟，那他的理性判断就会比较弱，通向大脑皮质的信息传递得就比较慢；相比较而言，通往杏仁核的信息传递得就比较快。换句话说，孩子大脑的杏仁核很容易受到情绪刺激，从而立刻产生强烈的反应，并发出指令，要求负责行动的部位开始执行——打人！而此时大脑皮质的理性判断还没有形成，所以也就无法及时发出理性的指令——理性分析对方是故意的还是无意的，自己应该如何合理应对。

由于孩子没有经过理性的思考判断，所以在遇到一些事情的时候就容易反应过度，从而与人发生冲突，通常就以打人、骂人的方式来应对。这就会导致两种不良状况的发生：一是被打、被骂的孩子感到莫名其妙，因为对方的行为、言语攻击突如其来，已经超出常人的理解；二是打人、骂人的孩子在发泄完情绪后也并不轻松，因为他也不想与别的孩子经常发生冲突，不想经常让自己处于生气的状态中，他只是难以控制，理性判断来得晚，出手打人、出口伤人的行为来得快，他好像也很"无奈"。

那面对不同年龄、不同类型的孩子打人、骂人，甚至是咬人的行为，我们应该如何应对呢？

第一，不因孩子的攻击行为上火，也不盲目教育。年龄比较小的孩子不可能会有恶意的攻击行为。就像前面提到的孩子打人的行为，我们也不要太敏感，更不要着急上火，当然也不必盲目地教育他。

比如，处于手的敏感期的两岁多的孩子，每当他有所谓的"打人"动作的时候，有的妈妈就会很着急地在一旁提醒他"不许打人"，然后就很严厉地教育他"打人是不对的"。殊不知，这样做反而是在提醒孩子，"我这样做，会让妈妈反应很激烈"，而且"这就是打人，好，我记住了，只要我打人，妈妈就会特别关注我"。那么，他下次也许就会为了打人而打人，就会把打人当成吸引妈妈注意力的一种方法。

所以，面对孩子爱打人的现象，我们不要表现得过于敏感、激动，而是应该让自己保持平静，采用一种正常、温和的态度去劝说，让孩子看到妈妈的反应没那么激烈，他就认为"打人"这个动作很普通，没什么意思，不好玩儿，以后他也就不伸手了。另外，平日里，我们要多陪伴孩子、关注孩子，向孩子表达我们对他的爱，满足他被关爱、被关注的心理需求。

第二，合理地制止孩子的不当行为。对于孩子的攻击行为，不仅不能不理会，还要赶紧制止。只不过，制止要果断迅速，不要用哄劝的方式，最好直接把孩子带离他攻击的对象，并且要明确表示，我们并不喜欢他的这种行为，还要告诉他，这是一种错误的行为。假如他不听话，那就让他自己一个人待一会儿！

但这应该是一个平静、友好的过程，既不能强硬地训斥、冲他大吼大叫，也不要用哀求的语气，只要正常表达我们的想法，简单明了地说出那些话就可以了。

比如，3岁前的孩子可能会在情绪低落时，或者自己的意志被别人违背时，又或者是想要控制别人的时候，突然用咬人的行为来表达自己的情感。再比如，有的孩子在跟别人争抢东西的时候，由于抢不过人家，他可能就会直接上嘴咬人家。这个时候，我们应该及时制止孩子的这种行为，可以尽快将他带离那个发生争执的场合。如果是两个孩子发生争抢，也要尽快将他们分开。

当然，也要看情况，有时候也可以多给孩子们准备一些可以玩的东西，以减少彼此的争执。

虽然孩子咬人并不是不乖的行为，但是如果孩子已经超过3岁了依然咬人的话，我们就要注意了。比如，有的孩子只要和别人打架时就会咬人，还有的孩子一旦感觉自己的安全受到了威胁，也会用咬人的方式来保护自己。这有可能是孩子不能很好地控制自己情绪的表现，也可能是他的情绪表达出了问题，所以，这就需要我们用关注他、陪伴他、信任他、理解他等各种方式来梳理孩子的情绪，让孩子能够学会自控。

第三，不要给孩子贴上"爱打人"的标签。给孩子贴各种"定性"的标签，是很多父母常见的一种错误教育方式。因为给孩子贴的这些标签基本都是负面的，当然就起不到积极正面的作用，甚至还会强化负面作用，对于孩子的成长没有任何好处。所以，不要给孩子贴"爱打人""爱发脾气"等负面标签。

一位妈妈带着两岁的儿子去广场上玩，当儿子看到邻居家的小朋友后，立即跑上前去，使劲推了一下小朋友，一下子就把对方推倒了，妈妈生气地说："你怎么又推人呢？"然后，妈妈就对小朋友的家人说："我这孩子就爱打人，你家孩子爱打人吗？"

很多时候，我们可能也会像这位妈妈一样，会指责孩子的打人行为，还会当着他的面说他爱打人。其实，这是非常不妥的，因为这就好比给孩子贴上了"爱打人"的标签，只会适得其反，让他变得越来越爱打人。所以，我们不要随便给孩子贴上"爱打人"的标签，而应淡化自己内心的不满，理解孩子处在这一敏感期的表现。

第四，对孩子的攻击行为进行积极正向的回应。对大一些的孩子打人等行为的处理，就应与上述方式不同。这样的孩子需要学会自我察觉情绪、控制情绪。否则，就会遇到人际交往的障碍，对他自己也是一种打击。

我们不要把目光聚焦于孩子是否循规蹈矩和行为的对错上，不必一味地责备、批评孩子，或者不停地说教，否则只会引发孩子更大的情绪反弹，由此导致他忽略刚才打人、骂人后内心的不安与后悔，虽然他可能当时没有顶撞我们，也没有表现出明显的不悦，但他内心是不悦的，而且这种情绪可能会累积，进而迁怒于别人，使得他的打人等攻击行为进一步升级。

对此，我们要给予孩子积极正向的回应。比如，感同身受，如实接纳孩子的情绪，用同理心回应他："我知道你现在很生气 / 委屈 / 不好受。""跟妈妈说说，当时你是怎么想的？"在跟孩子沟通的时候，不要发火，要平静地阐述，而且还应该辅以温柔的动作——轻拍他的肩膀、抚摸他的头——在心理和行为上，都不跟他对立。这样，孩子的情绪就会慢慢舒缓下来，也愿意跟我们交流，从而认识到自己的错误，并决心改正。

情绪化的孩子的八个特点

关于情绪化的孩子的特征，德国教育家诺拉·伊姆劳（Nora Imlau）曾界定其为"一种极端强烈的意愿，突如其来的情绪爆发，敏感又无理取闹"，并且她认为自己就曾经是一个情绪化的孩子。

那情绪化的孩子到底是什么样的呢？实际上，如果孩子经常发脾气，被愤怒、暴躁等强烈的情绪所控制而不容易接受抚慰、劝告，难以接受改变、不能适应新环境，同时又精力旺盛、易冲动、倔强，很难遵守规矩，喜欢我行我素……那他很可能就是情绪化的孩子了。

但情绪化的孩子并不是一个罕见群体，研究表明，每 7 ～ 10 个孩子中，就有 1 个情绪化的孩子，看似比例很低，但实际上，普通孩子大都有情绪化的一面。所以，这里所说的情绪化孩子的特点，可能也普遍存在于普通孩子在情绪化时的表现中。

1992 年，美国教育家玛丽·希迪·柯琴卡（Mary Sheedy Kurcinka）在她的著作《家有性情儿》中首次使用"性情儿童"这个词，随后，这一说法在英语国家迅速流行开来。她所讲的"性情儿童"，就是情绪化的孩子。在书中，她列举了情绪化孩子的八个特点。

第一个特点：情感强烈，经常被愤怒等情感所控制。在他们刚出生后，由于饥饿，他们会立刻大声哭闹；讨厌婴儿车、婴儿床，喜欢婴儿背带，因为他们害怕失去与爸爸妈妈的身体接触；稍微长大一些后，那些强烈的情绪起伏也会一直伴随着他们，因为一点小事，如洒了一杯水、戴了一顶不合适的帽子等，都可能毁了一个下午；不舒服时，他们会尖叫、大声哭，发脾气的时间很长，且令人害怕。也有情绪化的孩子会把情绪留在心底而不爆发。

第二个特点：固执、倔强、执着，意志坚定。情绪化的孩子在埋头做一件事的时候，常常不希望被打断，否则他们就会发出"威力巨大"的尖叫声和吵闹声，以此表达不满。所以，情绪化的孩子往往看上去非常固执、倔强、执着，但实际上是非常坚定的。

第三个特点：非同一般的敏感，对别人很同情。情绪化孩子的所有感官都非常敏感，他们睡觉的时候，即便听到最轻微的噪声也可能会哭泣；长大后，他们也接受不了各种各样的"不适"，会非常挑剔食物和衣服，比如牛仔裤太硬、扣子太紧等。不过，他们却会对别人有强烈的同情心，这种同情心甚至有些过度，并由此而升级为动不动就发脾气、无缘无故就大哭。

第四个特点：感官特别敏锐。情绪化的孩子往往是天生的"侦探"。他们有着敏锐的洞察力，善于关注细节。所以，生活中很多琐碎的小事，都能入到他们的"法眼"中，并常常让他们分心。因此，他们也会忘记正在做或即将做的事。

第五个特点：无法承受日常生活的偏差。情绪化的孩子更需要一个非常明确、清晰、可预测、最好不变的日常生活，一旦他熟悉的或意愿之中的日程被意外打乱时，他们常常就会不知所措。不确定的日常生活，加上许多人的干扰，再有周围的嘈杂和其他感官刺激，就会使得情绪化的孩子感觉自己即将"爆炸"，于是那些不受他们控制的愤怒、暴力攻击、挑衅行为就不可避免地出现了。如此，本应平静的日子就这样"灰飞烟灭"了。

第六个特点：精力无比旺盛，总是安静不下来。情绪化的孩子常常被描述为"野孩子"，因为他们的多动欲望十分强烈，难以安静下来；当他们自己的力量无法用尽时，就会变得烦躁不安。所以，他们一般都会用手做点事，哪怕坐着不动，也要把纸片撕碎、摆弄衣角、削蜡笔……他们也有强大的自我效能感，对自己能否完成一件事有较好的推测与判断。所以，他们有一股做事的韧劲，会持续付出努力，直到达成目标。

第七个特点：很难接受变化。与前面所讲的"无法承受日常生活的偏差"类似。可能只是妈妈换了新眼镜，对于情绪化的孩子来说，都是一件大事。所以，如果让他们换一所新的幼儿园、搬新家，那他们对于新环境的适应可能会需要很长时间。

第八个特点：倾向于悲观思考。情绪化的孩子爱动脑思考，喜欢冥思苦想，但通常只关注消极、悲观、困难，以及负面的东西。虽然他们看起来常常质疑，并且脾气暴躁，但他们也可以在一个团队中做一个有建设性的批评者、有批判性思维的怀疑者。

以上就是情绪化孩子的特点，是不是有点熟悉？的确，家里有一个情绪化的孩子，对父母而言也是非常辛苦、非常具有挑战性的一件事。

我想说的是，你的孩子可能会有上述八种特点中的一种或多种，尽管如此，也不要轻易把孩子归类为"情绪化的孩子"，他更可能是普通孩子，但有情绪化的一种或多种体现。但无论是哪种，都不必特别紧张，在本书接下来的内容中，我会针对孩子的上述表现一一为您化解，让孩子不再情绪化。总之，面对这样的孩子，我们要付出更多的精力、耐心、技巧与智慧。

避免发脾气成为孩子童年的一部分

———— ✦ ————

众所周知，童年的时光是最美的，童年的记忆应该充满了家庭成员间的温暖，这是日后难以复制的珍贵记忆，但其中如果加入了自己经常乱发脾气的画面，这无疑会给孩子成长道路上添加难以被涂抹掉的灰暗色彩。

实际上，一个人的童年经历对其成长是有深刻影响的，因为童年正是一个人开始接触世界、认识世界，不断学习以及形成个人性格的重要阶段。所以，我们要避免让易发脾气的习惯成为孩子童年的一部分。

实际上，没有什么问题是不能解决的，如果你觉得难以应对，那多半是因为你没有找到合适的方法。面对乱发脾气的孩子，有的妈妈可能会说："我是真的没办法啊！看见他发脾气、耍性子，好说歹说都不管用，就剩吼叫和打屁股两招可以用了。"

然而，并不是所有的父母都没有办法应对乱发脾气的孩子。家里有乱发脾气的孩子，也可以不必"鸡飞狗跳"，很多有智慧的父母既能让孩子合理地发泄情绪，又能轻松解决由此而来的问题，孩子变得轻松了，妈妈也没有那么多烦恼。

来看下面这两位妈妈的表现：

第一位妈妈，孩子 3 岁：

女儿拒绝洗手，妈妈说："洗了手才能吃好吃的。"

女儿"死命"拒绝："不洗，就不洗，要吃，就要吃。"

妈妈举起自己的两只手，嘴里说道："哎呀，大手妈妈好伤心啊，小手宝宝不肯洗手怎么办？大手妈妈好着急呀！"一边说，妈妈的两只手互相摆了摆，嘴里还发出了哭泣的声音。

女儿的注意力被吸引了，也伸出两只小手说："小手宝宝来找大手妈妈啦！"

妈妈趁势摆摆手说："小手宝宝身上好脏啊，大手妈妈不敢摸啦，怎么办呀？"

女儿"噌"地一下跳起来说："小手宝宝要去洗手！"

女儿用最快的速度冲进洗手间，把手洗干净之后，妈妈趁势抓住了她的手说："小手宝宝好香啊！大手妈妈最喜欢白白净净的小手宝宝啦！大手妈妈带着小手宝宝去吃好吃的啦！"女儿咯咯地笑了起来。

第二位妈妈，孩子 8 岁：

孩子有龋齿，妈妈限定他一周只能吃两次糖。有一天孩子又馋了，想要多吃几颗。妈妈提醒他说："不能吃，牙会疼。"孩子撇嘴说："真小气！"边说边发起了脾气。

妈妈看他一眼，很平静地说："那好吧，你吃吧。"

孩子一愣："不是说我牙疼吗？"

"是啊。"妈妈点头，"但是我很爱你，所以你牙齿坏了，我一定会带你去看牙医补牙的。"

孩子犹豫了："那……我真吃了啊？"

妈妈点头说："吃吧，如果你牙疼了，就告诉我，我们去看牙医。"

孩子自己安静了许久，默默地挪到妈妈面前，嘬着嘴问："妈妈你猜，我吃没吃？"

妈妈说："吃了吧，没事……"

"没吃！没吃！"孩子着急地说，"我没吃，我不想牙疼，不想去看牙医，我遵守约定。"

妈妈笑了笑，摸了摸他的头说："没吃啊！那很棒啊！能自己忍住，还真不错啊！看来，你长大了！妈妈很高兴！"

孩子也不好意思地笑了。

看完这两位妈妈的做法，你是不是受到一点启发呢？

孩子发脾气，有时候也不是坏事，有可能是孩子情绪的发泄，也可能是孩子"提出问题"的表现。实际上，孩子发脾气的时候，更像是孩子"内在"发生了一些"动荡"，就好像是零件的重组，而我们合理的教育就好比加入了润滑剂、黏合剂，让孩子重新定义自我，引导他将思想、自我等这些零件放在更为合适的位置，等这个动荡期过去后，就能看到一个有了很大进步的全新的孩子。

如果要简单总结其中的应对方法，以下几种可以参考。

第一，对孩子不要有求必应。就是不要轻易对他妥协，如果你的做法是对的，他是无理的，那你就坚持。如果你为了赶紧让他安静下来而妥协了，那他下一次的情绪爆发很快就会到来。

第二，未雨绸缪，预防孩子乱发脾气。尽量让生活轻松一些，做事前多思考，尽量协调好，避免发生冲突。比如，我们心神安定，不给孩子制造紧张感；要去哪里做什么，提前告知孩子，让他有心理准备。

第三，如果孩子发了脾气，那就要做好善后工作。比如，孩子发完脾气，也不能让这件事就这么过去，而是要引导孩子，使其明白下次不可以用这种方式表达愤怒。可以让他为自己的行为道歉，并找出乱发脾气的原因，以及如何改正。这些都要引导他自己说出来。如果下次他又犯了同样的错误，那就适度惩戒，比如暂停看动画片、面壁思过、三天不准玩玩具等，让他体验发脾气的实际后果。

总之，在孩子的童年，永远不要让他以发脾气的方式来达成目的。如果他开始发脾气，那就根据实际情况应对，或者无视他，或者安全地制止他。

只要我们处理得当，发脾气这种行为就不会成为孩子童年的一部分。

第二章
准备入场：透视情绪背后的隐性信息

孩子的不良情绪与各种压力有关

孩子的不良情绪有多种多样的表现形式，比如易怒、爱生气、发脾气、任性、黏人、顶嘴、冲动、有攻击性、好动、爱哭、骂人、焦躁、抑郁、恐惧等。

这么多？！你是不是有点害怕了？其实你大可不必这样。

处于这样一个时代，要说谁没有任何学习、工作与生活的压力，显然是不可能的。所以说，这个世界上不是只有你才有压力，谁都会有压力，包括孩子。

你的压力用这样的方式释放出去了，孩子的压力又该如何化解呢？

你觉得生活、工作让你背负了重重重担，所以你便"理直气壮"地去发泄自己的不满，让这些压力不断复制，并将其交由他人与你一起背负？对，没错，是复制！

你因为压力而对着家人吼叫，尤其是对着孩子吼叫，这意味着你将自己的压力复制了一份并丢给了他们，而你自己本身的压力并没有被解除，因为问题还在。

你看，这样的你，说得难听一点，真的有点自私了。如果用简单一点的话语来描述这时你的状态，那就是"我不好过，那我周围的人也都别想好过"。你是妈妈，或者是爸爸，对待孩子，对待最亲近的家人，怎能如此"残忍"？

孩子在成长过程中不断地配合着成年人来表现"成熟的自我"，但他也有压力，也需要将本真的那一面释放出来。

孩子的成长需要足够的时间，需要一点一点地学习成人的行为与规则，这个学习过程不是一蹴而就的。这就要求我们当家长的要有足够的耐心，等待孩子身体里那个"成熟自我"慢慢发展起来，这样孩子才会自然而然地长大。

懂得了这些，我们就能明白，很多时候孩子可能并不是故意犯错，故意和你对着干，他只是做了和他年龄段相符合的事情而已。我们用不着对他的一些表现"上纲上线"，也不要动不动就大吼大叫。试图用成年人的标准去要求他，这对孩子来说是不公平的。

另外，孩子还有学习的压力。学习，不仅包括在学校的学习，还包括各种课外技能、课外班的学习，这些都会给他压力。此外，他可能还有人际交往的压力，做事能力提升的压力，还有小伙伴们相互之间进行各种比较的压力……

这些压力，有很多是父母给他的，也有很多是外界环境给他的，还有一些是他给自己的，也就是自我增压。

当孩子无法应对这些压力的时候，各种坏情绪也就接踵而至。所以，孩子的不良情绪是与各种压力有关的。这一点，我们一定要清楚。

那么，如何缓解或改变孩子的压力呢？

第一，不要把自己的压力"转嫁"到孩子身上。生活本就不易，也不会有轻而易举便可收获的工作，这些理应是我们心知肚明的道理。一个人在开始生活、开始工作之前，就应该有足够的心理准备，并要有强大的内心承受能力，只有这样才有资格被称作成熟的人。用吼叫来减压，用向孩子吼叫来泄愤，都是最糟糕的压力应对方式。因为每当你这么做时，你都在冒破坏美好亲子关系的风险。

压力来源于个体对未来的渴望以及对自身现状的不满，既然如此，我们就应该想着去解决问题，提升自我，然后为了想要的那个未来而努力。

不要让压力把你压得不知所措，压得只能去折磨比你更弱的孩子。压力其实是你的动力，要怎样前进，怎样让孩子看到一个压力之下依然能开怀大笑的你，才是你最需要考虑的问题。

你可以忙于生存，但一定要有智慧地去生存。没有什么问题是解决不了的，你不应该用压力来折磨孩子。做一个对自己情绪负责的人，是教养孩子过程中应该学会的重要一步。

第二，不要拿别人家的孩子"压"自家孩子。我讲个例子吧，可能有些好笑，但却非常有道理，分别有 4 个场景。

场景 1：妈妈在训斥孩子。

妈妈：小明考第几名？

孩子：第一名。

妈妈：小明玩游戏吗？

孩子：不玩。

妈妈：人家小明考第一名，都不玩游戏。看看你！

⋯⋯⋯⋯⋯⋯⋯⋯⋯⋯⋯⋯⋯⋯⋯⋯⋯⋯⋯⋯⋯⋯⋯⋯⋯⋯⋯⋯⋯⋯⋯⋯⋯⋯

场景 2：妈妈在训斥孩子。

妈妈：小明考第几名？

孩子：第一名。

妈妈：小明玩游戏吗？

孩子：玩。

妈妈：人家小明考第一名，才高兴地去玩游戏的。看看你！

⋯⋯⋯⋯⋯⋯⋯⋯⋯⋯⋯⋯⋯⋯⋯⋯⋯⋯⋯⋯⋯⋯⋯⋯⋯⋯⋯⋯⋯⋯⋯⋯⋯⋯

场景 3：妈妈还在训斥孩子。

妈妈：小明考第几名？

孩子：倒数第一名。

妈妈：小明玩游戏吗？

孩子：不玩。

妈妈：人家小明考倒数第一名，都知道不玩游戏。看看你！

....

场景4：妈妈又在训斥孩子。

妈妈：小明考第几名？

孩子：倒数第一名。

妈妈：小明玩游戏吗？

孩子：玩。

妈妈：人家小明因为考了倒数第一名，所以才难过地去玩游戏。看看你！

看，无论"小明"是哪种情形，都是优秀的，在我们的嘴里，都是自家孩子各种"不好""不应该""不如人"……别人家的孩子总能把自己的孩子比下去，难道不是这样吗？理由只要去找，总还是有的。但这样的比较，孩子会信服吗？所以，我认为，还是要彻底摒弃那种"攀比孩子"的想法，不要再给孩子人为地制造压力，不然，孩子力不从心，要么拼命反抗，要么破罐子破摔。

一个宽松自然的生活环境对孩子的健康成长至关重要。这种宽松环境的营造需要父母从内心深处摒弃"攀比孩子"的心理，不用比较的方式给孩子施加压力，不对他说丧气的话，也不要让他在外人面前炫耀才能。

有人曾问比尔·盖茨："为什么您能有今天的成就？"

比尔·盖茨思考一番后说："我的妈妈从来不拿我和别的孩子比，不管我做什么，妈妈都会支持我，并从中找到值得肯定我的地方。"

比尔·盖茨的妈妈用赏识的态度培养出了一个世界首富，如果我们对孩子也能有赏识的态度，相信孩子也能创造辉煌的人生。

我们要时刻坚信，自己的孩子可能在某些方面暂时比不上别人家的孩子，但是某一方面肯定要远远超过别人。可能他的表达能力比较差，但是善于倾听；学习成绩不好，但很热心；脑子没有那么聪明，但是很上进……所以，应该多看到自己孩子的优点，多注意他做得好的方面，别将学习成绩看得太过重要，也要多关注孩子其他方面的表现。如果孩子有缺点，就鼓励他战胜缺点，而不是将"别人的优点"这个"大盐块"撒在孩子的缺点这个"伤口"上，否则他也许会因此而放弃继续努力，进而变得自暴自弃。

只要我们能够赏识孩子的闪光点，以平和的心态对待孩子暂时的不足，那么即使他跌倒千百次，相信他也一定能保持信心，将自身的优势发挥到极致。

第三，请务必关注孩子的内心世界。孩子有压力，他也会主动去释放，但有时候释放的渠道并不妥当。比如，他可能会以沉迷网络的方式来释放压力。

曾有一份调查发现，有 5 类孩子最容易迷恋网络。

◆ 喜欢娱乐、自制力差的孩子。

◆ 内心孤独、需要伙伴的孩子。

◆ 想逃避现实、摆脱压力的孩子。

◆ 父母关系差、亲子关系差的孩子。

◆ 经常被老师批评的孩子。

如果你的孩子属于这 5 类孩子中的一类或几类，那自然就需要我们做出改变了。

怎么改变？就是要关注孩子的内心世界，把他从网络中"解救"出来。

作为父母，先要自我反省，从努力营造一个和谐的家庭氛围开始，也就是给孩子创造一个良好的生活环境。再就是抽出时间多陪陪孩子，在学习方面不给他施加过大的压力，培养他广泛的兴趣，比如，鼓励他参加体育运动、阅读课外读物等。另外，还要多为孩子创造群体交往的机会，鼓励他和同龄的孩子交往。当孩子体会到生活的多姿多彩时，再接触到网络时也就不那么容易沉迷了。总而言之，就是把孩子空虚的心灵用真实的世界填满。

　　第四，教孩子学会正确缓解压力。对孩子而言，他们面对的压力可能比我们面对的压力还要多，有学习的、生活的、处世的、交往的……这些压力如果不能得到及时缓解，就会积聚起来，当压力达到上限时，情绪就会失控。

　　所以，平时我们应该教孩子学会缓解压力，正确应对压力。比如，晚饭后，可以带孩子到小区广场散散步、聊聊天，聊一些轻松愉快的话题；孩子写完作业后，可以播放一些舒缓的音乐，或者在睡前播放一些轻松的有助于睡眠的冥想音乐；周末、节假日带孩子爬爬山、打打球……让孩子带着愉悦的心情面对日常生活。

避免孩子的心灵"留守"

我们大都与孩子生活在一起，却可能没对孩子有过真正意义上的"陪伴"。所谓"陪伴"，就是父母在提供给孩子必要的物质生活保障的同时，也需要花一定的时间，高质量地、深情地陪在他身边，进入他的内心，融入他的世界，倾听他的委屈、苦恼、困惑，分享他的快乐、欢笑、成就感，给予他所需要的关爱、理解。接纳他、引导他、帮助他、鼓励他、支持他……让他感觉到和父母从有形的身体到无形的精神都非常亲密，从而使他的身体与心灵都得以健康成长。

可见，陪伴不是简单地在孩子身边待着，而是要充满爱意，充满温情，还要与孩子加强交流与互动。陪伴，实质重于形式，质量重于数量。

对孩子来说，他也是非常需要父母的陪伴的。

有句话说："父亲是孩子的天，母亲是孩子的地。"当父母常常陪在孩子身边时，孩子就有一种脚踩大地、头顶蓝天的安全感。安全感对于孩子的成长实在太重要了！试想，当一个人身处不安全的环境中时，他会用什么眼光看待周围的人？还能不能勇敢地去做事？愿不愿意与他人沟通？……没有在父母陪伴下长大的孩子，会时刻生活在没有安全感的世界里。所以，孩子害怕、多疑，内心阴暗……他自卑、反叛、孤独、悲伤……从小心理就不健康，就很难体验到幸福感。如此这般，人生哪有快乐可言？

现代医学研究表明，人的情绪的确会对大脑和内分泌系统功能产生影响。假如孩子因为缺少父母的陪伴与关爱，长期处于焦虑、抑郁等不快乐的状态，他的睡眠和饮食都会受到影响，从而导致其分泌人体生长激素的脑垂体受到抑制，生长激素的分泌量自然就会减少，发育也就会受到影响。临床上将这种情况称为"心理性矮小症"。是不是感觉有点吃惊呢？

　　缺少陪伴是孩子没有幸福感的重要原因之一，也会导致他出现各种心理问题，还可能会出现意外状况。而那些有父母深度陪伴的孩子，他们很少会有不安全感。这样的孩子往往敢想、敢说、敢做、敢尝试，他自信、果敢、乐观、勇于创新，能积极面对生活、学习、工作。即使人生有风雨，对他而言那也是短暂的、可控的，因为他内心的阳光会温暖他自己的人生。

　　所以，要用心陪伴你的孩子，让他不仅能吃饱穿暖，身体得到成长，而且心灵也能得到满足，精神上保持愉悦。如此，孩子长大后，不仅能学有所成，自食其力，而且还会用父母对待他的方式，给予父母精神上的温暖和安慰。一家人始终互相支持、互相关怀，其乐融融。

　　从孩子身心发展和终身幸福的角度来讲，父母陪伴孩子是一件非常重要的事，因为这完全有利于孩子的成长。而从父母的感受来说，只有常常陪伴孩子，才能了解和关爱孩子，而孩子小时候能感受到父母的爱，是父母年老后能感受到孩子的爱的前提条件。

　　如果父母希望自己轻松而幸福地度过中老年生活，就一定要在年轻时种下"陪伴孩子"的种子。这是因为有果必有因，父母想要收获好"果"，就要种好"因"。

　　所以，如果你不深度陪伴孩子，就等于没有参与孩子的教养过程，这是非常令人遗憾的，终有一天，你会发现当孩子出现问题时你完全插不上手，你不知道发生了什么，而你想要做点什么时又完全没有头绪。看着弱小的孩子，你选择以狂吼的方式来展现你的权威，却发现他离你越来越远。这时，你的无力感会越来越强，你天真地以为，这么小的孩子，根本不用教育，做错了事吼他几声他就会知道错了，就能改。可事实证明，这是多么天真的想法!

我们都知道"留守儿童"的状态令人疼惜,同时也感觉这些孩子非常可怜。但是,如果你在孩子身边,却缺席了他的教育过程,那么他和"留守儿童"又有什么区别?他的身体虽然没有"留守",但心理却被极大地"留守"了。爸爸和妈妈在他的心里只是一个并不那么亲近的称呼,已经失去了它们的意义。

孩子对父母的渴望,必定会在一次次失望和期盼中一点点消失殆尽。当我们到了一定年龄,回过味来再想和孩子亲近,再想对他的人生进行指点的时候,却发现"门"已经找不到了。那时你就会意识到,你曾经想象的,不用付出太多,只要吼几声他就会吓坏了,就会乖乖听话的想法,是多么幼稚可笑。

教养孩子不是简单的事情,需要我们付出时间和精力,孩子是需要父母陪伴的,没有爱和陪伴,他连听你说话的心情都没有,怎么可能坐在那里老老实实听你对他吼叫?

事实就是,你越大声,他离你越远。因为你从来没有付出过,所以,他也不必担心会失去你;你的缺席早已使他麻木,你从来不曾出现过,所以他也不害怕会失去你。你的吼叫和怒气,反而会让他更加叛逆,让他离你更远。

所以,很多在年轻时忙于工作和应酬而忽略了孩子的父母都发出了这样的呼声:"千万不要缺席孩子的成长,等他长大后,这种遗憾是用多少钱都弥补不了的。"这是过来人的心声,我们要警惕呀!

人来疯——孩子的情绪可能是被忽视了

有的孩子平时很乖巧，一到人多的地方，或家里来了客人，他就像变了一个人一样——异常兴奋、蹦蹦跳跳、吵吵闹闹、大喊大叫，随意打断大人的谈话，甚至有点"惹是生非"的感觉。如果周围的人以各种形式"关注"他，他就折腾得更欢了，表情、动作可能会更夸张，简直就是"撒欢"或"蹬鼻子上脸"了。

这就是典型的"人来疯"。

孩子"人来疯"，有什么不好的影响吗？当然有。

第一，可能是对别人的不尊重。因为孩子是在人多的场合"人来疯"的，他试图通过各种方式引起父母和周围人的注意，其间的一些行为就会不当，如前面提到的随意插话，甚至扑到客人身上，缠着人家给他讲故事、买东西……如果我们不对其加以制止，就很容易使孩子养成不尊重人的习惯。

第二，给外人的观感不好。外人会认为"人来疯"的孩子教养不好，在内心深处并不会觉得他可爱（但可能会假装欣赏孩子，甚至在语言、表情方面给予正面回应）。所以，这种行为是不招人喜欢的。

第三，可能会给父母惹麻烦。在某种程度上，"人来疯"表现的本质，就是"惹是生非"，就是惹麻烦。这些是非、麻烦实际都是给父母惹的。所以，不可不认真对待。

那么，如何识别孩子的"人来疯"表现呢？有这样几个要点值得关注。

一是表现欲望强烈。孩子极力以各种方式表现自己，试图引发别人对他的关注。但很多时候，孩子是无法掌控这个度的，一般都会过度，很自我，从而忽略别人的感受。

二是情绪起伏比较大。这样的孩子，平时在家、在父母面前都很"乖巧"，但一到人多的地方或有客人来时，就有各种"极端表现"，完全颠覆之前的"乖巧"形象。这也算是情绪的强烈对比。而往往孩子"人来疯"时，也容易"乐极生悲"，因为他很难掌控自己的行为。比如，又蹦又跳时突然摔倒，众目睽睽之下，他颜面尽失，尽管可能摔得不疼（当然，也有可能摔得很重，已经威胁到了他的人身安全），但他也会大哭大闹，情绪又一次出现较大起伏。这对孩子的身心健康是无益的，也不利于他的情绪管理。

三是活泼好动。具体的表现形式前面也都提到了，总之就是各种"撒欢"行为。

那么，孩子为什么会有"人来疯"的行为呢？

第一，孩子的自我控制水平比较弱。孩子的"人来疯"表现与他们的自我控制比较弱有一定关系。因为年幼孩子的脑部神经纤维还没有达到完善的程度，脑部神经在兴奋的时候很难受到抑制，由此导致孩子在做事（"人来疯"）时不能很好地控制自己，他们会情不自禁地尝试令他们感到愉悦的事。而处于兴奋中时，他们就更难"平息"这种兴奋。

第二，与他内心渴望得到他人的关注有很大的关系。美国心理学家马斯洛（Maslow）的需求层次理论（Hierarchical Theory of Needs）认为，人的一切行为都是由需求引起的。可见，孩子的"人来疯"肯定不是无缘无故的，是他的一种需求。这种需求，就是他们渴望被人关注，所以才做出一些"异常"的举动来，这是他们的一种正常心理。当然，这也可以看作他们对情绪的一种宣泄。

第三，孩子的情绪经常被忽视。前面提到，孩子"人来疯"是求关注的表现，这就表明，孩子的情绪、情感是经常被忽视的，尤其是被父母忽视，所以他才有更多的求关注心理。

父母平时对孩子的关注比较少，也常常忽略孩子的内心感受的表现有很多。比如，孩子放学回家后，可能迫不及待地想跟父母分享学校发生的趣事儿，而父母则会迫不及待地让他去写作业；孩子希望父母能陪他一起玩耍、做游戏、讲故事等，但父母要么以忙为借口拒绝，要么在陪孩子玩儿时玩手机，人在心不在；再就是很少带孩子出去玩儿……由此导致孩子内心产生失落感，感觉被忽视。这种情感慢慢累积，负能量就会增加，一旦达到极限，情绪就会爆发。而在达到极限之前，孩子也会找机会自己调节，于是陌生人、客人、亲戚朋友、长辈、父母的同事等，就成了他求关注、刷存在感的对象。

第四，对孩子的管教方式不当。父母欠妥当的管教方式也会导致孩子"人来疯"。这里所说的"欠妥当"的管教方式主要有两种：一是严厉型，二是放任型。

前一种管教方式，父母给孩子设定了各种"不许"，所以，平时被"压抑"的孩子，在有外人的地方才敢"撒欢"，因为当着外人的面，父母也不太好意思严管他；后一种管教方式，对孩子而言就是一种宠溺，父母只要孩子高兴就行，所以无论有人没人，这样的孩子都极为随意，当然，有外人在的时候会更随意，他们更希望以这种方式博得外人的欣赏与赞许。

如何改变孩子"人来疯"的现状呢？

第一，正确引导孩子。孩子"人来疯"，在一定程度上也说明他的自我意识在增强，并且有了表现自我的欲望。父母可以根据孩子心理发展的这一特点，及时引导他不要过分地表现自我，教给他一些日常礼仪，并经常带着孩子实践，让孩子懂得尊重他人。这样孩子就会有意识地控制自己的行为，慢慢改掉"人来疯"的毛病。

第二，不理睬孩子的"人来疯"。孩子"人来疯"也是想让别人注意到自己。所以，如果父母发现孩子存在"人来疯"的举动，那么要对他的行为不予理睬，并且告诉周围的大人也不要关注孩子的这种行为，大家还是按照之前的话题正常聊天、谈事。这样一来，孩子看到自己的"表演"没有了观众，他自己就会觉得索然无味，也就会停止"人来疯"的行为。

虽然父母当时无视孩子的"人来疯"，但事后要对其进行"弥补"，也就是平时多关注、多陪伴他。

第三，平时多陪孩子。父母不可能天天忙、时时忙，总有休息的时候，即使没有，也要抽时间休息。其实，陪在孩子身边，跟他一起互动，也是一种很好的休息方式。也就是说，平时父母尽可能多抽时间陪孩子，既能让自己得到休息、放松，也能满足孩子的情感需要。

要知道，"人来疯"在一定程度上也表明孩子缺爱，只要父母多关注一下他，多陪陪他（在家、外出都可以），给他应有的关爱，把他缺失的爱找回来，慢慢地，孩子就不需要以"人来疯"的方式表达"抗议"了。

再有，孩子的很多问题就隐藏在他的生活中，父母只有多关注、多陪伴，才能更近距离地观察孩子，及时发现并解决孩子的问题。

所以，有人说："注重孩子的早期教育与陪伴，是父母这一生最划算的投资。"我认为这是非常有道理的。

第四，给孩子创造正确表达自我的机会。对任何事的处理，都不是绝对的，对孩子"人来疯"的应对也是一样的道理。前面提到，父母可以忽视他当时的"人来疯"行为，但事后要"弥补"——陪伴。不过，也可以换种方式，就是当孩子"人来疯"的时候，关注他，并且给他创造一些正确表达自我的机会，满足他表达自我的需求。比如，父母可以安排孩子给大家唱一首歌，或者跳一支舞，给大家看孩子画的画，等等。并且，父母要引导孩子对大家的夸奖表示感谢，但同时也要谨记：不能骄傲。

等孩子表演完，父母就要主动招呼客人、朋友聊天、谈事情，而不要再继续关注孩子，也要让孩子知道他的展示已经结束了，可以忙别的去了。这样，孩子的展示欲望得到了适度的满足，他就不会做出过分展现自我的事情来了。

第五，鼓励孩子多与同龄人一起玩儿。有些孩子"人来疯"可能是因为他总是待在家中，生活比较无趣，所以，当家里来了人时，孩子就会抑制不住兴奋劲儿。父母如果鼓励他多与周围的同龄人玩，孩子就不会再感觉无趣，这一问题也就迎刃而解了。

第六，引导孩子读情绪管理的绘本。想改变孩子"人来疯"的现状，不会一蹴而就，需要父母在日常生活中给孩子潜移默化的影响，但常常在孩子耳边"唠叨"他"不要人来疯"是达不到目的的。

如果孩子才六七岁，父母不妨给孩子买点关于情绪管理的绘本，跟他一起读，这比父母的说教更容易被孩子接受。绘本中的故事场景（情绪管理方法）能够带孩子走出情绪"阴霾"。

如果孩子再大一些，父母就可以引导他自主阅读情绪管理类的文章或图书，可以适度地辅助他解读相关的内容，但不要有过多的说教，就文章或图书里的内容进行相关讨论就好。

好斗——要注重培养孩子的表达能力

好斗，大都发生在男孩身上。女孩好斗的，相对还是比较少的。

生活中，很多父母都会嘱咐男孩，不要跟人打架，同学之间要好好相处，不能一言不合就出拳头。话虽然是这么说，但男孩却不一定会听。所以，一些男孩总是会惹出各种各样的事端，甚至做家长的，三天两头被老师叫到学校去。

时间长了，很多父母就会无奈地认定一个事实，那就是男孩很容易冲动，爱打架，跟人争吵。你可能不禁要问了，这到底是为什么呢？为什么男孩喜欢打架、争吵？

对这个问题，你可能也有自己的见解，比如你可能会认为"男孩就是调皮，天生就这样"。如果你这么想，那么我可能还要给你点个赞，你的理解方向是对的。其实不光是你这么认为，大部分父母可能都是这么认为的，就是觉得男孩"天生就容易冲动"——好斗，有攻击性。确实，这是天生的。但背后的逻辑是什么呢？

男孩热衷于打架、争吵，是男孩群体先天就具有的共性。但这是什么原因导致的呢？我想，了解这一点是非常关键的。

实际上，男孩好斗，有攻击性，或者说爱打架，与他的生理发展有着紧密的联系，是他体内的睾丸素发挥了重要的作用。

睾丸素又称睾酮，是一种类固醇荷尔蒙，是由男性的睾丸或女性的卵巢及肾上腺分泌的。据统计，成年男性分泌的睾丸素含量是成年女性分泌量的 20 倍。也就是说，无论男女，身体里都有睾丸素，只是性别不同，含量不同而已。男孩身上的雄性激素就是睾丸素。睾丸素能促使男孩表现出男性特征——除了生理特征，还有好动、好竞争、敢冒险，渴望成为最强壮、最勇敢、最坚强的男子汉等心理特征。睾丸素对男孩的生长发育起着至关重要的作用。

男孩出生后，伴随着成长，睾丸素在其不同年龄阶段会有不同的含量，正是因为睾丸素的存在，才使得男孩表现得这么冲动。

睾丸素的分泌有以下 5 个高峰期。

第一个高峰期：胎儿期。

当男孩还是胎儿时，他体内的睾丸素就开始分泌了。由于这种雄性激素的存在，他的男性特征开始有所显现；随着睾丸素分泌得越来越多，他的男性特征也会进一步发展。

第二个高峰期：婴儿期。

男婴在刚出生时，其体内睾丸素的含量几乎等同于 12 岁男孩体内睾丸素的含量，因为他要靠这些激素的刺激继续发育。几个月后，他体内的睾丸素含量会下降到刚出生时的 1/15；一直到他蹒跚学步，他体内的睾丸素含量都比较低。

第三个高峰期：幼儿期。

4 岁左右，男孩体内的睾丸素激增，含量会达到之前的两倍。这时的男孩会显得比之前更活泼好动，开始调皮，这其实就是他体内的睾丸素正在发挥作用，他的精力需要获得一个发泄口。所以这个时期的男孩更喜欢冒险，喜欢怪物或英雄，也开始喜欢刀枪、棍棒一类的玩具，动不动就说自己是"超人"或"英雄"，幻想自己拥有超能力，可以拯救世界。

第四个高峰期：少年期。

11 ～ 13 岁，男孩体内的睾丸素水平再次剧增，达到幼儿期的 8 倍，并在 14 岁时达到最高值。这一阶段的男孩在激素的刺激下会出现发育过快的情况，身高在增加，大脑也随之进行重新整合，所以，这一阶段的男孩往往表现得反应有些慢，做事没有计划，生活一团糟，产生强烈的性意识，很容易暴躁不安。

第五个高峰期：青年期。

二十四五岁时，男孩体内的睾丸素含量依然很高，但经过青春期的调整，他已经可以很好地控制自我。这时睾丸素就会促使他将精力放在更积极的事物上。他会变得有目标，喜欢竞争，拥有较强的创造力。直到 40 岁，他的睾丸素才开始下降。

从这五个高峰期可以发现，男孩在幼儿期、少年期时——睾丸素分泌的高峰期——有大量亟须发泄的精力，很容易选择暴力解决问题。当然，他可能还会有其他各种各样的表现，比如，对新鲜事物充满好奇，并试图探索；喜欢把玩具拆了又装，装了又拆；总是不断地追逐、打闹；常常拿着玩具枪，甚至是小棍"攻击"周围的人；喜欢登高、爬树、奔跑；爱冒险……

除了自身的生理因素，男孩生活的环境也会促使其睾丸素的含量在原有的基础上发生变化。比如，如果父母或老师没有给男孩足够的安全感，没有给他积极正确的引导，那么他就会选择用暴力来掩盖自己的恐惧，并借助力量的强弱来决定秩序；还有就是，如果男孩身处在一个充满混乱的环境中，他体内的睾丸素含量也会上升，就会出现"连续捣蛋"的现象。

显然，父母不能这么放任他因为一点小事就去跟别人打，去跟别人吵，所以父母要管，但怎么管呢？

第一，对男孩多表达关爱和鼓励。很多父母认为，正因为男孩总是打架、爱冲动，所以才会严厉对待他。可实际情况也可能恰恰相反，也许正是因为我们总是对他可能出现的暴力行为严阵以待，动不动就训他、吼他，所以他才变得越发易怒。

孩子的问题很多时候其实都是父母的问题，作为父母，我们应先改变自己，从自己做起改善男孩身边人的生活及学习环境，这可能会让他冲动的发生概率降低许多。所以，平时我们要多关注男孩好的表现，肯定他做的积极正向的努力，不管是在哪方面做出了成绩，都给他一个明确的赞赏和鼓励。如果我们能够给男孩足够的安全感，那么这其实也是在用我们的平静、温暖来帮助男孩冷却不断"沸腾"的情绪。

第二，让爸爸发挥重要的作用。男孩现在所经历的事情，做爸爸的大多曾经有过亲身经历，所以怎样去理解男孩、给男孩更好的建议，爸爸可能是最合适的人选。

当然，前提是爸爸也要对这方面有所了解，所以如果是妈妈在认真学习怎么教育男孩，那么学到这部分生理方面的内容时，最好也能叫上爸爸一起学，让爸爸回顾自己当年的经历，对男孩现身说法，拉近跟男孩的距离，理解他，尽可能地站在他的角度去感受他的需要，从而让他更能听进爸爸的教诲。

当然了，爸爸也要注意自己的表现，不要硬碰硬，不要试图以暴制暴。

第三，允许男孩有情绪，并教他正确处理。在睾丸素的影响下，男孩会选择用暴力释放情绪，或者使劲地闹情绪。而每每这时，父母就会训斥他。

这其实是有问题的，这里面有两个错误：一是"你不允许男孩有情绪"，希望他能自我控制；二是"你并没有教他怎么去处理情绪，却还训斥他自己释放情绪的方式"。我想，这是没有道理的。

你站在制高点上，只是发泄了自己的不满，男孩却被要求压抑自我，这样做的结果只能是适得其反。正确的做法是，你要接受男孩有情绪这个事实，然后教他学会合理地处理情绪，比如教他转移注意力，教他用深呼吸自我平静，教他通过做自己感兴趣的事弥合当时因不良情绪而导致的心灵裂痕，之后再针对具体问题进行具体分析。

第四，引导男孩合理释放多余的精力。睾丸素促使男孩亢奋，我们也可以积极引导他，帮他把精力释放到合适的地方。也就是让他合理释放多余的精力。当然，这个合理释放，不是任其大喊大叫、摔东西等，而是通过合理的引导教他释放。

比如，在男孩喜欢、崇拜英雄的这段时期，多让他看看真正的英雄是什么样的，英雄有哪些特质，让他领会英雄帮助弱者、勇武过人、无私忘我、不畏艰险、为人民利益而英勇奋斗的精神，从而让男孩变得更有担当、更有责任感。

如果再具体引申一下，可以是妈妈适度地示弱，做一个弱者，鼓励孩子帮助妈妈。比如，妈妈在超市买了很多东西，可以鼓励你的"超人"男孩、"英雄"男孩帮你提，这就是在让他释放多余精力的同时，培养他的担当精神、男子汉气概。

第五，引导孩子表达真实想法，帮助他掌握友好交往的方法。当孩子不能准确地用语言把自己的想法传递出来时，他就可能会用肢体语言表达自己的情感。这时，父母要引导孩子把真实的想法说出来，可以这样对他说："你是不是不想让别人碰你？""你是不是想和小哥哥交朋友？"……

当你引导孩子把他的想法说出来之后，他就会感觉到你对他的理解，这时，你再给予他指导和教育，他就更容易接受。比如，孩子因为想和小伙伴交朋友而打人，那就要向他示范正确的相处之道，并告诉他："如果你想和小伙伴交朋友，那么可以拉拉他的手，也可以把自己的玩具拿出来和他一起玩。"

这样一来，孩子也就知道以后应该如何做了，他的攻击行为也会随之减少。攻击行为终究是错误的，所以，不要让孩子在不知不觉中养成这样的坏习惯。

再就是，我们要教孩子学会表达友好，并引导他多练习。比如，教他学习用抚摸别人的头发的方式，代替揪头发的动作；鼓励他用轻轻地握手，代替抓挠、打人、踢人；引导他学会用轮流行动代替争抢；等等。

我们可以给他做一些示范，然后鼓励他进行模仿。另外，我们也要跟孩子约定好，如果他有了友好的表现，那么他就会受到表扬，否则他可能会受到一些小惩罚。

任性——自我意识萌发，不达目的不罢休

孩子任性是一种非常普遍的现象。所谓任性，就是孩子以自我为中心，顺着自己的性子，不分时间、场合地为所欲为，想说什么就说什么，想做什么就做什么，对自己毫无约束，根本听不进别人的意见。

孩子任性，最初发生在 2～4 岁，这个时期是孩子的第一个叛逆期，这是他成长过程中重要的心理发展阶段，只是因个体差异而具体表现不同。孩子在这个叛逆期的各种行为，标志着孩子开始有了自我意识，并逐渐开始发展自己的逻辑思维。在这一时期，孩子或者为了维护自尊心，或者为了实践自己的想法，会通过哭、闹等方式试图达到自己的目的。

比如，孩子在超市看到一个玩具小汽车，想买，虽然家里已经有很多了，但是如果你不同意他买，他就哭闹，甚至打滚，摆出一副不达目的就不罢休的架势。这种情况下，一些父母就妥协了——买！如此，下次再遇到想买的东西时，他就故伎重施。

如果孩子处于 2～4 岁的叛逆期，那就需要父母对孩子善加引导（但不是简单意义上的顺从），让他顺利度过，这样孩子就会变得自信、独立。

当然，有时，孩子在四五岁以后，比如到了六七岁、七八岁，还会通过哭闹等行为试图达到自己买某样东西、做某件事、吃某种食物的目的。这都需要我们积极想办法帮助孩子矫正，合理应对。

第一，先询问，再帮助。处于 2～4 岁叛逆期的孩子，因为自我意识的萌发，独立意识非常强，他希望任何事都由自己来完成。这时，我们要

像尊重一个成人那样去尊重孩子，看到他遇到困难（比如摆不好积木就大发脾气），要先问一声："需要帮忙吗？"得到肯定回答后，再提供帮助。

在帮助孩子时，我们也不要一下子将事情都完成，只需将阻碍孩子的关键一点完成就好，比如，孩子拉不好拉链，我们只要帮他把拉头对齐就可以了，拉的行为可以让孩子自己来完成。虽然整件事不是由他一个人完成的，但他也能感觉到自己的力量。

第二，父母用"我喜欢……"来表达要求。处于2～4岁叛逆期的孩子，对我们的"不"会表现出反感，他会任性地跟父母对着干，所以，我们在对孩子表达要求时，最好不要用"不"的句式，比如：

"你不要看电视了，快吃饭！"

"你不能出去玩，写不完作业你就别想出去！"

"别玩儿手机，赶紧看书去！"

而要用"我喜欢……"的句式，比如说：

"宝贝，我喜欢你坐着吃饭。"

"我喜欢你在家跟我一起玩。"

"我喜欢你认真读书的样子。"

从"我喜欢"的句式中，孩子能感受到一种被认可和受欢迎，他出现任性行为的概率就会大大减少。

第三，坚定地冷处理——进行克制训练。有些孩子之所以过于任性，是因为他知道父母会对他妥协、让步。所以，当孩子任性地想做危险的事情或者哭闹时，父母最好能做到坚定地冷处理。所谓"坚定"，就是对孩子不妥协、不让步；所谓"冷处理"，就是任他哭闹、打滚也不做出过多回应。

也就是说，如果是三四岁、五六岁的孩子跟我们哭闹，试图让我们满足他的不合理需求，那我们就要坚持原则，说不行就是不行，无论他再怎么哭闹，也不能答应他。他还能怎么闹呢？大不了在地上撒泼打滚。这其实是对他进行克制训练的一个好机会。

怎么做这个训练？就是在他哭闹不止、撒泼打滚时，父母直接把他抱回家，不要打，也不要骂，哭就哭，直接回家。到家后，放在一个没有危险的地方，比如，卧室。他磕不着、碰不着、跑不了就行，之后就看着他继续"表演"。这时，要与家人协调好，不要让他们参与进来，不然你一句，我一句，都是给孩子"求情"的，那这个训练就没办法进行了。

所以，这次训练，一个人管就行，从头管到尾。对孩子不打也不骂、不吼也不叫，什么也不说，就在一边看着他即可，否则给孩子的感觉不好，会刺激他变本加厉地哭闹。因为就他当下的状态而言，你说什么对他来说都是噪声，你的"说教"就是他继续夸张、卖力"表演"的动力。那怎么做？你就安静下来，继续看他的"表演"，如果你走了，他就没有"观众"了，那他还"表演"个什么劲儿呢？所以，他努力地"演"，你就好好地"看"。

但他在哭闹的间隙，或者哭累了，也会看看你，看看你是不是会妥协。这时，你可以问他："哭完了吗？没哭完，你就继续哭。我没事儿，有时间陪你。"接下来，他哭闹的力度可能会增大，甚至不小心会碰到床头，只要没有很严重就不用管。因为他知道疼。他哭累了，总会停下来，这时你问他："刚才碰到了头，疼不疼？"他如果说"不疼"，那你就让他接着碰，他肯定不会再碰了。

当他哭得真差不多了，够累的了，你就给他拿个湿毛巾，擦把脸，表示一下关爱。但你给他擦脸时，他会继续动他的小心思，可能认为你妥协了，比较"可怜"他，说不定就同意他买东西了。所以，你给他擦完后，把毛巾一放，继续看着他。意思就是他要闹，随便，继续，你奉陪到底。

也就是说，这个训练过程，你不要打他，不要骂他，也不要吼他，当然，也不妥协、不让步，重要的是，"不心疼"（即使心疼，也不要让他看出来）。就是要以这种方式让他明白，哭闹是没用的。经过这一次，他就会记住，以后也就不会再闹了。

当他看到父母非常坚定后，他就知道没希望了。这时，你也要及时地给他一个台阶下，比如说"现在好点了吗？"或者"来，抱一下"。

也就是说，我们既要坚持原则，又要不乏关爱。我们针对的是这件"事"，而不是孩子这个"人"，所以，不要因为这个训练而疏远亲子关系。

黏人——因分离给孩子带来的焦虑感而产生

孩子黏人也是一种常见的现象，尤其是在小的时候，他会看上去离不开爸爸妈妈，尤其是离不开妈妈。而越发黏人的时候，可能正是孩子要跟我们"分离"的时候，"分离"会带给孩子焦虑感，从而促使他更黏人。

孩子上幼儿园，是他第一次离开爸爸妈妈，到一个全然陌生的环境中，去与许多不认识的小朋友相处，去接受陌生老师的引导与教育。

这是孩子人生道路上的一个全新的体验，但也不得不说，这是很多孩子人生中的第一个"坎儿"，大部分孩子都没办法平静地迈过去，因为这时候的孩子会进入"分离焦虑期"。

所谓"分离焦虑"，是指年幼的孩子因为突然与亲密的抚养人分开而表现出来的消极、不安、焦虑的情绪与行为，要么哭闹不止，极为抗拒；要么自己闷闷的，完全没有了之前在家的快乐……一般而言，大部分孩子都会有分离焦虑，只不过表现程度不同，出现的时间长短也不一样。

如果要进入幼儿园，那么孩子势必要与妈妈分开，于是孩子也就不可避免地会经历这样一场分离焦虑。不仅是孩子焦虑，很多妈妈也会因此而产生焦虑。

孩子的焦虑来自于他和妈妈的分离。他要离开最亲密的妈妈，尽管可能只是半天或者一天的时间，但这对他来说也是不能忍受的，他会觉得自己被妈妈丢下了，而且还要面对一群不认识的小朋友和老师，他会紧张，会害怕，所以才会焦虑。

与孩子的焦虑不同，妈妈的焦虑则完全来自于自己的情绪变化和种种想象。看到那个一直在身边的孩子转身走向了陌生人群，妈妈会觉得失落，尤其是一想到他将对着老师和其他孩子展现过去只对妈妈展现的信任的笑脸，妈妈就会有些不适应。

有的妈妈也会觉得，幼儿园老师毕竟不能做到"一对一"地为孩子服务，便开始想象，担心孩子吃不饱、睡不好、受欺负、被冷落。此外，有些孩子因为分离焦虑而不停地哭泣，这更会让很多妈妈感到揪心。于是，很多时候妈妈的分离焦虑可能比孩子的分离焦虑还要严重。

每年的入园季一到，很多幼儿园门口都会哭声一片。孩子抱着爸爸妈妈、爷爷奶奶、姥姥姥爷的腿不肯撒手，而这些成人也是一脸无奈、一脸不舍，有的孩子会在老师的劝导下松手，有的妈妈也会帮着老师拉开孩子，但也有人因为不能忍受孩子的哭闹，而选择把孩子抱走，远离幼儿园。

因为孩子哭闹就选择不让他去经历分离，这并不是一个明智的选择，这会使他的分离焦虑延后进行，或者变得更为严重。

每个孩子刚进入幼儿园时，都会有不同程度的分离焦虑出现，所以妈妈不如提前给自己打好"预防针"——孩子多半会哭。尽早开始为此做准备，让孩子慢慢地接近这种分离，这可以让他的焦虑变得小一些，并尽可能迅速结束。

若想孩子到时候没有那么强烈的分离焦虑反应，妈妈就应该从平时做起。在孩子还没有去幼儿园时，就要经常和他互动，在他内心建立起足够的安全感，让他时刻感受到你对他的爱。而家中的所有人都要用积极乐观的态度和情绪来和孩子相处，保证孩子的情绪稳定，以减少他的慌乱感觉。

而随着去幼儿园的日子的临近，就要有计划地让孩子适应妈妈不在他身边的时间，鼓励他自己看书、自己玩耍，同时也要更进一步地培养孩子的独立吃饭能力，并逐渐训练孩子养成有便意就说出来的好习惯。

孩子在做这些事情时，你要多鼓励他，同时也要让他意识到，不管是妈妈远离他的视线，还是鼓励他自己动手，都不是要丢下他不管。妈妈依然爱他，最后还是会回到他的身边。这样孩子对你就会产生信任感，即便他将来要离开你去幼儿园，也能坚守"妈妈一定会来接我"这个信念，而不会因为看不见妈妈就变得什么都不敢动、什么都不会做。

你最好提前和孩子聊一聊幼儿园，要经常和他说幼儿园的好，告诉他幼儿园里有什么，他将在幼儿园中遇见更多小朋友，将会和老师有怎样的相处。

尤其要注意平时不要用"幼儿园"的话题去吓唬孩子。比如，孩子不好好吃饭，有的妈妈会说："你要是不好好吃饭，等你将来去了幼儿园，老师就会批评你，不给你好吃的，别的小朋友也会嘲笑你。"这样的说法无疑会增加孩子对幼儿园的恐惧感，也会让他对老师产生畏惧感，等到真的要去幼儿园时，他的分离焦虑就会比较严重。

所以，尽早在孩子内心帮助他建立对幼儿园的好感很重要。除了和他多聊聊幼儿园的事，也要经常带他去看幼儿园的活动，让他看看他即将去的地方是什么样的，看看小朋友们高兴地玩耍的场景，看看老师带着大家做操、活动的样子……如果有机会，就带着孩子和已经上幼儿园的小哥哥、小姐姐们沟通一下，听他们说说幼儿园里的有意思的事儿，这些都会让孩子对幼儿园有一个提前的了解，能使他对幼儿园不再感到陌生，同时也会因为一些趣事儿而让他对那里产生些许的期待。

另外，也可以给孩子准备好小书包、小水壶，告诉他这些都是他上幼儿园后才能用的新装备，这也会让他觉得去幼儿园是一件不错的事。如果孩子有一起成长的小伙伴，那么也可以和对方的妈妈商量好，让孩子们彼此结伴。有熟悉的小朋友在，多少也会减少孩子的害怕心理。

当然了，尽管前期准备活动做得非常周到，可真到了要走进幼儿园的时候，孩子也可能会害怕。"临阵逃脱"的事就算发生了也是很正常的。

即使孩子在幼儿园门口一下子哭起来，也不要训斥他，因为他还没有那么好的调节能力。不要说是孩子，就算是成年人，突然去了一个陌生的地方，心里也会打鼓，需要鼓起勇气继续做下面的事情。所以，孩子这时候的哭，只是他对陌生环境的一种反应，他是在用哭闹抗拒那种陌生与紧张，同时也希望用自己的哭唤起妈妈对他的关爱。

这时老师都会安抚孩子，以保证能把孩子领进幼儿园里去。此时我们就应该配合老师，顺应老师的要求，不过不要强硬地推开孩子，而要告诉孩子来接他的时间，然后坚定地与他挥手告别。在这之后，就要信任幼儿园，并做好孩子会在幼儿园哭泣的心理准备。

接下来，孩子可能会连续一段时间对上幼儿园有排斥心理。这时，我们要经常鼓励他，并给他准备合理的饮食，以免他因为哭闹而上火，甚至导致免疫力下降而生病。同时，也要经常和老师联系，以更好地配合老师。

处在分离焦虑期的孩子可能会有各种各样的问题，应对时妈妈要尽量放松，只有你放松了，孩子才会放松。如果还是觉得有问题，那就去找老师咨询一下，多听听老师的解释，也有助于减轻你自己的焦虑。

另外，每个孩子的分离焦虑时间长短不同，短则 1 个星期、1 个月，长则 3 个月甚至更长时间。你要耐心应对，不要盲目比较，要多将注意力放在自己孩子身上，安抚他的焦虑情绪才是最重要的。

顶嘴——可能并不是挑衅行为

———— ⋐✖⋑ ————

一般来说，顶嘴、不礼貌地大声争辩、用言语冲撞，都是孩子对长辈不礼貌的行为。当孩子开始有了自己的一些想法后，他顶嘴的次数可能也会随之增多。

一些妈妈对孩子的顶嘴行为通常感觉生气，有时可能还会因此而训斥他，或者冲他大吼大叫。因为在我们成人看来，孩子顶嘴的行为，多多少少都挑战了父母的某些底线，有的父母就认为：孩子这么明显地挑衅，难道我们还不应该予以教育吗？

但事实真的是这样的吗？难道只要是孩子顶嘴，就意味着他是不对的吗？当然不是。

其实，对于不同年龄段的孩子来说，顶嘴可能有不同的意义，并不完全是他不尊重人的表现。比如：

对于 3 岁的孩子，他顶嘴可能只是在发表自己的意见，为了能让我们知道他到底是怎么想的。

而 4 岁的孩子，也许只想试试自己到底能不能说得过父母。

至于 5 岁的孩子，也许只是想利用顶嘴来获得父母对他的关注。

等孩子到了 6 岁，他关注的可能是自己的语言会有怎样的效能。

……

也就是说，孩子并没有将顶嘴这件事看得多么了不起，他只是在凭借这样一种行为来检验自己的成长。可能在他看来，这样做并没有什么不好与不对，他会觉得这很自然。

而我们可能只不过是用成年人先入为主的思想，自以为是或者想当然地猜测孩子的顶嘴行为，但我们的猜测可能是错误的。所以，我们不要轻易断定孩子的顶嘴就是在挑衅。那怎么做呢？我想，不妨好好评估一下，并通过立规矩的方式来约束他的顶嘴行为。

具体来说，我们可以参考以下六条建议。

第一，多自查、反思我们自己的行为。其实孩子之所以会顶嘴，多半并不是他故意找碴儿，而是我们反应过激。所以，孩子顶嘴时，不要只顾着说孩子不懂事，而是要多看看我们自己，比如，我们是不是因为某件事出现了过激反应？是不是说了一些过于绝对的话？是不是对孩子做出了不理智的判断？……当我们能妥善处理自己的行为时，孩子的顶嘴行为可能就会减少很多。

第二，对孩子的顶嘴行为进行冷处理。顶嘴的当下，孩子大多处于一种情绪亢奋状态，这时，我们应该跟他保持一定的距离，不要去回应他，给彼此一个冷静的时间。而在这个过程中，我们要学着控制自己的愤怒情绪，对于刚才孩子说了什么，不要再想太多，而是要转身去做别的事，转移一下自己的注意力，重新梳理自己的思路，利用这段冷静的时间，想一想下一步该如何做。

第三，认真听孩子顶嘴的内容。如果孩子顶嘴，那么实际上代表他对我们所说的内容，或者某件事，有不同的意见，只不过他的表达方式有些激烈罢了。那么，我们这时就可以适当转移一下关注的重点，不要太在意他用了怎样的表达方式，而是要多关注他到底表达了什么内容。

要仔细体会一下，他到底为什么顶嘴，他希望维护自己怎样的权益……这有助于我们在接下来的时间，更有针对性、也更有效地解决相关的问题。

第四，不要计较孩子激烈的言辞。既然是顶嘴，孩子就不会是和颜悦色的，他可能会变得口无遮拦，也许还会一张嘴就是"我恨你"。对这样的话，我们不要太在意，也不要去计较。在这个时候，我们可千万不要像他那样，也变得口无遮拦，而要控制好自己的情绪，尤其是不要顺着孩子的话往下接。

要记住，我们是成年人，应该更理智一些。尽管孩子说了过激的话，但这只代表他当时的心情，并不是他的本意，也不代表他以后会变坏。所以，即使你想非常郑重地提醒他，也不要用这样的方式表达，而要选择在他冷静之后，再跟他说。

第五，一切过去后再去处理问题。不管是怎样的言语大战，都会有平静的时候，即便孩子在顶嘴，但是一两句之后，发现我们采取冷处理的方式，他也会慢慢地安静下来。彼此平静后，才是解决问题的最好时机。我们可以跟孩子聊一聊，彼此沟通一下，问一问他希望我们用什么样的表达方式，然后，了解一下他对某件事有怎样的看法，再和颜悦色地讲出我们的想法。

在这个过程中，我们要表现出对孩子感受的尊重，好好地听他说，不打断，不反驳，不再次挑起冲突。这样，孩子也会觉得自己受到了尊重，可能也会反思自己刚才的顶嘴行为。

第六，跟孩子约定，大家都使用正确的方式表达情绪。顶嘴不对，那么怎么做才对？在经历了前面一系列的动作之后，我们还要告诉孩子该如何正确表达他的情绪。比如，他可以说出自己的全部想法，可以告诉我们他感觉很难过。如果他很生气，那么可以暂时不说话，等到不那么生气后，再来跟我们说。

我们也可以给孩子立一个规矩：如果他能好好说话，那么我们就认真听；如果他总是顶嘴，那么我们就只能等他冷静之后再听他说。

"安静"有时也是一种反常行为

很多父母都喜欢"安静"的孩子，认为这样的孩子才是乖巧的、可爱的、听话的。但实际上，孩子很"安静"，不哭不闹，有时也是一种反常现象。孩子看上去"安静"的行为，很可能是他内在的一种压抑。

我们可能会认为，孩子不高兴，应该表现得很明显，比如，他会激烈地反抗，任凭你怎么跟他沟通，他都一副不配合的样子。当然，很多孩子是这样的，或者说，孩子很多时候是这样的。

但有时，孩子并不会这么直接地表现出来，他的心理活动虽然很复杂，但从表面上看来，却很平静。也就是说，他的反常是内在的，是残存在内心深处的，可能也需要很长时间才能看出其所造成的影响。所以，我们的目光必须敏锐一些，尽早发现这看似寻常实则不寻常的安静反常行为，并及时采取合理的应对措施。

举例来说，孩子从幼儿园回到家后，不再"叽叽喳喳"说个不停，也不再"滔滔不绝"地讲幼儿园里发生的趣事儿了，而是很安静地到一边去看绘本、咬指甲，这里所说的"安静"可能是连一点声音都不发出来。这时，你不要认为是孩子突然"长大"了、"变乖"了，很可能是他内心有情绪，而且他使劲地克制、压抑了这种情绪。

所以，父母要及时询问孩子：

"今天在幼儿园，有什么开心的事情吗？"

"跟小朋友玩儿得高兴吗？"

"跟小朋友打架了吗？"

"老师表扬/批评你了吗？"

……

如果通过询问，父母得不到有效的信息，那么就直接跟老师沟通，确认孩子在幼儿园是不是遇到了什么事情。

当然，这种情况也可能不是孩子在幼儿园真的发生了什么事，而是别的什么场景给了孩子一些触动。比如，孩子发现别的父母对孩子非常热情，无论是上学、放学，都是亲了又亲，抱了又抱，手牵手……他可能会想到自己的父母对他可能没有这么热情，也没有这么多亲昵的动作，甚至有时还很冷漠，整天批评他。这可能使他产生心理上的落差，于是到家后就变得很"安静"。

所以，这就需要我们反思，看看有没有类似的情形发生，如果有，那就赶紧改正，跟幼小的孩子多一些亲密接触，如拥抱、爱抚、亲吻等，也包括每天多鼓励他，对他表达关爱……坚持几天下来，孩子的心理落差就会逐渐消退，孩子也会重回开朗。

心理学上有一个冰山理论（Iceberg Theory）或冰山模型，这是美国心理学家、哈佛大学教授戴维·麦克利兰（David C. McClelland）于 1973 年提出的。他把个体素质的不同表现划分为表面的"冰山以上的部分"和深藏的"冰山以下的部分"。实际上，这是一个隐喻，它指的是一个人的"自我"就像一座冰山，我们能看到的行为只是露出海面的那部分，可能是很小的一部分，而更大的部分却深藏在海面以下，处于更深层次，包括行为、应对方式、感受、观点、期待、渴望、自我七个层次，是不为人所见的。

对于孩子，我们能看到的行为，也仅仅是"冰山的上半部分"——很小的一部分，但孩子内心更丰富的世界（如难过、失落、悲伤、恐惧、焦虑、抑郁等情绪），却是我们看不到的"冰山的下半部分"——很大的一部分。后者恰恰比前者更重要。当孩子内心隐藏着的巨大悲伤、恐惧等情绪让他无法应对和调适时，他就会表现出各种反常行为。

我们该如何应对孩子的这些反常行为呢？有几个关键点。

第一，不要试图指责孩子的表面行为，如"安静"地咬指甲。否则，只会让孩子更加关闭心门，更严重的，还可能错失"拯救"他的最佳时机。

第二，要意识到，孩子表面的反常行为，并不代表他内心的真正想法。不过我们可以通过他的表面行为，尝试发现他内心隐藏的真实想法。如何尝试？我们不妨试试爱的拥抱、接纳的语言……让孩子感受到你是关爱他的，是他的"自己人"，他可能就会向你敞开心扉。

第三，跟孩子建立心灵的联结。平时多跟他互动，多陪伴，多玩耍，多读书，多游戏……身在一起，心也在一起，用你的爱温暖他的心。

当我们看到孩子这种"安静"的反常行为时，只有提高教育的敏感度，并努力去了解真实情况，才能真正帮到甚至解救孩子。

孩子还有一种"安静"，与前面讲到的是不同的。

有句话说，"孩子静悄悄，肯定在作妖"，说的是孩子突然特别安静下来，肯定是他在做"坏事"——不是在"闯祸"，就是在去"闯祸"的路上。这在某种程度上有一定的道理，也就是说，孩子正沉浸在"自我玩乐"（主要是各种折腾）的世界里，非常投入，所以，也就不发声了，自然静悄悄的。还有一种"静悄悄"地"作妖"的情形，就是孩子犯错误了，怕被批评，所以，他才大气不敢出，甚至有一些大点的孩子，还跑到外面躲起来，不敢回家。

孩子虽然小，但他也知道犯错误是一件不好的事，因为他从小就有是非观，他知道看大人的脸色，知道做了什么事能得到表扬，也知道做了什么事会遭到批评。不过，他毕竟是孩子，很难控制内心的各种冲动，所以一不留神可能就做出令人吃惊的事情来。

对此，我们可以分情况去应对，比如，如果孩子到处乱涂乱画，那可能是他正处于绘画敏感期，我们不妨给他开辟一面"专用墙"（可以是家里的实体墙，也可以给他买大画板挂在他能够到的墙上）供他作画，而不要试图以吼叫、训斥、打骂的方式纠正他。再比如，他试图玩电源车插座，那自然是原则问题，不可能被允许，对此有两种处理方式：第一，把用不到的插孔用保护盖封好；第二，拿一个未接通电源的插座让他玩儿，他只要试图插孔，就使劲儿在他的后腿拧一把（用牙签扎一下也可以），让他对此建立"条件反射"，以后就再也不玩儿了。

总之，我们要善于发现孩子"安静"背后的反常并积极应对。只要愿意想，我们总能想出办法，正所谓"只要思想不滑坡，办法总比困难多"。

多孩家庭应避免"爱的疏离"

由于国家生育政策的放开，现在越来越多的家庭不再只有一个孩子，于是很多家庭无形中又增加了一项新"烦恼"，那就是要处理好家庭中孩子们之间的关系。如果这个公平性拿捏不好，那么孩子们之间的矛盾以及孩子们与父母之间的问题，可能都会一一显现出来。

对多孩家庭来说，可能就要多花一些心思处理家中孩子们之间的关系，父母要防止"爱的疏离"，也就是俗话说的，作为父母一定要"一碗水端平"，从而让孩子们能够和睦、融洽地相处，而只有孩子们彼此关系亲密，父母才能不被孩子们之间的"糟糕"关系困扰，在对孩子们的教育上也才能更顺心、省力，也会更有成效。

以下分三种情形来讲述。

第一，刚上学的大宝和婴儿期二宝。此时的大宝年满 6 岁准备去上小学了，但二宝却尚在襁褓中，完全离不开人。而这时的大宝，其实也是离不开人的，因为即将或刚刚进入新环境，心理压力也不小，所以，此时的他也很需要有家人的陪伴和鼓励。

面对这种情况，爸爸妈妈要及时帮助孩子进行心理调整。

二宝的弱小是妈妈"偏心"的主要原因，但是当妈妈慢慢创造出"满心满眼全是二宝"的局面时，大宝就会觉得自己被嫌弃了，认为是二宝抢走了妈妈，他的言行也会发生变化。比如，有很多二胎妈妈可能都经历过类似于"大宝的言行也变幼稚"的事，这其实是大宝希望借助于与二宝

"同龄"或"同步"的表现来获取妈妈更多的关注。

幼升小的环境变化本就容易让孩子变得敏感，所以，在这种情况下妈妈最好能适当调整自己精力的投放分配：在二宝睡着时，也给大宝一些拥抱；平时多问问大宝学校的事情，关心他各种细节上的小事，让他感觉自己依然受妈妈的重视，并没有因为家里多了一个婴儿而有太大的改变；给二宝买衣服、零食、礼物时，也要给大宝买一份同样的或更"高级"的衣服、零食、礼物。

作为妈妈，你也可以和大宝聊一聊，把自己的实际情况告诉他。

比如，一位妈妈是这样说的："家里多了一个小宝宝，他太小了，不像你已经可以很棒地自己做各种事情了，他还需要妈妈的帮助和照顾。所以，这段时间妈妈可能会比较忙，不过妈妈和小宝宝都很爱你，你的良好表现会让妈妈觉得很开心，而且看到你能这么好地照顾自己，妈妈也觉得你真是帮了一个大忙。"

这段时间，在妈妈腾不出太多时间时，爸爸除了肩负接送大宝上下学的任务，也要把大部分的家务包揽过来，时不时对大宝提及妈妈的辛苦，提及妈妈对他的爱。爸爸偶尔也可以接过照顾小宝宝的任务，让妈妈轻松地和大宝好好相处一会儿。爸爸也可以找机会以爸爸妈妈的名义给大宝准备适合他的小礼物，让他明白爸爸妈妈并没有因为家里添了二宝而忽略了他，以此满足他同样渴望被关注的心理。

这种应对方式也适用于家里妈妈还是孕妇以及二宝还没到上幼儿园年龄的情况。妈妈处在各种不方便的时候，都可以试着参考这样的方法。

第二，刚上小学的大宝和刚上幼儿园的二宝。家里的大宝开始上小学时，二宝开始或刚好在上幼儿园，这种两个孩子都有地方可去的情况，会让父母暂时松一口气，但实际情况也未必那么乐观。

大宝开始上小学，进入了正规的学习氛围中，他在家中的日常也将从自由玩乐逐渐过渡到更关注学习上；但二宝还在幼儿园，正是各种疯玩的时候，尤其是在一天的幼儿园时间结束后，他巴不得能在家里和哥哥姐姐、爸爸妈妈好好玩一玩。而实际上，刚上学的大宝也玩心颇重，若是放任，那对于他日后良好学习习惯的培养没有好处。

对于这种情况，我们可以试试以下做法。

对于大宝，强化他的小学生身份，提醒他要与之前有所不同了，这是他成长的象征，是值得骄傲的事情。提醒他，他的一举一动都可能成为弟弟 / 妹妹模仿的对象，如果他表现好，弟弟 / 妹妹会觉得自己有一个了不起的哥哥 / 姐姐。

对于二宝，提醒他注意，哥哥 / 姐姐已经是小学生了，是很了不起的小大人了，哥哥 / 姐姐只有好好学习才能变得更厉害，会认识好多字，会给他讲故事，可以有更多一起玩的点子。所以，现在就要给哥哥 / 姐姐看书的时间，在哥哥 / 姐姐学习的时候不能去打扰。

在家里，我们可以区分大宝和二宝的活动空间，给大宝布置出适合看书学习的地方，也要在离大宝较远的地方给二宝开辟游戏空间，做到互不干扰。不过，也要安排兄弟姐妹一起玩耍的时间，在大宝学习结束之后，让两个孩子一起玩一会儿，用合适的游戏加深彼此的亲密关系。

第三，低年级的二宝和高年级的大宝。家中大宝已经升入小学高年级，又或者上了初中、高中，二宝刚开始上小学，这样的家庭也不少见。虽然大宝进入了高年级，但同时他也正在迈向青春期或者正处在青春期，二宝刚进入小学的新环境，也正处在需要思想转换的关键阶段，且这种家庭中的爸爸妈妈的年龄也会偏大一些，有可能正在步入更年期。综合来看，这样的家庭情况同样复杂。

我们在操心大宝学习、生活、思想、情感等各方面变化的同时，也要注意到二宝对新环境的适应情况和他身上的新的改变，而我们自己此时也要注意调节身心。

不过，处于这种情况的家庭也有一个优势，那就是孩子们都处在可以倾听父母说话的年龄，多聊聊天、讲讲道理，可能会有一定的效果。

其实，我们此时可以让大宝也发挥一下"帮扶带"的作用，比如，让二宝好好看看大宝是怎么学习的，让大宝给二宝讲一讲学习中的小问题；提醒大宝继续发扬已经养成的好习惯，提醒二宝以大宝为榜样，让二宝变得更加守规矩；巩固大宝良好的生活自理能力，在爸爸妈妈忙碌时，大宝也可以暂时承担一下照顾二宝生活的任务；等等。

说到底，这还是一个习惯养成与巩固的过程，如果我们在养育大宝时就已经注意培养他的良好习惯，那么对二宝的养育就会更容易一些。我们可以提醒大宝关心、帮助二宝，也可以提醒二宝体谅大宝并向大宝学习，也就是让两个孩子能够和谐相处。

不过，对大宝和二宝我们还是要"区别"对待的。大宝到了高年级，学习任务会更重，尤其是对于初、高中的大宝，他们的学习压力要远大于刚上小学的二宝。而且，大宝越长大对自我空间的要求就会越高，所以，我们也要尊重大宝对独立的要求，给大宝独自学习和思考的空间，对于二宝的学习空间则要以培养好习惯为主。

我们自己也要学会调节情绪，因为如果即将进入更年期，还要面对两个孩子以及家中的一众琐事，就会让我们变得更加心烦意乱。所以，此时夫妻之间要更多一些交流，彼此关心，尽量保证家庭的和谐。

第三章

坚定信念：你就是孩子最好的情绪管理训练师

不是"问题孩子"，只是有些"情绪化"

在这个世界上，所谓的"问题孩子"看似很多，实际上，真正的"问题孩子"少之又少。很多时候，是我们成人按照自己的标准，给所谓的"不听话"的孩子贴上了"问题孩子"的标签。严格来说，那些孩子可能在某一方面或某几方面存在一定的问题，但却不能被定性为"问题孩子"。

对不能控制情绪的孩子来说，他们不是"问题孩子"，只是有些"情绪化"而已。情绪化的孩子经常"放飞自我"，但他们的父母可能不喜欢这一点，所以会给他们设置一些"规则"——各种"不能""不许""不要"……这样，孩子就没有好心情"放飞自我"了，他们会认为这些条条框框严重约束了他们的自由，他们不喜欢被约束，被妈妈吼叫、呵斥。而且，这也会让他们认为，父母已经不爱他们了，或者已经不再"无条件"地接纳他们了。因为他们可以非常敏锐地感知到自己的活泼好动、"阴晴不定"究竟是被父母当成丰富他们生活的元素，还是被看作制造麻烦的因素。

没有一个孩子想当"问题孩子"，遗憾的是，很多情绪化的孩子会被父母或周围的人贴上这样的标签。但这往往就会导致一些问题，如出现"自证预言"的效果，即如果总是认为孩子"有问题"，那他即使没问题，也很可能会朝着"有问题"的方向发展。为什么？因为我们给孩子传递了"有问题"的信息，他接收到了，他很不满意，他会想："反正不管我怎么好，你们都认为我有问题，好啊！那我就'坏'给你们看！"于是，他就真的从情绪化的孩子转向"问题孩子"。可见，孩子好不好，很多时候，"背后"受一种力量的牵引。

以上情况会造成一个难以逆转的恶性循环：

认为"情绪化"的孩子是"问题孩子"→孩子被误解，很失望（生气）→"顺应"：满足你的"期待"→较劲：表现出各种问题（"坏"给你看）→结果：孩子"确实"有很多"问题"→你坚信自己的"判断"是"正确"的——"情绪化"的孩子就是"问题孩子"（见图 3-1）。

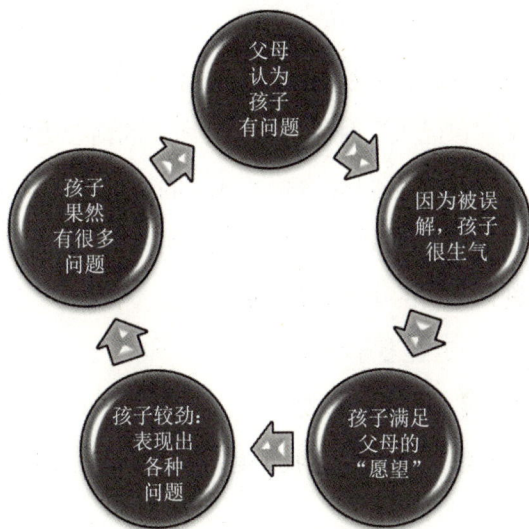

图 3-1 "问题孩子"的恶性循环

出现这样一个结果，是非常令人遗憾的，这既不是孩子的本愿，也不是父母的本愿。既然如此，那么应该怎样避免产生这样的结果呢？

很关键的一点，就是让"情绪化"的孩子感受到自己并不是"异类"。我们应该努力给孩子创造一个让他们认为自己的特殊脾气、性格是受到接纳和欢迎的环境。至少在我们做父母的看来，他是个"正常"的孩子，只是某些时候有些"情绪化"而已。尽管如此，这样的孩子依旧与其他孩子一样，渴望得到别人的认同。我们可能无法左右别人的想法，但却可以对孩子表达我们的认同感。这样，在孩子那里，他至少是不排斥我们的，他会认为我们是他的坚定支持者，是他的坚强后盾，是他的"自己人"，这将非常有利于亲子关系的建立。

这里，简要说一下心理学上所讲的"自己人效应"（acquaintances effect），又称为"同体效应"或"同体观倾向"，是指对方把你和他归为同一类或同一方的人，不是对立的，而是合作的、"一伙儿"的。就是说，要想让对方接纳你的观点、态度、建议，你就需要与对方保持一种"同体"关系，即把对方与自己视为一体（或"命运共同体"）。如果你们彼此是"自己人"，那么"自己人"对"自己人"所说的话会更容易被信赖和接受。

由此，我们跟孩子之间就建立了良好的亲子关系，这是实施有效教育的重要基础，正如有句话所说，"好的关系胜过许多教育"。在这个基础上，我们再对孩子进行适当的引导，比如：

"在幼儿园，一定要遵守秩序。"

"玩游戏的时候，要遵守规则。"

"我相信你也想约束自己，我想你也能做到，只要你努力，我很看好你，为你加油！"

"你可以'静下来'的，相信自己！"

"当你觉得无法自控的时候，再坚持一下，你就成功了！"

……

只要是在"自己人效应"的基础上，这些引导，孩子是会听进去的。

甚至，你越认同他是个"好孩子"，他越会真的非常努力地"好"给你看，前面提到的所谓"恶性循环"也就变成了"良性循环"。

你可能需要一颗"童心"

　　我们之所以不是很了解孩子，可能与我们缺少"童心"有较大的关系。实际上，父母作为成人，保持一颗童心还是有必要的。

　　要知道，一个只站在成人角度看待孩子的父母，是很难把孩子教育好的。

　　我们每个人都是从童年时代走过来的，童年时的我们，一定是有童心的，但为什么做了家长之后，童心就消失得无影无踪了呢？其实，它并没有真的消失，而是被我们"隐藏"了。也就是说，我们在孩子面前，把自己伪装成了一个没有童心的人。没有童心就没有童趣，而没有童心童趣，我们自然就走不到孩子的心里去，因为孩子不接纳你这样的状态。

　　美国华盛顿州立大学心理学教授约翰·戈特曼（John M. Gottman）博士曾指出，无论是谁，内心都有孩子气的一面。所以，你只要童心未泯，那就能很好地理解孩子的情绪。

　　所以，童心不是孩子的专利，童心也不该随着我们年龄的增长而消失。只有重归童心，我们才能更真切地感知孩子。

　　我讲一个案例：

　　某小学一年级组织了一个亲子游戏《跟我学》，目的是让家长通过参与孩子的游戏感知孩子，提升亲子间的关系。

　　游戏要求：孩子们戴上漂亮的头饰模仿一些小动物做动作，比如，小兔子跳跃、小鸟飞翔、小鱼游泳、小狗叫等；而家长要学着模仿孩子。

尽管孩子们模仿得惟妙惟肖、不亦乐乎，但很多家长却不愿参与。尽管孩子一再邀请，老师也一再鼓励，但还是有一些家长站在原地不动。

最终，那些家长不配合模仿的孩子很不开心，有的孩子竟然哭了。

此情此景，竟然有家长还批评孩子："哭什么哭，不就是没跟你玩儿吗？别哭了！真烦人，我的脸面都让你丢光了！"

孩子一听，哭得更厉害了……

仔细分析一下，到底是谁的责任？父母不但不参与亲子游戏，还怒斥孩子，这算什么"操作"？本来，这是一个情感沟通、促进亲子关系的好机会，但有的父母却主动放弃了，这会给孩子带来什么感受呢？他会不会伤心、难过、失望？

再者，父母是孩子最好的榜样，现在榜样退缩了，还能给孩子信心、勇气和力量吗？而这一切，都是父母那颗"既在又不在的童心"（可能多虑了，担心自己模仿不好或模仿得"太好"而成为"焦点"）导致的。

既然我们内心都有孩子气的一面，为什么不能大大方方地展示出来呢？放下包袱，让自己放松，让童心再现，与娃同乐，是多好的一件事啊！

我再举个例子：

我们可能都经历过类似的场景：雨后，孩子戏水弄湿了鞋子、弄脏了裤子，但他玩儿得特别开心。而我们对此会持什么态度呢？默许？赞成？训斥？当孩子带着抑制不住的兴奋回到家，想跟我们分享戏水的快乐时，却遭到迎头一击——轻则一通训斥，重则一顿打骂。父母用"一盆凉水"浇灭了孩子心中的热情，孩子也会是一脸的委屈与茫然。

但如果我们有一颗童心，保持一点童趣会怎样呢？肯定会有不同的结果。那样，我们就会明白孩子的兴趣在天地间，在广阔的自然中，在微观的世界里……所以，让我们找回"失去"的童心，感知孩子，理解孩子吧！

第一，认识到"玩儿"对孩子的意义。孩子是通过各种"玩儿"认识和了解这个世界的。"玩儿"是他的成长需求，也是他的心理需求。如果我们不允许孩子玩儿，不跟孩子一起玩儿，可能就会错失很多教育机会，以致我们很难认识孩子，孩子也会很难认识我们。

一场大雪过后，孩子想和小朋友一起去打雪仗，可妈妈怕孩子冻坏了，不让他出去。

孩子苦苦哀求："妈妈，就让我玩一会儿吧，一会儿我就回来！"

可妈妈却说："外面太冷了，你会感冒的。他们都比你大，会欺负你。你有这么多玩具，在家玩多好啊！"

孩子委屈地哭了……

在孩子看来，在家里这个小天地玩玩具不及跟小伙伴打雪仗有趣。

作为父母，只要关注孩子的童心、童趣，并以此心境为出发点接触孩子、理解孩子，就会找到打开孩子心灵大门的钥匙。

第二，不妨试着回忆一下自己的童年。每个人都有童年，童心、童趣也是每个人都有过的人生体验。我们如果还想保持一颗童心，那么不妨经常回忆一下自己的童年。想一想当年的场景，如弹球、玩弹弓、跳皮筋、跳房子、吹泡泡、过家家、打雪仗、藏猫猫等，这些都曾让我们激动过。

如果我们能经常回忆自己的童年，将心比心，设身处地地为孩子想一想，就容易理解他的心情、情绪，对孩子的教育态度自然也会改变。

第三，呵护孩子的童心。我们可以暂时隐藏童心，但却需要呵护孩子的童心。当然，我们最好是在找回、释放自身童心的基础上，呵护孩子的童心。

我曾看过这样一则故事：

有个男孩吃完葡萄后，把葡萄籽种在了花盆里。爸爸看到后，非常认真地跟他说："葡萄是用葡萄藤插栽的，不是种葡萄籽长出来的。"

男孩说："我就想试试种葡萄籽，万一能生根发芽呢？"

爸爸依旧给孩子讲栽种葡萄的"科学常识"，但孩子不为所动。

最终，爸爸一生气，把花盆打碎了，男孩哭了。

几天后，男孩看见邻居家的女孩也在种葡萄籽，就一本正经地告诉她："葡萄是用葡萄藤插栽的，不是种葡萄籽长出来的。"

女孩说："我就想试试种葡萄籽，万一能生根发芽呢？"

男孩很惊讶。

几天后，女孩的花盆里居然长出了葡萄藤，女孩开心极了。

可是男孩却哭了，因为他看见，那棵葡萄藤是女孩的父亲偷偷栽进去的。

两位父亲的做法代表了两种不同的教育方式。前者用成人的"理性"、功利与世故，击碎了孩子天真的梦想，无情地践踏了孩子的童心；而后者却用"感性"去感知孩子的梦想，并因势利导，呵护了孩子的童心。

我们要扮演哪种角色呢？是梦想的残忍毁灭者，还是梦想的爱心守护神？我们不要简单粗暴地否定孩子，不要冷漠变相地体罚孩子，更不要任意践踏孩子美好而脆弱的心灵。我们要做的是用"童心"呵护童心，用爱心点燃孩子的梦想。

不要成为"情绪抹杀型父母"

很多父母认为孩子都是天真无邪的，哪有那么多不开心的事？前半句是真的，孩子确实天真无邪。但后半句就有点问题了，孩子为什么就没有不开心的事？当然会有，因为孩子也是人，是人就会有七情六欲——七情是指喜、怒、忧、思、悲、恐、惊，是感情的表现或心理活动；六欲是指人的眼、耳、鼻、舌、身、意的生理需求或愿望。所以，我们不能忽视孩子的这些情绪或情感、心理需要，不要让自己成为"情绪抹杀型父母"。

所谓"情绪抹杀"，就是父母不能感知孩子或明显或不明显的情绪。对于不明显的情绪，父母感知不到；对于明显的情绪，父母意识不到。无论是哪种情形，父母都容易无视孩子的情绪，从而想当然地将其"抹杀"。父母即使有时对孩子的负面情绪有所感知，也会把其视为一种禁忌，认为孩子不应该有这些负面情绪，也就是前面提到的，"孩子哪有那么多不开心的事？"想当然地认为孩子永远开心快乐。显然，这有点一厢情愿。

"情绪抹杀型"的父母无法容忍孩子身上表现出来的各种或大或小的负面情绪，他们认为，在生活中，就应该对孩子强调正面积极情绪，而不应该允许孩子有负面消极情绪。然而，他们自己在生活中却可能无法遵从这一点，而是任由自己的不良情绪随意"扩散"。所以，有时，孩子并没有做错什么，父母却会冲着孩子发脾气，因为他们自己莫名地烦躁了。

父母面对自身的这种情形，应该如何做出改进呢？

首先，不要漠视孩子的情绪。在生活中，父母要多关注孩子的心理，少对他说一些所谓的"没什么大不了的"。

比如，孩子很怕狗，但外出时，有一条狗突然冲到孩子面前，孩子被吓得脸色惨白，这时我们就要安慰孩子：

"有妈妈在，不怕！"

"是不是吓到你了，来，妈妈抱一下。"

而不是轻描淡写地说：

"有什么大不了的，不就是一条狗吗？胆小鬼！"

"至于怕成这样吗？真是没出息！"

后面说的这些，就是在漠视孩子的情绪。

再比如，孩子养的心爱的小金鱼死了，他忍不住伤心地哭了。这时，我们就应该说：

"小金鱼死了，你一定很伤心吧！"

"你这么难过，妈妈也能理解，那你就哭一会儿吧！"

而不是喝止他：

"没什么大不了的，哭什么哭？"

"不就是一条金鱼吗？死了再买一条不就行了，还哭？！"

后面说的这两句，同样是对孩子情绪的无视。

其次，不要取笑孩子的情绪。有的父母动不动就拿孩子的情绪开玩笑，比如，当孩子伤心难过时，父母试图在嬉笑中"转换"孩子的情绪：

"鼻涕虫！"

"胆小鬼！"

父母通过一边嬉笑，一边用手逗弄（轻轻戳、挠痒痒等）孩子的方式，希望孩子能停止哭泣，甚至破涕为笑，但这种处理方式多数时候都会以失败告终。这会让孩子意识到父母根本就不关注、不重视他的情绪，反而笑话他，从而导致他的自尊心受到伤害，甚至会使他因为无法分辨自己有情绪是对还是错而陷入彷徨与困惑中，进而无法正视自己的情绪，当然，也就无法调节了。

所以，父母要重视孩子的情绪，不要拿他的情绪开玩笑。同时，要注意引导孩子正视情绪，允许孩子有适度的负面情绪存在，但要学会自我调节。

最后，不要放任孩子的情绪。有些父母与前面的几种做法不同，他们认为孩子因为伤心难过而哭泣是正常的，既然正常，那就让他哭好了，一次哭个痛快，就当宣泄情绪了。于是就走向了另一个极端——放任孩子的情绪。

想想看，如果一个孩子从小就能尽情宣泄情绪，理论上讲，他应该能够很好地调节自身的情绪，但事实并非如此。因为情绪的宣泄需要一个边界，只有孩子意识到这个边界并且不逾越这个边界时，我们才能认为他是可以调节情绪的。而如果我们放任孩子，任由他宣泄，那么他反而意识不到这个边界在哪里，甚至会认为没有边界。由此就会导致孩子凡事都由着自己的性子来，以自我为中心，只考虑自己的情绪，而无法体谅别人。最终，孩子可能还会出现盲目的自我崇拜——患上"公主病"或"王子病"。

归根结底，还是父母"抹杀"了孩子的情绪。所以，父母对孩子的情绪要包容，但包容一定要适度；要意识到，情绪宣泄不可过度，还要给孩子划定情绪宣泄的边界；要及时对宣泄情绪的孩子"喊停"，并与他沟通。

调节孩子的情绪而不是压制孩子

孩子有了负面情绪，理应得到调节，而不是被压制。但在生活中，确实有些孩子的负面情绪不仅得不到应有的释放，反而被父母压制了下来。

这些父母在压制孩子的情绪时，往往会给予孩子严厉的批评。他们极力把孩子的负面情绪看作错误的、不允许"犯"的，认为这些情绪会影响孩子的性格。所以，出于这种想当然的"担忧"，每当孩子有负面情绪显露出来时，这些父母就极力喝止，甚至加以打骂、体罚，以实现所谓的"全方位的管教"。

必须让孩子的性格得到锻炼，从而避免孩子产生负面情绪——这些父母的认知是这样的。

但这些父母并没有关注孩子的情绪，他们只是关注了孩子的行为：

孩子哭时，他们会说："再哭，就把你关到门外去！"（并不试图了解孩子为什么哭。）

孩子情绪低落时，他们会说："再看你拉着脸，你就别吃饭了！"（并不想知道孩子情绪低落的原因。）

孩子放学回到家，不再兴奋地跟妈妈说学校的趣事儿，而是一声不吭地趴在书桌上时，他们会说："又闹情绪？我是该你的还是欠你的？再闹就别回来了！"（孩子为什么与往日表现不同？他们不知道也不想知道。）

可见，这些父母总是带着"有色眼镜"看孩子，他们只看到孩子情绪不佳的行为表现，却看不到这些表现背后的原因。所以，每当孩子有情绪时，他们就会通过各种方式压制孩子。

在这种"环境"下长大的孩子，自尊感都非常低。于是，孩子要么变得意志消沉、抑郁，不懂得调节；要么变得冲动、有攻击性，喜欢用拳头解决问题……这显然不是父母愿意看到的。

如果孩子在成长的过程中，表现得"情绪不佳"时，父母对他做的仅仅是喝止、斥责甚至是打骂，而根本没有教他如何调节情绪，那他又能怎么做呢？他只能自我压抑或奋起反抗。

无论是自我压抑，还是奋起反抗，其实都是非常危险的。因为这会让孩子走向极端。有关研究表明，被父母压制情绪的男孩，会更早地学会吸烟、喝酒；性意识萌发会比较早；参与青少年犯罪的概率也会比较高……这对孩子的成长，其实是一种伤害。

我们要明白，情绪不能被压制，而应该被调节。

一个人的情绪被压制后，其内心就感受不到"波澜"，这并不是一件好事。因为他不仅弱化了悲伤、愤怒、恐惧等负面情绪，同样也弱化了喜悦、快意、无畏等正向情绪，可能不仅仅是弱化这么简单，而且很可能会把对这些正向情绪的体验降到了最低点。

所以，压制情绪（无论是被压制还是自我压制，实际上都是一种被压制）的后果就是内心不再有"起伏"。这也是为什么那些压制情绪的人后来更容易崩溃或抑郁。甚至，有的人会通过酗酒、吸毒或服用其他成瘾性的药物来填补内心的空虚；还有的人会投身于极限运动（暴力攻击等），因为这会让肾上腺素激增，从而给他们带来所谓的愉悦感。

作为父母还是换种方式对待孩子的情绪吧，远离压制，试着调节。

尽管看上去，处于情绪中的孩子会试图把我们拒于千里之外，但我们确实是可以直接接触到孩子的情绪的，只要我们做到平静，就不会被孩子拖入他坏情绪的漩涡之中。这时，我们就可以利用这种平静，设身处地，以一颗同理心安抚孩子的情绪。

在这个过程中，父母要发现孩子情绪背后的原因，跟他用心讨论，站在他的角度看待这些原因，深入他的内心感知他。在此基础上，帮他寻找一条"逃离"之路，把坏情绪远远地抛在后面。

也就是说，我们调节孩子的情绪，并不等于去控制他，而是在他的身边引导他，帮助他发展自我调节的能力。

这也是在帮助孩子控制、减少攻击行为，避免使孩子成为别人眼中的"坏孩子"，从而有助于孩子跳出人际关系非正常互动的循环，远离敌意环伺的环境，建立良好的同学、朋友关系。

不要试图控制孩子，而要给他选择的权利

在生活中，很多父母尤其是妈妈总是试图控制孩子。好像如果成功控制了，父母就会有一种成就感和安全感；反之，就会觉得无法掌控孩子，没有这种成就感和安全感。尽管很多父母可能不认同自己对孩子的控制心理和行为，但事实上，他们确实是在按照自己内心深处的那种期待来实现对孩子的控制的。

从积极层面来讲，妈妈是孩子最好的塑造师，妈妈的言行举止、思想情感，以及喜好兴趣，都将为孩子打开不同的世界。

孩子是很容易接受妈妈的影响的，他愿意与最亲近的人保持一致。在孩子人生的很长一段时间里，他都会不自觉地这样去做。但是这种影响应该有度，不要让影响变成控制，否则，难过的不仅是孩子，妈妈也同样会觉得难以自控。

比如，3～6岁的孩子晚上不睡觉。不睡，肯定是有原因的。通常你是怎么应对的呢？常见的方式就是妈妈强迫孩子入睡，孩子不肯，妈妈就会更强势，直到孩子变乖为止。

这个过程，是否是对孩子的控制呢？想想看，睡觉原本是自然行为，困了自然会睡，不困硬要睡反而是一件比较艰难的事。尤其是当整个家庭的环境还没有进入睡觉状态时，比如灯很亮，还有音乐、电视等的声音，爸爸妈妈也没有进行睡前洗漱，全家人都没有为睡觉做准备，但妈妈却很"坚定"地想让孩子去睡，闭眼、躺着不许动、睡不着使劲睡，这对孩子来

说是一件很残酷的事。妈妈当时大概恨不得给孩子安装一个遥控器，按一下就能让孩子睡着。

当孩子不能按照我们所想的去表现或行动时，有的妈妈就会立刻变得烦躁不安，接着便试图用吼叫的方式来震慑孩子，并希望通过吼叫让孩子心甘情愿地接受自己的"纠正"。

有这样心理的妈妈，控制欲强，对孩子缺乏信心，不肯认同孩子的独立成长，并且有过于强烈的"自我原则"和自我认同感。

但同时，这样的妈妈也表现出了一种强烈的不自信。她不相信自己的教育是可以让孩子有所成长的，所以要时时刻刻将孩子的言行举止掌控在自己手中，看着他按照自己所说的去做，一旦孩子的行为不符合自己的要求便立刻给他纠正过来，这样她才能安心。

成为这样的妈妈，真的是太"辛苦"了。你会失去很多可自由支配的时间，因为你的时间都被你用来控制孩子了；你也会失去很多惊喜，因为你已经预想到了在你的控制下孩子应该表现出来的样子，所以你的教育过程会变得刻板而无趣。也许一开始你会为孩子对你言听计从而感到欣慰，认为"宝贝真乖"，但很快你就将发现孩子正在"失控"。

首先，孩子自身会有改变。3岁以前的孩子可能会将妈妈说的话当成"金科玉律"，"妈妈怎么说我就怎么做"，这是他的信条，因为他确信这样做会得到妈妈的鼓励与夸奖。但3岁之后，孩子的思想会发生巨大的变化，"自我意识"会越来越成为他的主导思维，比如，他开始说"不"，他开始希望很多事由自己做，他会自我安排，等等。

其次，就是你的改变。你会发现需要你操心的事情越来越多，你必须不停地指挥孩子，不停地说"这样不行，你要那样"。因为孩子接触的世界更大了，要做的事情多了，而你自己的事情却不会因此而减少，越来越多的问题就会让你应接不暇。

这是不可避免的家庭成长之路，因为你和孩子都在成长。所以，现实决定了你不能选择控制孩子，否则你的生活和孩子的世界都将会崩塌。

从另一个角度来讲，妈妈对孩子的控制，其实也是孩子对妈妈的另类"控制"。

你原本可以做很多事，但如果孩子的行为超出了你的掌控范围，你就要把时间腾出来纠正孩子，如果孩子不那么顺服，你就会烦躁不安，可能还要大吼大叫。最终，吼叫让你身累心累，被吼叫的孩子伤心不已同时又不知所措，而问题可能依旧没有得到解决。

孩子是一个灵动的个体，需要靠自己的能力去成长，只有经历自我发现、发展，他的世界才会变得充实起来。所以，不妨给他选择的权利。

很多年前，有个 5 岁的男孩，父母要他读幼儿园，但是他想读小学，于是父母把选择权给了他："如果你能考上，就让你读。"男孩终身记得这件事，因为那时他第一次知道一个 5 岁的小孩居然有这样的选择权利。他特别珍惜这个权利，于是非常努力，真的考上了他想上的学校。几十年后，这个男孩成为一家世界知名企业的总裁。

英国著名教育家赫伯特·斯宾塞（Herbert Spencer）说："教育的一个重要目的，就是教会孩子以后怎样去选择：选择什么样的方法、什么样的专业；发展哪部分爱好，放弃哪些爱好。所有的选择都必须由他自己做出。"对于孩子而言，自主选择会让他变得更独立；对于父母而言，尊重孩子的选择就是帮助孩子掌控未来。

不过，父母允许孩子进行选择的同时，也要给他指出有利因素和不利因素，并告诉他要承担选择的后果。这样，孩子才能在心甘情愿的基础上，选择未来，发展自己。

所以，不要觉得"控制"孩子是多么值得骄傲的行为。所谓"听话""懂事"，从某种角度来讲并不是值得夸赞的表现。孩子一定要有自己的主见和独立思维，要学会为自己的生活负责。

作为父母，我们只有放下内心的那种控制欲望，才能从更客观的角度来观察孩子，并意识到孩子自我成长的重要性。发现了这一点，便不会再因为孩子的言行与你所想有悖而觉得焦躁、难以忍受，你和孩子的负面情绪也许就都消失了。

为孩子的行为划定界限

————　⊶✺⊷　————

孩子因为遇到某种困难而情绪不佳时，我们要教孩子学会面对问题、解决问题，为他的行为划定界限，让他具备明确的行为界限意识。这也是情绪管理训练的重要内容。

比如，掉在地上的食物要捡（收）起来，但不要再继续吃了。否则，孩子如果在家养成捡起并吃掉掉在地上的食物的习惯，那他可能在家以外的地方也会这样做。比如，走在大街上，看到地面上有一块饼干，他可能就会捡起来吃掉。这是很危险的，因为这块饼干很可能已经变质，即便没变质，也是不卫生的，当然不能吃。

孩子大概率不能立刻记住并遵守这条规则，尤其是当他在大街上突然看到地上有一种他心仪已久的食物时，可能就会忍不住去捡，捡起来就往嘴里放。这时，如果你看到了，就可能会大喝一声，让他把食物丢掉，或者直接上手打掉他即将塞到嘴里的食物。但是，无论是喝止还是打掉，孩子都会被吓一跳，甚至会大声哭泣。面对这种场景，一些妈妈可能又会心慈手软，就赶紧哄孩子说："都是妈妈不好，妈妈不该这么大声（动作这么粗鲁），吓到你了吧，都怪妈妈，妈妈这就去超市给你买好吃的，咱不吃地上的。"

这样的场景看起来很自然，没有什么不妥，但实际上，这个过程会模糊孩子的行为界限。原本，我们是为了避免孩子捡地上的食物吃，当然这个直接目的是达成了，但是它却有几个"副作用"。

第一，我们转移了责任主体。不捡地上的食物吃，责任是孩子的，他要有这个行为意识，并且应该养成习惯，但现在，却成了我们"阻止"他做这件事，他的主体责任意识并没有建立起来。

第二，我们向孩子承认错误，又会进一步淡化孩子的责任。他会认为，妈妈既然强调"都是我不好"，那么他自己就不需要承担什么责任了，似乎就可以心安理得地大哭大闹了。

第三，孩子可以肆无忌惮地表达"委屈"。这是由前一点引发的"副作用"。

第四，孩子可能会重复这样的行为。妈妈还去超市买好吃的讨好孩子，就更会让他感觉，在整个过程中，他才是"受害者"。那以后再遇到地上有食物的情形时，他会不会继续捡起来吃呢？如果当时没有父母在身边注意到这件事，那孩子是不是就把食物吃进去了呢？这完全是有可能的。

所以，不要模糊孩子的行为界限，不然他就会在面临情绪矛盾时，认定自己可以继续爆发情绪，以至于父母还得好好地哄他，如果他再趁机提出条件，被满足的可能性也是非常大的。显然，这不是我们想要看到的。

那面对这样的情况，我们该如何处理呢？在事情发生的最初阶段（紧急情况下，是可以喝止和打掉孩子要吃的东西的，但如果是非紧急情况，还是要慎用这样的方式），我们要充分读懂并顺应孩子的情绪，感同身受，再次向他明确行为的界限。

比如，可以说：

"妈妈知道你想吃饼干了，妈妈一直知道，你是很喜欢吃饼干的。"

简单的一句话，其实就表明，我们读懂并顺应了孩子的情绪，对他"想吃"的渴望是感同身受的，这样，孩子就不会因为我们喝止甚至打掉他的饼干而感觉受到了委屈，情绪上也不会有太大的波动。当然，孩子也不会认为这是我们不爱他，甚至是讨厌他的表现。他会认为，我们是很了解他的，比如因为爱吃饼干，所以才捡起来想放到嘴里吃的。在这个过程中，亲子之间没有产生或激化矛盾。

接下来，还可以说：

"妈妈担心你吃了不干净的饼干会生病，因为地上的饼干已经很脏了，有很多细菌，可能也已经变质了，根本就不能吃了。所以，妈妈才及时阻止你吃的啊！"

因为刚才的紧急情况已经过去了，所以在说这些话的时候应该是不疾不徐的、温和而坚定的。其实，这就是给了孩子一个明确的行为界限。如此一来，孩子就会明白，"妈妈是为了我好才大声阻止我的"，他就会理解妈妈的用心，也能感受到妈妈对他的爱。

经过这个过程，孩子就会对这件事有深刻的印象，因为他是在没有情绪对立的状态下经历这个"紧急"过程的，他就会知道，不能捡地上的食物吃。这样，在下次再遇到类似的情形时，他就会做出清晰的判断——不捡不吃。

可见，如果我们能够对孩子的情绪做到感同身受地理解，那么哪怕在紧急情况下做出比较"出格"的动作，孩子也会理解。接下来，我们再抓住时机，给孩子划定或再次强调行为界限，也就是给孩子进行积极正向的引导，他就会容易接受，也会有深刻的体悟，而这又会进一步促使他在未来坚定地遵循这样的行为界限。

与孩子一起收拾房间，帮他"收纳"情绪

很多家庭都是这样的：只要有个能到处跑、到处活动的孩子，家里想要干净、整洁、到处都井然有序，就可能会比较难一些。因为家里的这个孩子会把你前脚刚收拾好的家搞得一团乱，而且他还不整理、不收拾，甚至一直折腾……

比如，孩子会把包括衣服、玩具、书本、零食、画笔等在内的东西丢到家里的任何一个角落。也就是说，他总能有"办法"在最短的时间里把家里折腾得一团乱。尤其是在他自己的房间里，这种乱丢乱扔的现象会更严重。这让很多父母感到既愤怒又无奈。

面对这种情况，一些父母就冲孩子吼叫，大声训斥，往往张口就是："跟你说多少遍了，让你收拾，怎么就是不听话呢？"如果你一边吼叫，一边又无奈地帮着收拾，就会为孩子下一次继续乱丢留下隐患。你会发现，几番吼叫与训斥之后，孩子并没有什么变化，他还是会把屋子弄得一团乱。因为他这样做的成本太低了，任凭他怎么折腾，总会有人给他善后。既然这样，那他为什么不使劲折腾呢？当然，他在这样做时，并不是开心的，很多时候都是带着某种怒气的，似乎把家里折腾乱是他在释放坏情绪。

其实，房间是孩子的小天地，环境整洁干净，他的生活才能更舒心，也更有利于他做到情绪平和。所以，我们可以和孩子一起收拾房间，也借此机会帮他"收纳"情绪。

第一，从自己做起，给孩子创造整洁的生活环境。言传不如身教。父

母的身教对于孩子的影响是非常深刻的，如果我们自己是爱整洁的人，每天都把家里收拾得干净整洁，那么孩子多半也会通过模仿，养成这样的好习惯。

所以，我们要先让自己勤快起来，保证家里每天都干净整洁，最好每隔一段时间，比如周末，就把家里深度清洁、收拾一遍，让家变得整洁有序。这既可以让孩子看到我们收拾的过程（这对他就是一种无声的感染），也可以让他参与进来（这对他来说就是一种劳动光荣、劳动最美的实践）。当然，最好让孩子参与其中，哪怕只做一些简单的事。

我们会发现，在经历一次彻底的房间清理之后，孩子会突然变得十分放松、心情大好。尽管他可能从来没有表达过家里乱糟糟的环境跟他的心烦意乱有什么关系，但家庭的有形的大环境变了，孩子内心的无形的环境也会跟着发生变化。

第二，教孩子掌握叠衣服、整理房间的技巧。叠衣服、整理房间等都是生活中的小技巧，但如果我们不教，孩子是不会懂的。所以，在做这些事时，我们可以拉上孩子一起做，给他讲一讲做法，做一做示范，让他看看怎样把一团乱的衣服收拾好，怎样让乱糟糟的屋子快速变得整洁起来。

比如，给他示范：怎么叠衣服才能叠得整齐没有褶皱，怎样收拾东西才能既不乱又方便拿取，怎样整理杂物才能让它们不再占据过多空间……这些生活技巧对于整理出一个干净整洁的家来说非常重要。我们可以一边做一边说，引导他学习模仿。

孩子对于他不知道的事，也会有一定的新鲜感。要抓住他的这种新鲜感，及时把这些生活常识教给他。当他认真学习时，我们要及时肯定、表扬他。

要注意的是，在收拾房间时，我们对于属于孩子的物品的处理需要理性和友善，比如，可以把他暂时用不到的、不玩儿的玩具、手工饰品等收走，放到收纳柜（橱、箱）、地下室或者阁楼中，而不是直接当垃圾丢掉，否则只会增加孩子的不良情绪。

第三，给孩子一个限定，减少他的"折腾"范围。这个限定包括两方面，一是指"区域限定"，给孩子划定一个区域，比如沙发旁边、桌子上，告诉他所有的玩具都只能放在这一块儿，所有的游戏也只能在这个区域进行，不得越界；二是指"内容限定"，不要让孩子拿出太多的玩具或进行太多的游戏内容，告诉他完成一样再继续另一样，这样，他收拾起来的压力也会小一些。所以，不要等到孩子已经铺开大场面了，才让他自己一个人收拾，这样他就没信心收拾了。

第四，积极引导，给孩子立一些正向的规矩。如果孩子的书桌总是一团乱，写完作业也不收拾，那这个孩子的生活质量就不会太高。而如果你每次都去提醒他"收拾书桌"，那么他并不一定能记住，反而会觉得你天天提醒真麻烦。一旦逆反心理产生，他就会故意忽略收拾书桌这个规矩，或者想出各种理由逃避，甚至跟你狡辩，着急了，还会冲你喊"烦死了""真烦人""讨厌"……使得我们可能有一种冲动要去吼他，甚至去惩罚他。但这样做，反而会使事情变得更僵。怎么办呢？

这时我们不妨提醒孩子，"如果你每次都能自己主动收拾书桌，我会非常开心，也会更愿意给你做好吃的"，这是一种正向规矩。当然这只是一种示范，你可以动用自己的智慧，想到更好的规矩内容，以激发孩子的主动性。相反，如果你对他说："如果你再不收拾你的书桌，我就把你的东西都扔出去。"这就是一种负向规矩，类似情绪发泄。为什么呢？因为即使他不收拾，你还是会给他收拾，而不会把他的东西真的都扔出去。

在现实生活中，一些父母更习惯给孩子定这种"负向规矩"，但这样的规矩对于孩子来说更类似于惩罚或恐吓。也许最开始的时候，孩子会听从，但时间一长，他也就烦了，或者会看穿父母，不会真的按照那些负向的规矩办事，如此下去，他在不整理、不收拾这件事上可能就会变得更加严重。所以，父母最好给孩子立正向规矩，这会让他感到被尊重，他也就更乐于接纳。当然，我们也要做到正向且有度，不要把正向规矩变成物质和金钱奖赏。

第五，不要屈服于孩子的"哀求"、撒泼耍赖。当孩子不整理房间，父母按规矩执行时，孩子可能会服软、"哀求"。有的父母最不能招架的就是这一手，当孩子一"哀求"，一有可怜表情时，立刻就会心软。所以，我们一定要抵挡住孩子的这种"哀求"，按照之前立的规矩来，不能轻易答应他的要求。应对孩子撒泼打滚的情况，也是一样的道理。只要你不给他"放水"、不帮他收拾，他就不会对你产生依赖心理，自己可能就会行动起来了。

疗愈有"玻璃心"的孩子

所谓"玻璃心",是形容一个人的心理素质差,心灵很脆弱,就像玻璃一样易碎,经不起批评或指责,不愿意接受暂时的失败。

比如,有的孩子遇到的题目难一点,就要放弃,说:"我不会!"甚至开始摔书、摔本子。再比如,孩子玩拼图,只要稍微用点心思,很容易就能拼好,但有的孩子就是不愿意努力尝试,如果拼两次还拼不上,他就生气发火。最后甚至在孩子哭泣、父母摇头的状态下"收场"。

这种遇到一点困难就放弃的情形,就是典型的"易碎"的"玻璃心"的表现。有"玻璃心"的孩子在生活中经常因为一点小事产生强烈的挫败感,如果再受到一点批评就会感觉自己非常委屈,无力感十足。接下来,他可能就会有一连串的、强烈的情绪反应:

"我就是不会!"

"这太难了!"

"我怎么办呀?"

"我没那个能力!"

"我真的不行!"

"我真的很差劲!"

"你给我做吧!"

这些都是消极、负面的"感慨",可能属于事实的部分只有十分之一,其余的都是孩子夸大的部分。显然,这不是面对问题或困难时的正确解决方式。

我们不否认，每个人的耐挫力都是不同的，在这个孩子看来"困难无比"的事情，可能在另一个孩子看来则是"十分简单"的事情。但多数情况，我们面对的孩子往往属于前者——"玻璃心"十足。

其实，"玻璃心"也类似于"草莓族"或"温室里的花朵"。

的确，很多孩子从小在众人的呵护下长大，就像温室里的花朵，有着"鲜花般"的美丽外表。然而，在美丽的外表下却隐藏着一颗脆弱至极的心。

谁都知道，温室里的花朵看上去艳丽动人，令人赏心悦目，却经不起自然界的风霜雨雪，一旦离开了温室，花朵很快就会枯萎凋零。养育孩子也一样。孩子如果在成长的过程中从未经历过挫折、困难，就会变得脆弱且不堪一击，遇到一点点小的挫折都可能会酿成一桩惨剧。

有个读二年级的 8 岁男孩，把红领巾挂在家里卫生间的晾衣绳上，以上吊的方式结束了自己年幼的生命。他是个学习不错的孩子，家里有满墙的各种奖状。

到底是什么原因让这个男孩走上了"不归路"呢？说起来令人唏嘘。事情的起因居然是他把墨水洒在了另外两名同学的衣服上，被老师批评并被要求叫家长去学校。但开公交车的父亲当时无法离岗，所以约定第二天早上送孩子上学时跟老师见面。结果，悲剧就在当天晚上发生了。

近年来，类似的事件经常见诸媒体。

另据调查，近年来，孩子的心理素质普遍呈现降低趋势。那么，孩子的心理承受能力、心理素质为什么会这么脆弱呢？缺乏必要的"挫折教育"是其重要的原因之一。

由于大多数孩子从小就"衣来伸手，饭来张口"，从未挨过饿、受过冻、吃过苦，就如同温室里的花朵，所以他们就会觉得自己所拥有的一切都是理所当然的，不懂得珍惜和感恩；他们的心灵就会变得异常脆弱，以致无法从容地应对挫折的考验。

"庭院岂生千里马，花盆难养万年松。"表面意思是说，庭院里培养不出千里马，花盆里栽培不出万年松。因为，千里马要在广阔的天地里驰骋，而万年松要有宽阔的土地、肥沃的土壤。回归到家庭教育，我们不应让孩子做温室里的花朵，而是要让他在更广阔、更艰苦的环境中历练。如此一来，孩子才能磨炼出一身真正的本领。到那时，不管多么大的狂风暴雨，孩子都能顽强地面对，并逐步成长为参天大树。

第一，懂得用理智、智慧爱孩子。父母对孩子的爱是天性，是世界上最美好、最无私的情感，但对孩子的爱，应该是有限度的，不能泛滥。如果父母对孩子百般迁就和保护，凡事都替他代办，不忍心让他受一点委屈，受一点挫折，那他就很容易成长为家里的"小皇帝""小公主"，心灵就容易变得脆弱。因为越是锦衣玉食之家走出来的孩子，越经受不住风霜的考验。对孩子过多保护和代办，只会让他产生过分依赖的心理，使他失去独立成长的机会。而且，当孩子要独自面对困难，独自面对未来的时候，他就会束手无策，甚至还可能自暴自弃。

可以说，父母爱孩子，如果缺少理智和智慧，那么最终只会害了他。所以，父母要给孩子理智的爱，有意识地让他走出温室，经受生活的挫折，让他懂得人生的道路并不是一帆风顺的。要明确告诉孩子，这才是真正的爱，如果事事顺着他，才是害了他。也可以给孩子讲讲"小时倍受父母宠爱，长大后自食苦果"的故事，让他认识到宠爱不是真爱。即使孩子目前还不能接受，也没有关系，随着慢慢成长，他自然会明白我们的一片苦心。

第二，尽早放手，让孩子接受风雨的洗礼。老鹰总会把巢穴安置在悬崖边上，在训练小鹰飞翔的时候，老鹰会狠心地把小鹰推出巢穴，小鹰害怕被摔死在悬崖上，就会奋力张开翅膀。而就在小鹰张开翅膀的瞬间，它就会发现自己的潜能，也能体会到飞翔的快乐。

我们可能认为老鹰对小鹰是残忍的，但是只有这样的"狠心"，才能真正让小鹰学会飞翔，学会独立生存。父母对孩子的养育也一样，不能"圈养"，而是要"放养"，要让孩子从小尝试、锻炼，让他经受风雨的考验，让他掌握更多的本领。

比如，当孩子两三岁时，要教他学会照顾自己，自己洗脸、刷牙、穿衣、穿鞋、吃饭、上卫生间等；当他再大一些时，要教他学会做一些家务活，如叠被子、叠衣服、扫地、拖地等；再大一些后，就要培养孩子的生活自理能力，如洗衣服、做饭、收拾房间等。在我们逐渐放手的过程中，孩子就会体会到成长的快乐。

在这个过程中，父母要重视强化孩子的成功经验，及时肯定他、表扬他为这些事所做的努力，让他意识到"努力"比"结果"更重要，因为只有努力，才会有好的结果。这样，他才会慢慢建立起战胜困难的信心，产生勇气和力量，从而远离"玻璃心"。

第三，要舍得让孩子遭受挫折。当孩子遇到挫折、困难时，要给他成长的机会。比如，当孩子和同学发生矛盾时，不要袒护他，或替他解决；当孩子遇到了难题时，不要直接把答案告诉他；当孩子不小心跌倒时，不要惊慌失措，更不要急于扶他起来，而要鼓励他自己爬起来；当孩子解不开一个绳结时，不要急于帮他，而要鼓励他耐心一点，从而培养他独立解决问题的能力和耐性……

一开始，孩子可能会觉得困难，觉得我们有些"不近人情"，但是当他解决了问题后，那份喜悦和自信将是其他东西无法取代的。

但是，如果孩子一开始做不好，我们不要生气、着急，也不要拿他跟别的孩子做比较，更不要试图以激将的方式"激励"孩子，否则只会适得其反。那些对挫折很敏感的孩子，如果被"激将"，他们最直接的反应可能就是缩到自己的"舒适区"里，很难再有勇气直面困难、挫折与挑战，因为他的心早已"逃离"。

第四，有意识地给孩子创造"风霜雨雪"。孩子除了接受一些自然情境中的挫折，我们还可以人为地给他创造遭受挫折的机会，让温室里的花朵接受"风霜雨雪"，从而提高他对挫折的承受能力。

比如，对于孩子的某些需求，我们不要立刻满足他，而是要延时满足，让他在这个过程中学会等待和忍耐；与孩子一起玩游戏时，我们可以刻意给他设置一些小困难，让他想办法解决；有时，我们可以故意不顺着孩子的意思，让他明白，人与人之间总会发生一些摩擦；等等。

需要注意的是，我们在设置这些困难时要掌握好度，不要"吓退"他，也不要无休止地让他接受挫折、考验，否则只会打击他，让他丧失信心。

总之，我们要根据孩子的年龄特点和心理特征，在他的心理承受能力范围内，创造不同程度的经受挫折的机会，让他在"风雨"中不断成长。

爸爸要参与情绪管理训练

教育孩子，绝不仅仅是妈妈单方面的责任，爸爸也应该积极参与其中。

传统蒙学经典《三字经》说："养不教，父之过。"说的是爸爸对于孩子的教育责任非常大。也就是说，父爱并非生养孩子这么简单，父爱更多地应该体现在爸爸对孩子的教育上，体现在对孩子的关爱上。爸爸的这份关爱，首先应该是真正地付出，还要让孩子感觉得到。如果孩子感觉不到父爱，就是爸爸的失职，也是爸爸的过错。如果一个爸爸真想见证孩子的成长，真想给孩子最好的父爱，就应该花时间陪孩子。

牛津大学曾以 1958 年出生的 17 000 名孩子为对象，对他们的成长全过程跟踪调查了 33 年。结果发现，那些在爸爸积极参与孩子教育的家庭长大的孩子，无论是学习成绩，还是社会生活和婚姻生活都比其他孩子更胜一筹。

可见，爸爸对孩子的成长起着非常重要的作用。

研究表明，爸爸在育儿这件事上的参与程度越高，对孩子的人格形成以及脑发育就越有益，孩子也越能获得健康的心理素质和高效的脑发育。孩子的性格、体格和情感的形成与发展也会受爸爸影响。孩子如果很少与爸爸在一起，就很容易患上"父爱缺乏综合征"，体重、身高、动作等就会发育不良，而且可能会存在情感或性格障碍，如焦虑、懦弱、胆小、孤僻、自卑、自控力差等。

孩子的成长既需要母爱，也需要父爱。母爱不能替代父爱，父爱也不能替代母爱。爸爸如果能够走近孩子，给孩子爱，就会让孩子的智力、体格、情感、性格等向好的方面发展，也会让孩子变得独立、理性、坚强、情绪更稳定等。

这里说到了爸爸对孩子情绪的影响，实际上，爸爸参与孩子的教育，在很大程度上是能促进孩子的情绪稳定的。换句话说，爸爸是可以也应该参与孩子的情绪管理训练的。事实上，爸爸和妈妈在感受和认识情绪方面并不存在明显差异。爸爸在解读孩子的情绪能力方面，并不比妈妈差。但为什么爸爸看起来比妈妈在情绪感知方面更木讷、笨拙一些呢？这与一直以来社会给男性不要轻易表露自己的情绪的教育灌输有很大关系。

当爸爸能够自然平静地意识到自己内心深处隐藏着的某种情绪时，就可以解读孩子的情绪了，也就能胜任孩子情绪管理训练时的角色，因为他知道如何积极应对孩子的情绪，孩子就会有足够的安全感。当然，他也会与孩子形成良好的亲子关系。

所以，爸爸要陪孩子，要懂孩子，要能正确地爱孩子。否则，孩子就像一个精神孤儿。如果父爱缺失，那么孩子还容易产生恋母情结，而且比较难以转变。

美国耶鲁大学的研究者对从刚出生到十几岁这个年龄段的孩子进行了12年的跟踪研究。结果显示：得到父爱的孩子的智商更高，学习成绩更好，走向社会也更出色。

可见，有父亲参与的教育，孩子会变得更优秀。

其实仔细分析一下，就可以知道其中的原因。爸爸在真心陪孩子玩耍时，孩子能感受到爸爸身上的更丰富、更深沉、更稳定的情绪。相比妈妈陪伴孩子更注重孩子的安全和营养而言，爸爸陪伴孩子则更注重通过游戏、运动等各种方式让孩子体验到成长的快乐。另外，爸爸的一句鼓励、一句肯定、一句赞扬，都会给孩子的心灵以莫大的鼓舞。所以，在这个过程中，孩子能体验到平时很少体验到的积极正向的情绪波动。

爸爸也是教育者，爸爸这个角色任重而道远。每一位爸爸都应该把做"爸爸"当成终生的事业，要永远把孩子的利益放在第一位，不要因职场奋斗、生意而耽误对孩子的教育。

赢了事业，赚了家业，输了教育，最终则会满盘皆输。只有赢了教育，培育好下一代，才会尽显家庭的荣光，"爸爸"这个称呼才真的伟大。

有人说一个好父亲胜过 100 个好老师。还有人说一个好父亲胜过 100 个好校长。这话或许有些夸张，但足见爸爸对于孩子的重要性。如果我们能带着"永远把孩子的利益放在第一位"的信念出发，那我们就一定能成为一个好爸爸，一个在教育孩子这个角色上不让自己"边缘化"的人。

所以，爸爸不要再做教育孩子的"二线"辅助者，而是应该迅速投身于"一线"，把自己锻炼成孩子最有魅力的老师、最具能量的情绪管理训练师。这样，感受到父爱的孩子才能更好地控制自己的情绪，从而身心健康地成长。

第四章
训练第一步：读懂孩子的情绪，
同理共情

充当父母角色前，读懂孩子的情绪

自从有了孩子，我们就成了父母。我们作为父母的时间，与孩子的年龄是一致的。但这仅仅表明，我们多了一个身份——父母，至于我们能不能充当好这个角色，那就是另外一回事了。也就是说，做父母，可能很简单，养育孩子就好；但做好父母，并不容易，因为这牵涉对孩子的教育。很多时候，教育比养育更难。

教育孩子的过程，就是我们努力充当父母角色的过程。所以，我们要尽全力充当好这个角色，在面对有情绪的孩子时，依旧如此。换句话说，在充当父母角色前，我们要读懂孩子的情绪。怎么理解这句话呢？下面举例说明。

第一幕

比如，孩子放学后见到你，不仅没有打招呼，还一副气呼呼的样子，你问他怎么了，他也不回应。

面对这种情况，你会怎么办？

如果站在父母的角度，我们可能会比较着急地批评他："到底怎么了？有话赶紧说！别拉脸给我看！"

但往往越是这样说，孩子可能越不愿意回应。当我们问得急了，他可能还会耍性子："我没怎么，烦死了！"

听到他这么说，我们反而更生气，甚至训斥他："你怎么能这么对我说话？你是不是欠收拾啊！"

这时，一场"亲子大战"可能就会爆发了。而最初的"导火索"是什么呢？不得而知。

第二幕

还是孩子放学后气呼呼的这个场景。

你问他怎么了，他回应道："老师今天在班里批评我了，当着所有同学的面，我感觉很没面子。我明天不去上学了！"

好，现在新的"问题"来了——对孩子回应的这段话，你会"关心"哪个重点？

是"老师为什么批评孩子"？

还是"孩子被批评后的不高兴的情绪"？

又或者是"孩子明天不想上学了"？

很多父母可能会本能地关注到孩子"明天不想上学了"，因为在父母眼里，上学是最重要的事，哪怕遇到再大的困难，受到再大的委屈，都不能不上学。

所以，一听到"不上学"，我们可能就会立即暴跳如雷，批评孩子"不懂事""闹情绪""反了天"……而不去关注他为什么"不想上学了"。

也就是关注了孩子"不想上学"的"果"而不去关注"不想上学"的"因"，这是典型的本末倒置。

还有的父母会关注"老师为什么批评孩子"。

听到孩子被老师批评了，妈妈就想当然地说："老师批评你，肯定是你不听话了，是不是又惹事了？快说，你是怎么淘气的？"

这样一说，孩子会更心烦，他会说："我没有不听话！我没惹事！我没淘气！"

妈妈接着吼:"没不听话?没惹事?没淘气?那老师为什么批评你?"

这下,孩子愤怒的"火花"开始"四射":"哼,你根本就不了解我,整天就知道误会我,贬低我,你不是我妈!"

妈妈接着说:"我知道了,你肯定就是这么跟老师说话的,这是顶嘴,难怪被批评,真是活该!"

虽然父母这么批评、训斥孩子,有他的道理——是好意,想解决孩子的问题,希望他能好好上学、开开心心地学习,但却忽略了一点,就是当孩子不开心时,父母应该怎么应对。

其实,上面几个问题,最重要的或者说父母最该关注的,应该是"孩子被批评后的不高兴的情绪",也就是说,我们在对孩子"施教"前,在对他行使父母的权利前,要读懂孩子的情绪。

第三幕

现在,我们再次回到刚才孩子气呼呼地回到家的场景。你问他怎么了,他没有回应。

这时,如果我们换种方式表达:

比如,我们耐心地询问:"我看你今天有点不高兴啊!有什么事吗?要不,跟妈妈说说。"

孩子可能会跟我们说,也可能还是不回应我们。如果是后者,那就再重复一下前面的"动作",但要注意把握语气语调,要让他感受到我们对他的关心,而不是质问。

这时,孩子可能就不太好意思不回应了,他哪怕只说一句"没事儿",其实也表明他想进一步跟我们沟通。

我们要抓住这个机会,继续追问:"妈妈看你情绪低落,感觉有点事儿,你跟妈妈说说吧,看看我能不能帮你分担一下。"

孩子说："老师今天在班上批评我了，当着所有同学的面，我感觉很没面子。我明天不去上学了！"

注意，到这里，又回到了前面讲的情形，一模一样的情形，怎么办？我们要"关注"什么？我们要关注"孩子被批评后的不高兴的情绪"。

怎么关注？

可以这样说："你是说，老师当着全班同学的面批评你了？嗯，确实挺没面子的，我如果是你，可能也不想去上学了。"

我们能这样说，其实就是坦然接受了孩子的情绪，试图站在他的角度、立场，去感知他的情绪，认同他的情绪。

接下来，我们继续说："不过，你能告诉妈妈，这到底是怎么回事吗？"

这是表示我们对这件事的关心，不仅关注"果"，还要去关注"因"，只有找对原因，才能"下对药"，才能真正解决孩子的问题。

这样，孩子就会把事情的前因后果都讲出来，希望我们帮他排解烦恼。

比如，他可能会告诉我们："事情是这样的。今天上课的时候，我的后桌戳了我一下，他想跟我借支笔，我正回头给他笔的时候，被老师发现了，老师就让我站起来，批评我上课不好好听讲，说我回头跟同学说话。我就跟老师说，'我没有不好好听讲'。老师很生气地说：'我说你上课不好好听讲有错吗？你是在好好听课吗？我都看见你回头了，还顶嘴！'唉，我真是很冤枉。"

我们就可以说："唉，确实有点冤枉，妈妈能理解你的委屈。明明是帮助同学、做好事，还被老师批评，真是委屈你了。"

我们坦然接受孩子的情绪会使他感觉我们跟他在"同一条战线"上，会增进他与我们的关系，提升他的信任感，也有助于亲子沟通的顺畅进行。

但讲到这里，我们不能停下来，不然孩子就会认为我们是在给他"争理"，且仅仅是给他"争理"，反而使他认为不是自己有问题，是老师误会了他，如此就不利于他情绪的缓解。

我们要继续说："不过，这也是老师对你严格要求的表现，遇到一位严师，是我们的幸运，古人说，'严师出高徒'，我想老师也希望你成为他的一名'高徒'，所以，你应该继续努力，好好学习，争取别让老师失望。"

因为有刚才的情感认同的铺垫，所以当我们这么说时，孩子不但不会排斥，还会用心思考我们的话是不是有道理。这时，他的情绪是平静的，头脑也是冷静的、理性的。

我们要趁热打铁，不要替他说出下一步的做法，而要试探着问他："那接下来，你打算怎么办呢？妈妈想听听你的想法。"

第四幕

孩子有点醒悟了："要不明天我去跟老师道个歉，就说我不该跟老师顶嘴，再向老师解释一下当时的情况。"

看，孩子"明天不想上学"的问题，是不是已经完美地解决了呢？

可见，孩子并不是不讲道理的。有一个前提，那就是"我们在充当父母角色前读懂孩子的情绪"。在此基础上，我们心平气和地一步步引导孩子思考，但最终的主意还是留给他自己拿。

走下"高高的神坛"，才能跟孩子交心

读懂孩子的情绪后，我们还需要跟他进行心与心的交流，也就是交心。交心，是一个微妙的过程。如果双方心存芥蒂，势必不能放开心防；如果一方总想控制对方，也会使得被控制的一方逐渐关闭心门。若想彼此心意相通，做到互相了解，交心的双方就要放下架子。

如果我们要和孩子进行顺畅的心与心的沟通，那我们就要做平凡的、普通的、有爱的、温暖的妈妈、爸爸。这样孩子才愿意与我们交流，也才愿意接纳我们。

在生活中，有一部分妈妈是刻意端着架子的，还有一部分妈妈则是无意识地端起了架子。

刻意端着架子的妈妈，把自己"妈妈"的身份看得非常重，认为自己既然肩负重要的教育责任，就必须对孩子负责。这种想法牢牢控制着妈妈的大脑，以至于她无时无刻不绷紧了神经，随时会对孩子提要求，一旦孩子没有按照规矩来，没有如自己所愿，她就会有一种负罪感，认为自己没有做到，自己是失职的。

这类妈妈通常都很自信，认为自己的教育没问题，所以，也会认为孩子的反抗是错误的。同时她也很不愿意接纳孩子的反馈，不喜欢听到孩子的反对之声，因为这相当于质疑她的教育方式。而这种不喜欢，也将直接导致妈妈走不进孩子的内心，这种走不进其实是一种主动的不走进。

与刻意端着架子的妈妈相比，无意识地端着架子的妈妈可能会有点令

人头疼了。这类妈妈教育孩子的过程是有起伏的。一开始她可能可以做到平静对待，也愿意听孩子说点什么，但慢慢地，当孩子总是表现出不接纳妈妈的教育时，妈妈就会变得心烦气躁。直到不愿意忍受时，妈妈就会不自觉地端起架子。"我是妈妈，你应该听我的"，一旦有这样的想法冒头，就意味着妈妈自己站到了高台上，开始俯视孩子。

这种不知不觉发展的过程，其实也是让孩子感到难过的过程。因为一开始妈妈是可以接纳他的，但随着不同意见的出现，遭遇孩子屡次反抗，妈妈变得不耐烦了，就开始把他推远。但可惜的是，妈妈自己却并不知道，她只是随着自己的心情逐渐觉得孩子不理解自己，还会觉得自己很委屈。

实际上，这个架子是没必要摆出来的，如果你说得正确，孩子自然会听；如果你真的说到了孩子心里，他也会主动认可并有所表现。我们一定都很讨厌"屈打成招"，同样的道理，孩子也非常不喜欢妈妈"仗着自己是妈妈就可以为所欲为"。

所以，还是放下架子吧！

第一，不要给自己放置那么沉重的"家长负担"。做妈妈应该是一件幸福的事情，教育孩子也一样，顺应孩子的成长规律，满足他应得的需求，延续家族中良好的家风、规矩，尊重孩子的思想发展，给予足够的陪伴……如果做到这些，那么基本的教育是不成问题的，不必担心"教育不好怎么办"。

我们做到了，孩子自然也能做到。我们应注意蹲下来和孩子多交流，多关注孩子的心理。实际上，事情并没有想象得那么难。

第二，好好做一个普通人。我们就是普通人，会犯错，也有做不到和做不好的事情，这些都是生活中再自然不过的表现，就那么表现给孩子看，没有什么丢人的。摆正心态，才是让孩子感受真实生活的最好表现。

你不需要做一个完美的人，孩子也并不是想要看到你一点错都不犯，恰恰相反，正因为你会犯错、会做不到，孩子才能从你身上感受到真实的气息。而且你认真承认错误的样子，你为了弥补自己的不足而努力的样子，也会感染孩子，激起孩子想要向你学习、跟你一起努力的心。

第三，丢掉自己的"特权"。我们和孩子一样，都是家庭中的一员，不管是定规矩还是对原则的遵守，全家上下都是一样的，我们没有任何"特权"。只有我们不"搞特权"，孩子才会信服我们。而且当我们不再将"特权"看得很重时，孩子自然会感受到亲近，他也就愿意与我们进行心灵的沟通了。

情绪感受先于"理性"思维

教育孩子，理性当然非常重要，这是毋庸置疑的。要想有理性，就需要理性思维。作为父母，我们在任何时候都需要保持理性思维，但是，却不必时时刻刻都表现出理性思维。

什么意思呢？

很简单，我们有理性思维，才能保证我们教育孩子时有理性，有智慧。但很多时候，孩子并不需要我们有"理性"思维，他需要我们能够"感性"一点，也就是能够感知他的情绪。就像前面讲的，只有读懂孩子的情绪，才能充当好父母的角色。

而读懂孩子的情绪，是需要对他的情绪进行感知的。我们对孩子情绪的感知，也要让孩子感知到。也就是说，当孩子有情绪时，我们在保持理性的同时，要感性地感受他的情绪，而不是"有理有据"地给孩子讲一大堆看似"正确有意义"实则没有"价值和效用"的道理，因为这无助于孩子情绪的缓释。当孩子还在气头上时，我们越理性，他就越"无感"，他会关闭自己的心门。我们试图把自己的思想强装进孩子的头脑里，但在当时的状态，这其实无异于"对牛弹琴"。

请思考一个问题：面对男孩买玩具这件事，你有什么好办法拒绝吗？

有个男孩想买一个新玩具，被妈妈拒绝了，男孩就开始哭闹。

妈妈心平气和地说："想要的东西得不到，肯定很难受，妈妈知道，妈妈特别理解你的心情。妈妈小时候跟你姥姥要一个玩具，她不给我买，我也很难受。"

这是妈妈的情绪感受，具体来说，妈妈感受的是孩子的情绪，并进一步让孩子感知到他的情绪妈妈已经感知到了。那妈妈的"理性"思维在哪里呢？

妈妈继续说："可是我们已经有很多玩具了，你还可以玩儿很久啊！你要知道，天下的玩具太多了，我们不可能买得完的，我们只买对的，只买合适的，妈妈相信你能理解这个道理，是吗？"

这是"理性"思维。可见，情绪感受是先于"理性"思维的。

男孩虽然没说什么，但他的情绪明显缓和了下来。

不跟孩子对立，不对他讲一大堆道理，而是跟他在一起，无论是有形的身体，还是无形的精神或思想，让他感觉你是自己人。这也是心理学上所讲的"自己人效应""同体效应"，这是在人际交往中缩短彼此心理距离的一个好方法。通过这种效应，就能在短时间内打破交际双方的心理隔阂，达到顺畅的交际，进而达到交际的目的。我们与男孩的交流，也属于人际交往，所以，这个效应当然也可以很好地发挥作用。

以上是从我们做父母的角度解读情绪感受先于"理性"思维。事实上，从孩子的角度解读，也是一样的道理。

孩子从出生后就会有自己的情绪，只是那时的孩子情绪还比较简单。随着年龄的增长，孩子的情绪会变得越来越复杂。到了儿童期、青少年期，孩子的情绪就会变得非常敏感，但他们还无法做到情绪、思维与行为之间的平衡与协调。所以，这个时期的孩子很难理性地表达自己的情绪，更多会以冲动、过激的行为来表达情绪。也就是说，处于儿童期、青少年期的孩子，思维和判断能力是比较弱的。

从大脑发育角度来说，前额叶主要负责思考、判断、策划、决定先后顺序以及控制情绪和冲动，因为它具有强大的精神功能和创意功能，是人类大脑特有的功能，所以被称为"理性大脑"。但孩子的大脑包括前额叶在内，发育还不成熟，如果要求一个前额叶发育不成熟的孩子像我们成人一样进行理性的思考和判断，那显然不现实。

举个例子：

当一个 7 岁男孩好不容易搭好的积木被 5 岁的弟弟一把推倒时，他是愤怒的，他可能一气之下会打弟弟。

但这时，如果我们跟他说："你是哥哥，你怎么不让着弟弟呢？推倒了，你可以再搭起来啊！真不懂事！"

但这个 7 岁男孩，很可能是听不懂的。

为什么呢？因为这其实相当于我们对 7 岁男孩前额叶发出的指令。对他来说，辛辛苦苦搭的积木被弟弟推倒，妈妈居然不去怪弟弟，还怪他，他就会有一肚子的委屈，他会认为自己受到了不公平的待遇。由此，他还会讨厌弟弟，甚至会怀疑妈妈是不是不爱他了。

明白了这些，就又回到了前面讲的"我们"的角度。也就是说，我们要对孩子的情绪先有感知，先表达感同身受，之后再去"理性"思考，再去引导他的"理性"思维。

用同理心与孩子共情

同理就是设身处地站在对方的立场去体会对方的心境（当事人的感觉、需要、痛苦等）的心理历程，实际上也就是同理心。个人的同理心要形成，需要两个条件，一是"感人之所感"，二是"知人之所感"。前者靠的是个人的生活体验，属于情感成分；后者靠的是个人的认知能力，属于理性成分。同理心，是美国人本主义心理学家卡尔·兰塞姆·罗杰斯（Carl Ransom Rogers）在 20 世纪 80 年代所倡导的当事人中心治疗法的三大要素（真诚、同理、尊重）之一。

共情，也是一个外来心理学概念，又被译作神入、同感、同理心、投情等，也是由人本主义心理学创始人罗杰斯阐述的概念。

讲到这里，我们就明白了，同理和共情其实是一个意思，它们的英文也是同一个单词（empathy），可能唯一的区别就是，在翻译成中文时，被翻译成了两个不同的词。

在概念上就不多讲了，我重点讲怎么用它们来解决孩子的问题。通俗来讲，也就是，我们怎样站在孩子的角度，学会设身处地地考虑问题？做到这一点，我们就能对孩子的情绪感同身受，就会让他有一种被理解的感觉。这样，他的情绪、问题可能就会得到缓解，甚至迎刃而解。

我来举个例子：

有个 8 岁男孩，一天放学回家后，他把书包一丢，气呼呼地说："今天真是气死我了，李浩把我的玩具弄坏了。"说完，还使劲踢了沙发一脚。

如果遇到这种情况，你会怎么做呢？是不是会呵斥他、严厉地阻止他？可能还会吼叫、打骂他？但如果这么做，孩子的问题就没法解决了。我们应该怎么做呢？

这个男孩的妈妈走过去，蹲下来，把男孩轻轻地拉到怀里，抱住了他，一边抚摸着他的后背一边说："嗯，我理解你这种感觉，他把你的玩具弄坏了，我想你一定很难过。"

男孩有点委屈地说："是啊，那个玩具是爸爸送给我的生日礼物，我那么喜欢，却被弄坏了！"

妈妈平静地说："我要是你，我也会很难过的。不过，你也不要太难过，我想李浩可能也不是故意的，玩具坏了可以再修，或者买个新的，如果因为这个原因而破坏了与同学之间的友谊，就不值得了。而且我们还有别的玩具呢，是不是啊？"

男孩眼圈红了，他说："算了，他可能真的不是故意的，我还有好多其他玩具呢！"

一场危机就这样被化解了。从心理学角度讲，当孩子受到委屈，或者情绪波动时，他最需要的是得到我们的认同和理解。

其实，这位妈妈做的就是同理、共情。她站在孩子的立场、角度，设身处地地理解孩子的感受，没有排斥孩子，也没有呵斥孩子，更没有对孩子的言行举止做任何对与错的价值判断。几句话下来，让孩子感受到自己是被妈妈理解的，而且又得到了妈妈的指导，所以才收到了良好的教育效果。

美国教育家塞勒·塞韦罗（Sylar Severo）说："每个人观察、认识问题，都会有自己的视角和立足点。身份、地位不同，所得的结论就不同。父母与子女间的年龄悬殊、身份互异是影响相互沟通的重要原因。若父母能站在孩子的立场上思考，一切都将迎刃而解。"的确，在教育孩子的问题上，当我们能够尝试着换个角度去思考，站在孩子的角度考虑问题时，才能在与他的沟通中产生共鸣，才能真实地了解他的想法和需求，才能理解他的所作所为，才能使教育产生良好的效果。而且，这样的处理方式，还能快速拉近我们与孩子的心灵距离。

那么，我们应该如何做呢？

第一，努力体验孩子的内心感受。孩子受到委屈后，一定很难过。如果这时我们只是轻描淡写地说"没什么""别哭了""烦不烦"等，他就会更委屈。因为在他看来，你是你，他是他，你对他完全没有感同身受，跟他是对立的。他就很难从消极情绪中走出来。

小明和小刚是两个 7 岁男孩，他们是从小玩到大的好朋友。

一天，小明很委屈地跟妈妈说："小刚今天不和我玩儿了。"妈妈问："为什么呢？"小明说："不知道，他今天和别的同学一起玩，都不理我，还让别的同学也不和我玩。"

妈妈听了很生气，说："他怎么这样呢？他不和你玩，咱们也不和他玩！"妈妈话音刚落，小明"哇"的一声哭了起来，边哭边说："我就要和他玩儿！"

任凭妈妈怎么劝说都无济于事。

这个场景，是不是似曾相识？其实，孩子虽然年龄小，但也很珍惜友情，好朋友不和自己玩，也会感到孤独和委屈。

像这种情况，我们一定要理解他的感受，哪怕一句"他不跟你玩儿，你一定感到很孤独、很伤心吧！"或者，"要是我，我也会像你一样难过的！"类似这些话都可以让孩子感觉到我们是理解他的。

可见，面对孩子的消极情绪，我们承认并接受，也就是与他情绪共享，这是第一步。当他冷静下来之后，自己就会找到解决问题的方法。

第二，我们要放弃成人的自我偏见。成人有成人的世界，孩子有孩子的思维。但往往由于孩子的认知能力不足，社会经验不够，所以孩子"好心办坏事"的情况时有发生。尽管如此，我们也不能强迫孩子以成人的思维思考问题，否则就会引发亲子冲突。我们不妨试着放下成见，用孩子的眼光了解和认识这个世界。

电视剧《大宅门》里的白景琦小时候在成人看来是出了名的淘气鬼。有一天，他把家里的安宫牛黄丸给鱼吃了，结果鱼全都死了。

遇到类似的情况，成人的第一反应就是，这个孩子怎么这么淘气？一气之下，会不分青红皂白就把他数落一顿，甚至打一顿。白景琦的母亲当时就是这么做的。

但是仔细探究一下原因，其实，杀死鱼并不是白景琦的本意。他解释说，因为他爷爷一天没在家，所以鱼会饿，言外之意，是没人喂鱼，所以只好他来喂鱼，而且他认为安宫牛黄丸是好东西，他希望把好东西给鱼吃。他的心理就是这么简单。

可见，我们真的不能主观臆断孩子的行为，以免误解或冤枉他。当他做错时，我们要弄清楚事情的来龙去脉，给他解释、澄清的机会。如果他是"好心办了坏事"，我们一定要站在他的角度看问题，肯定他的好心，再感化、引导、纠正他的不妥行为，让他明白是非。人在不同的角度就会看到不同的风景，处在不同的立场就会产生不同的观念，说的就是这个道理。

当然，即便我们用了共情、同理的方法，也未必能让孩子在短时间内安静下来，这需要一个过程。我们要有耐心，要冷静镇定，不要被孩子或自己的坏情绪牵制。我们越冷静镇定，就越能用共情来化解孩子的情绪。因为我们的理解，孩子是会感知到的。

注意辨识孩子的情绪信号

负面情绪是一个人情绪组成的一部分，每个人或多或少都会有负面情绪，而且不仅是成年人有，孩子同样也有。

但是，在对待负面情绪方面，我们却又有着双重的标准。在我们看来，成年人若有负面情绪，是被允许的，因为我们认为"成年人经历的事情多，压力大，负面情绪积压是很正常的"；孩子若有负面情绪，就是"胡闹"，"一个小孩子，整天除了吃就是玩，他还能有什么不开心的？"

这个"双标"一旦在我们内心成型，我们就会变得对自己的负面情绪不再控制，对孩子的负面情绪反倒百般"打压"。

比如，四五岁的孩子，可能每天都要去幼儿园，而每天早晨起床的时候他多半都会有一些负面情绪的表现，哭闹、不愿意起，有的还会撒撒泼。

很多妈妈对孩子的这种状态都是很不愿意接纳的，一看见孩子又开始哭了，便会立刻表现出不耐烦来，皱眉，眼神尖利起来，声音没了婉转，硬邦邦地来一句："哭什么哭！大早起的就哭，多讨厌！"

你非常固执己见地认为孩子一大早闹情绪就是在胡闹，难道他早起不应该高高兴兴地起床穿衣、洗漱吃饭吗？他就不能像电视、电影里演的那样，开心地笑着和妈妈打招呼吗？

可事实就是如此，孩子很难做到如你所愿。

这么理想化的生活状态，是我们对美好生活的一种强烈渴求，但实际的生活并不是这样的。孩子在去幼儿园之前，或者有的家庭可能是孩子在去小学之前，都是一种较为散漫的生活状态，他的作息时间是不固定的，他可能睡得晚一点，但他第二天不是必须早起的。可一旦去了幼儿园，他每天就需要有时间限定地早起了，而且不管晚上几点睡。

但孩子一时半会儿还做不到很好地掌控自我，晚上他可能贪玩了，睡得晚了；就算睡着了，他也可能因为尿意，或者干脆尿了床，而不得不中途醒过来。可早上起床的时间却是固定的，他正困着，就要被叫起来，他表现出不乐意，却又会换来妈妈的严词厉色。想想看，起不来的痛苦和对被妈妈吼叫的恐惧交织在一起，他又怎么可能露出笑脸来呢？

由这一件小事推理下去，孩子的很多负面情绪都是有原因的，并非故意胡闹。尤其是对于年龄小一点的孩子，他的情绪变化往往都会直接反映出他的需求变化。当他没有得到满足或感觉到不舒服时（比如渴了、饿了、拉了、尿了、冷了、热了、困了、磕了、碰了、被误会了、跟人闹矛盾了……），他的哭闹就是一个信号，你应该立刻反过来看看自己的表现，问自己：

我有没有满足他的需求？

我有没有关注到他的情感需要？

我是不是太在意自己的情绪而忽略了他的情绪？

……

有教育敏感度的妈妈懂得捕捉孩子的情绪信号，并及时反思自己的言行举止，以便更好地介入；而粗心大意的妈妈可能会自以为是，只凭直觉想当然地做事。所以，我们要成为哪种父母呢？当然，我们要做有教育敏感度的父母，要有一颗关注、了解孩子的心，还要有耐心。

有的妈妈可能会说了，那我岂不是很委屈？我关注他的负面情绪，谁来关注我的呢？孩子难道不应该听话吗？他不应该做个乖孩子吗？

如果你这样想，你的思想就还停留在"出了问题都怨孩子"上。你是妈妈。孩子来到这世界可能才不过 1000 多天而已，他刚开始认识世界、接触世界，他需要依靠你来建立对世界的认知，建立他人生的大致框架。你肩负着重要的责任，却在这里和孩子斤斤计较谁更委屈，那到底谁才是孩子呢？

孩子只有在完全满足的状态下，才可能顺从并有良好表现，如果他自己都没有亲情满足感，都还处在一个缺爱、恐惧的状态，那你觉得他能做到什么呢？

所以，不要再将孩子的负面情绪当成是胡闹了。如果你正视他所有负面情绪背后的原因，根据原因采取相应的措施，先解决他情感上最基本的需求，让他获得满足，那么他的负面情绪自然也就不会长久了。当他恢复成一个快乐的孩子，你觉得你的烦恼还会长久吗？

情绪信号苗头初现即回应

我们要善于捕捉孩子的各种情绪信号，并且要在这个情绪信号最初出现时，就及时回应。换句话说，就是我们要及时有效地回应与满足孩子的基本情感需求。

从孩子小时候起，对于他的情感呼唤，我们就应该及时回应，并且有效回应。这样，他的某些渴望就不会那么强烈，也就越容易引发他的自我控制。也就是说，如果孩子从小具有足够自主的机会，情感能够得到充分的回应，那么他的自控能力也就越强。

我举个例子来说明这个问题。

前几年，国外有所谓的研究表明，婴儿越哭越不抱他，或者是不立即去抱他，而是等过一会儿再去抱，或者他不哭的时候才抱，这样可以训练婴儿的独立能力。

这在某种程度上，也属于延迟满足。

但我非常反对这个做法。因为婴儿不会说，他只能靠哭来表达生理和情感需要，比如吃喝拉撒的需要、安全感的需要等。如果我们不及时回应他，不及时满足他，他就会对父母甚至这个世界感到心寒，就会没有安全感，即使训练出所谓的"独立能力"，那也是以牺牲孩子健康的心灵为代价的，是绝对得不偿失的。

我曾在生活中见过这样的例子。

在我居住的小区里，一个在婴儿车里的孩子目光呆滞，对什么都不感兴趣，而他的妈妈还在极其无知地、大肆宣扬她的"不立即抱孩子""让孩子从小就独自睡觉"的谬论。这是非常令人遗憾的。

所以，如果你的孩子还小，或者你有要二胎的打算，那么千万不要盲目相信这样的论调。

也就是说，要从小就给足孩子安全感、满足他对情感的需要，让他对这个世界感到友好而不是恐惧，等他 5 岁的时候，再进行延迟满足训练也不迟。

那这个"从小就给足孩子安全感、满足他对情感的需要"中的"从小"是什么时候呢？

可以是"新生儿时期"。如果孩子在新生儿时期，我们就能及时、经常地跟他互动交流，那么孩子的自我控制力会更出色。这样的孩子在一两岁之后，哪怕是偶尔受到了惊吓，他也会很容易做到自我安抚；哪怕周围有别的同龄孩子因为各种原因哭泣，他也不会跟着哭，反而会试图去安慰对方。可见，那些从小被及时回应情绪需要的孩子，就等同于受了情绪管理训练，他们遇到事情（包括困难在内），更容易平静面对，对压力的承受力也更强一些。

这其中存在什么样的道理呢？当孩子有情绪信号出现时，如果我们能够读懂并及时回应，孩子就会获得极大的安慰感，就会感觉周围的世界是安全的。孩子的内心有安全感，他就没有那么多的害怕、担忧，即使遇到一些意外状况，他也会在内心安全感的基础上自我安抚、自我调节。

相反，如果孩子在小时候的情绪信号被忽略或无视，他就无法及时地获得情绪安慰。当他的情绪高涨到了极点后，他若情绪过于激动，想要恢复平静就需要更久的时间，而更严重的是，孩子会身心疲惫，因为表达情绪已经消耗了他大量的能量。尽管如此，他也没有得到想要的回应，接下来可能会继续消耗大量的能量，情绪就会变得更糟。在未来的日子里，这些情绪可能就会成为他成长路上的障碍、绊脚石。

所以，我们应该在孩子出生后的头两三年，跟孩子亲密互动，这也是父母与孩子建立亲密关系的关键期，千万不要以各种"借口"错过这个关键期。不到万不得已，父母不要把孩子全权交给保姆、老人来带，否则，可能真的会后悔莫及。

英国著名发展心理学家、依恋理论创始人约翰·鲍比（John Bowlby）曾指出，在幼儿时期没有建立良好亲子关系的孩子，其后遗症可能会影响他的一生；相反，那些从小就接受了良好的情绪管理训练的孩子，就会获得情绪上的宁静，其效果也会影响其一生。这二者的道理是一致的。

所以，对孩子的情绪管理训练应该从小就开始，从新生儿、婴儿时期，就应及时回应孩子最初出现的情绪苗头，与他建立起良好的亲子关系。

认真探究行为背后的各种"隐情"

人的一生中会有很多需求，人生初期也不例外。比如，新出生的孩子，其主要的需求就是吃得饱、喝得好，大小便要有人帮忙处理干净，保证充足的睡眠，周围还要有不同的声响，以帮助他慢慢认识世界。而一两岁的孩子，除了如新生时期一样的吃喝拉撒睡，还要求对这个世界有更多的认识，他开始接触周围的人与环境，尝试活动手脚、开口说话，与父母以及周围的人开始产生互动。他需要更快地熟悉这个世界。

等到了 3 岁，很多人认为这时的孩子不过就是延续之前的成长，还是要吃好喝好玩好，但是因为开始上幼儿园了，大部分人也会认为这时的孩子需要开发智力，以学习更多的东西。正是这样的心理，才导致很多妈妈将更多的精力放在了关注孩子的学习方面。

但这时的孩子正处于幼儿叛逆期，其之所以会出现"叛逆"，恰恰是因为自我意识的不断增强。这时的孩子在心理方面的需求更大，因为有了更多的自我意识，他更渴望与周围人，尤其是与妈妈进行心灵上的交流。如果你仔细观察，会发现这一阶段的孩子经常能说出一些让人意想不到的话，他能表达更多的感受，也会有比之前更多的情感体验。

所以，对于这一时期的孩子来说，他的成长需求，已经不仅仅是能吃饱、喝好、玩耍、探索这么简单，他需要从内心深处获得更多的认同，需要从妈妈那里获得更稳定的安全感，更需要从周围人和事物之中汲取更多的经验。

这一阶段是孩子成长的一个关键时期，他的绝大多数需求都是有意义的。

比如，孩子会要求独立自主。孩子想自己去做一些事情，希望去接触更多的事物，需要自己选择、决定、处理一些事。这对于他很重要，只有经历了这些，他才会对自己"是一个独立的人"有更贴切的认知。

比如，孩子需要认识更多的人。不管以后是不是会和某些人成为朋友，孩子都会去接触。只有通过这样的经历，他才能逐渐理解人与人之间的关系。

再比如，孩子此时也需要更大的活动量。因为孩子的精力增加，活力在增强，需要通过丰富多彩的活动来释放。这并不是他调皮的表现，而恰恰是他有活力的体现。

所以，当孩子表现出各种"叛逆"行为时，其实是他在诉说心理需求。但有的妈妈并不认为这些需求是一个 3 岁孩子真正需要的，她多半会认为"孩子是故意捣乱"，于是带着想要纠正捣乱行为的心思去教育孩子，当然也就不得法了。而也正因为教育的不得法，才使得很多妈妈无法忍受地吼叫出声，希望借助吼叫来应对所有的问题。

作为妈妈，要明白孩子意识上、思想上发生的变化是导致他外在言行举止发生变化的最主要原因，也就是说，孩子的外在行为表现是由内在心理所支配的。而要应对孩子的这种巨大的需求变化，你不仅要更多地了解孩子，也要及时地调适自己的心理。当孩子的需求能被很好地满足时，他的内心是充满愉悦的，一些叛逆表现很可能就不存在了。

比如，一个 3 岁的孩子想扫地、拖地，但妈妈怕他做不好，帮倒忙，于是就阻止他去做。这个孩子对自己独立完成这件事的渴求是很强烈的，他希望自己可以像妈妈那样去做这件事，所以他要努力尝试。这是他对独立的一种追求。但如果他的要求一直被拒绝，他就会开始为自己抗争，妈妈若是不耐烦再吼叫几声，他的情绪也会变得低落。

即使当下孩子的这种独立行事的需求得不到满足，他也会在以后不断地要求。若是一直受挫，那么他一方面可能会变得更暴躁，另一方面也可能会逐渐放弃独立。

但如果妈妈能够满足孩子的独立需求，允许他去扫地、拖地，这就会使得他由内而外地感到快乐，妈妈也会轻松一些。

实际上，孩子的需求是否得到满足也会在一定程度上左右其叛逆期的发展动向。所以，我们要洞察这之间的联系，让孩子在满足中成长。

以上主要讲的是 3 岁左右孩子行为背后的"隐情"。下面我再讲一下年龄大一些的孩子的情况，比如七八岁，也就是孩子的第二个"叛逆期"行为背后的"隐情"，以及应对方法。

首先，要抓住一个大的判断原则。这个原则就是：孩子的任何异常，一定有原因。

就拿"说话不算话"来说，我们可能认为这是孩子不守承诺的表现，也可能觉得孩子是在无理取闹，但背后的"隐情"很可能是孩子在求助或试探。

有个上三年级的孩子，以前在学校表现不错。但最近，每天早上他都不想去上学。每次妈妈催促，他都答应着"马上来"，但实际上却磨磨蹭蹭，眼看快迟到了，他就会说"我不想去了"。

妈妈一开始是给他讲道理，告诉他："你现在已经长大了，要为自己负责，妈妈不可能总哄着你。"

但孩子只好了没几天，就又开始故意磨蹭，还找了更多的借口不去。

妈妈无奈地说："你之前从来不让我操心，现在你真是不乖了，还总是撒娇找借口。"

不仅如此，就算在家，孩子也与之前不同了。他很反感妈妈询问学习，妈妈提到数学时，他还会对妈妈大喊"别说了"。

妈妈隐约感觉这不太对，便决定好好和孩子谈一谈。

聊了一会儿孩子感兴趣的内容之后，孩子终于放松下来，然后才说出了他的烦恼。原来，他的课程开始加入了更多的新内容，在数学方面，孩子总是觉得自己很笨，学不得法，当看到周围的同学总能很快解出答案，而他怎么都想不通应该怎么做时，他就非常着急。几次随堂小测验，他的成绩都非常不好，老师也点了他几次，这让他感觉更难过了。

了解了实情，妈妈这才意识到孩子不愿去上学，并不是撒娇非要妈妈陪。知道了问题的根源，妈妈也明白了应该怎么做。她赶紧和老师联系，准备好好给孩子补补课，解决他的这块心病。

有时，我们可能也会觉得，孩子怎么这么别扭呢？之前一个样，过后又是另外一个样，但从这位妈妈的经历来看，如果我们不够冷静，没有想要主动去接近孩子的心，可能就会无法了解其背后真实的原因，也会错过解决问题的最佳时机。

其次，善于发现那块"松动的砖"。有的父母说，"我和孩子之间隔了一道墙"，实际上这堵墙也并非没有松动的地方，关键就看我们能不能找到那块"松动的砖"。要寻找这个松动的地方，关键还要看我们是不是可以发现孩子的异常，并正视这种异常。

当孩子有问题时，他处于一种无助的状态，但他并不知道应该怎样去表达，不管是小孩子还是大孩子，都会出现这样的情况。小孩子的表现有些像无理取闹，而大孩子的表现则可能会让人生气，别扭的状态会持续很久。

越是这样，我们越应该意识到，孩子其实在向我们求助，有时也是他的一种试探。孩子也希望他人能够理解他，但可能又别扭地不希望别人说破。所以，如果我们盲目地去猜测，频繁地询问，那么他可能还会反感。

最后，孩子的反常行为未必是"不听话"。孩子的内心也有一个丰富的世界，经历过变化，他就会心生疑惑。我们应该有足够的敏感度，先不要让自己的情绪也跟着孩子的情绪乱起来。我们可以像前面的那位妈妈那样，采用迂回战术，通过一些简单的交谈让孩子平静下来，然后再引导他说出具体发生了什么。

在这个过程中，我们不能轻易就将孩子的任何一种反常行为定义为"不听话"，否则就会延续一种"我是妈妈／爸爸，我要教育你"的"教育思路"，从而错误地压制孩子的情绪。

此时，我们的耐心非常重要，同时我们也要更有智慧地去引导孩子，摆出"我愿意听你说"的姿态来，让孩子能放松地说出自己内心的问题。

要走进孩子的内心，打破彼此之间的那堵墙，应该是由我们来主动去做，我们理解了孩子，一切也就都好说了。所以，对于孩子的求助与试探，我们要有足够的敏感性，要练就一双"火眼金睛"，要通过孩子的行为捕捉其情绪。总之，你的眼观六路、耳听八方、心细如发和温暖包容有助于发现与应对孩子行为背后的各种"隐情"。

第五章
训练第二步：接纳情绪，联结情感

理解孩子的各种情绪状态

不好的情绪会让人感觉非常不舒服，如果孩子很认真地告诉你，"妈妈，我现在很难受"，那他不是在说谎逃避，也不是在故意找事，而是真的感觉不舒服了。

产生情绪的孩子，表情不会很好，行为也会比较异常，话语内容也会变得硬邦邦的或者干脆就闭口不言。情绪导致孩子的整体行为发生变化。这原本应该很容易被发现，可是在大多数情况下，妈妈却经常不去深入地思考孩子到底怎么了。

对于一些妈妈来说，孩子闹情绪就等同于"没事找事"，她不会过多地去关注孩子内在的想法，而只是单纯地去评价孩子外在的表现，并根据这些表现来表达自己的不满；在另一些妈妈看来，孩子闹情绪就代表他犯了错，所以，她当下做的第一件事可能就是去指责、否定，并期待孩子改正。

不能获得理解的孩子，一开始会对自己的情绪不知所措，但久而久之，他就会将情绪隐藏起来，不再展示给妈妈看。

孩子会一直这样隐藏情绪吗？当然不会。一旦有人可以理解他的情绪，愿意接纳他的情绪，那么他将如饥渴的人遇到甘霖一般，毫无保留地将情绪释放出来。

这其实是一种很危险的状态，这也正是为什么很多青春期的孩子很容易受到一些陌生人的蛊惑。有些坏人正是抓住了孩子这样的心理，通过对他们表现出包容、理解、支持、肯定等来诱骗孩子。孩子在妈妈那里得不到的温暖，在他人那里反而得到了。

青春期的孩子本就叛逆，原本就想做点什么来吸引妈妈的注意力或者彻底脱离妈妈的掌控，结果却可能掉入坏人的魔掌，或者由此走上邪路。

所以从这个层面来讲，我们也应该更理智地去理解孩子的各种情绪状态，要让他坚信，妈妈是他可以信赖的、依靠的人，让他能在情绪不稳定时，首先想到来妈妈这里寻求温暖与帮助。

第一，平常心看待孩子闹情绪这件事。一个身心健康的孩子，会有各种各样的情绪，这是再正常不过的事情。孩子若是某天不再显露情绪，而是一脸漠然，什么都不和我们说，那才更让人担心。

如果你是个情绪化的人，那么你的孩子在耳濡目染之下，多半也会和你一样容易情绪化。所以不能将闹情绪只看成是孩子单方面的"不良表现"，情绪的爆发也是有各种原因的。

第二，站在孩子的角度理解他的情绪。所谓"理解"，就是要用孩子的视角去看待他所经历的事情。当孩子感到难过时，有的妈妈总是习惯性地说"没事没事"，这就是最典型的不理解孩子的表现。难过是他真切的感受，你应该去发现他难过的原因，换位思考一下如果你是孩子，处在相同的位置时你会有怎样的感觉，你要用孩子的思维去思考他面临的问题，而不是代入成年人的感觉，只想着一下子把孩子不好的情绪赶走。

第三，不要错误理解"理解"的意思。有的父母可能会认为，"理解孩子的情绪，就意味着肯定他，间接也就等于放纵他"，其实不然。真正的理解，意味着你能明了孩子进入了怎样的一种状态。比如，他和人吵架了，他愤怒了，你理解的是他因为吵架而被激怒的情绪，"如果我和人吵架，我也会感觉很不舒服"，但至于他为什么吵架、为什么愤怒，你还是要去好好了解原因的。

这是因为孩子对于情绪的把控能力是有待提升的，我们的理解可以让孩子放松下来，让他知道自己有情绪是一件正常的事。

合理化认同耍性子、发脾气的孩子

人人都会因为各种事情出现各种各样的情绪，孩子也不例外。相较于成年人对自己情绪的控制，孩子在情绪方面往往是没有遮拦的，也正因为不能很好地控制，他的情绪爆发往往都会很强烈。

成年人闹情绪时，周围人要么是知趣地躲开，要么是好言相劝，可是孩子若是闹了情绪，却多半会换来成年人的训斥，"你可闹得什么劲？"或者"你这是什么态度？一点礼貌都没有"……

为什么成年人的情绪可以得到理解，而孩子的情绪却被无视和训斥？这是因为，我们以平等的态度来看待成年人，对孩子却居高临下；成年人的情绪被我们看成是真的遇到了事情而带来的内心变化，可孩子的情绪却被我们当成是无理取闹，并对其进行教育。

这时候对孩子开展教育很容易遇到阻力。因为我们关注了他的情绪，而孩子关注的是自己得不到理解与认同。我们和孩子关注的内容不同，也就导致了教育的不对题及孩子的不接纳。

来看看这位妈妈是怎么做的：

妈妈做好饭，把饭菜摆上桌，接着又把 4 岁半的女儿安顿在桌子旁，自己回身去了厨房。等到妈妈再从厨房出来坐到桌子旁时，却忽然发现女儿已经泪流满面，在小声地哭着。

妈妈一头雾水，连忙问："这是怎么了？饭菜不好吃？不想吃饭？"

女儿摇摇头，咧着嘴说："我想姥爷了。"

原来姥爷临时有事需要离开两天，这让女儿原本已经习惯了的生活环境发生了变化，她觉得很不适应。于是妈妈点点头说："是想姥爷了啊，我也一样哦，姥爷走了没在家，的确挺让人想念的。"

女儿点点头，但已经哭得不那么厉害了。

妈妈继续说："我们一起等姥爷回来好不好？过几天姥爷就回家了，你要好好吃饭、好好上幼儿园，妈妈也要好好工作，然后等姥爷回来就告诉他我们都很好，好不好？"

女儿擦干眼泪说："我要好好吃饭，姥爷回来就会夸我了。"

妈妈笑了，问她："要不，我们给姥爷打个电话怎么样？"

已经不哭了的女儿却摇了摇头，妈妈疑惑："你不是想姥爷了吗？打个电话问问他啊！"

"不要！"女儿很坚决，"我已经不哭了，不需要打了。"

妈妈被她一本正经的样子逗笑了："那……吃饭？"

女儿的情绪已经彻底平复了，自己捧起了碗。

从这个例子可以看出，闹情绪的孩子渴望获得认同，他需要从我们这里感受"我有情绪并不是一件错误的事情"，而我们则要传递给他一个信息，那就是"人人都有情绪，在面对同样的事情时，也许他人也会与他有一样的情绪"。

当孩子感受到被认同时，他会更愿意说出自己全部的感受。我们的认同，会让他感觉妈妈爸爸愿意和他站在一起，面对"自己人"，他也更能放松地表达自己的情绪。

对于孩子的情绪，我们也应该抱有一种不去过分追究的态度。不管是什么事情，孩子此时的情绪是真实的，所以，暂时丢弃批评、指责，不要过多思考"你怎么这样啊""你为什么会这么想"之类的问题，尤其是当孩子犯了错还发脾气时，在他情绪激动的前提下，任何否定的表达都会让他觉得自己被推到了我们的对立面上。所以，只有我们平静地接纳他的情绪，他才会慢慢平静下来，接下来的交流也才是有效的。

当然，认同孩子的情绪并不意味着毫无原则，合理认同是有必要的。

比如，孩子愤怒之下开始诅咒骂人，就可以提醒孩子"我理解你愤怒的情绪，但并不喜欢你诅咒骂人的行为"，也就是不要让孩子感觉"只要是我闹情绪，就是可以被理解的，那么我做什么都无所谓"。我们在认同的同时，还肩负着引导孩子正确释放情绪的任务，要帮助孩子正确理解情绪，并跟他建立起有效的交流。

如实接纳孩子的情绪

接纳他人看似很简单，实则需要你对自己做好足够的心理建设，你需要放下自己的价值判断，愿意走近、倾听、了解对方，以彻底走进一个人的内心。

尤其是对对方情绪的接纳，意味着你要将对方的全部情绪与感受都纳入自己心中，对其感同身受，同时又不被对方的情绪所影响和牵绊。

生活中，人们总是习惯于将自己的感觉强加于他人，用自己的理解来判断他人的感受，用自己的价值观来评价他人的言行。这一点在成年人身上表现得尤为突出。

场景一：

孩子说："妈妈，我害怕那个小蚂蚁。"

妈妈说："有什么好怕的，要勇敢！你走近点仔细看，看多了就不怕了。"

场景二：

孩子说："妈妈，我不想跟他们打招呼。"

妈妈说："那你多没礼貌，你可不能做没礼貌的孩子，不然谁都不喜欢你。"

场景三：

孩子说："妈妈，老师今天说我了，我很不高兴。"

妈妈说："你肯定捣乱了，不然怎么不说别人就说你？你就是这么不听话，你有什么资格不高兴啊！"

……

孩子很真实地将自己的感受说出来，但妈妈却站在自己的角度"尽情"地表达自己的看法，将孩子的情绪完全置于一旁。

场景一中的孩子，本身就害怕了，妈妈还要否定他的害怕，后面的鼓励让他更加紧张。妈妈如果换一种说法，"啊，我也有点害怕呢"，就会让孩子知道，他有害怕的情绪是正常的。若是妈妈再加入一些夸张的表情和动作，那么孩子可能会被逗笑，紧张情绪也会被缓解了。

场景二中的孩子，很明确地向妈妈表达了自己的拒绝情绪，但妈妈却直接"上纲上线"到了道德层面，并用"没人喜欢"这么绝对的标签来给孩子做标记。孩子肯定不喜欢这样的自己，可他此时的拒绝情绪没有被妈妈理解，他会变得困惑、烦躁。此时妈妈如果多问一句"为什么"，那么就可能得知孩子真实的想法，也能更好地引导孩子学会见人礼貌地打招呼。

而场景三中的孩子，原本就因为被批评不高兴了，而妈妈这种"凡事错都在你"的结论显然让他更加沮丧。为什么那么肯定就是孩子的问题呢？如果妈妈多关心一下孩子为什么会挨批评，关注老师训斥的内容，帮助孩子理解自己的行为和老师训斥的意图，那么相信他也会感受到温暖，并能有针对性地改正错误。

要实现对孩子情绪的如实接纳，就要学会转换思路，站在孩子的角度去感受与思考，而不是用成年人的思维去评价孩子的感受。毕竟，很多事情在成年人眼中与在孩子眼中是完全不同的。

所以，你可以尝试以下做法。

第一，与孩子沟通他害怕的原因。人的情绪具有信号的功能，可以很明白地提示我们哪里出现了问题。孩子出现情绪的改变，一定有原因，我们了解原因有助于更好地接纳他的情绪。

比如，孩子说他害怕，你不要直接就否定他的害怕，也不要不管不顾生硬地鼓励，而是问问"为什么"。这种询问对孩子因为害怕而产生的紧张情绪也是一种缓解，对于你来说也是了解孩子的好机会。

第二，对不同年龄段的孩子区别对待。对于小一点的孩子，你应让他意识到"害怕不是坏情绪"。这时的孩子正在了解世界，你只有让他知道什么是可行的、是被允许的，他才能更坦然地去接触世界。对于大一点的孩子，讲道理才可能是有效果的。当你给他介绍知识，让他了解他所害怕的东西后，再去鼓励他勇敢，他才可能真的勇敢起来。

第三，对孩子及时表达你的爱。对孩子表达爱，首先不要否定他的恐惧。你否定了他的感受，他会误以为你不喜欢那个说"害怕"的他，他会认为那个总是害怕的自己不是好孩子。

小一点的孩子在害怕时会来寻求"妈妈抱抱"，这不仅是他在寻求安慰，他也在借这样一个动作来确认妈妈是不是还爱他。

而对于大孩子也是如此。虽然他不一定会再来"求抱抱"，但如果此时你摸了摸他的头，或者拉拉他的手，就表明你接纳了他的情绪。你不排斥他的负面情绪，就是对他的鼓励，也会使他的勇气增加。

要及时表达爱，在孩子情绪改变时，你给予他的爱会让他镇定下来。他有了强大的心理依靠后，才可能去改变，变得坚强和勇敢，并会为了变得更好而努力。

孩子本来就不是"完美"的

孩子本身就是一个不完美的存在，他做不到时时刻刻都心平气和，他很难平衡很多事情，有很多问题也解决不了，还可能会有一些不好的言行表现。但也正是因为这样才更能证明，孩子就是一个平凡的人，和我们一样，他是一个独立而又不完美的个体。

如果我们能够平静地看待包括自己在内的其他不完美的人"有情绪"这件事，那么孩子也不应该成为那个例外。每个孩子都是在不完美中不断成长的，这原本就是一个"不断犯错，不断认错，不断改错"的过程。只有认真经历了这个过程，并在家人的耐心陪伴和指导下克服过程中的种种问题，孩子才能真正成长。

很多父母之所以对孩子的情绪表现得不耐烦，是因为其内心有一个过分完美的希望，并以为孩子出生就是一张白纸（但在我看来，孩子出生后并不是白纸一张，而是携带了大量的天赋信息，需要外界的刺激来唤醒内在的天赋系统，也就是开启他本有的智慧。从某种意义上而言，教育不是知识的灌输，而是一种唤醒，是对孩子天赋智慧系统的开发）。父母很想在这张白纸上绘制最美丽的画卷。

有的妈妈认为自己从胎教就开始努力，并不断地在教育上下功夫，理应培养出一个完美的孩子，但却忽略了孩子是一个独立个体。孩子一旦开始具备独立的思想，他就势必会出现与你所期望的完全不同的表现。

当孩子开始耍性子、发脾气时，不仅意味着他需要获得"支援"，更重要的是，这种表现证明了他是一个可以自由表达自己内心的人。我们其实应该因此感到开心，至少孩子不会对我们有所隐瞒。

如果我们能够正视和包容孩子的情绪，就等于给了孩子对自我进行判断的机会。否则，孩子势必会因为我们不理解他的心情而对我们产生不满、抱怨的情绪，这对他的情绪不仅没有缓解作用，反而成了"火上浇油"。

这个世界上真正完美的人可能并不存在，所以，我们倒不如把心思从追求完美上转换到帮助孩子解决眼前的问题上。谁在童年不会犯错呢？孩子因为各种问题而闹情绪，这是再正常不过的事情。所以，接纳孩子的不完美，才能包容他因为不完美而出现的各种情绪。

有一位妈妈是这样做的：

7岁的孩子跟着妈妈学炒菜，然而从切菜开始就不顺利，她生怕切到手，但又想像妈妈一样切得又均匀又好看；到后来开始炒菜，她发现自己怎么也没有勇气长时间地站在锅旁边，油倒在锅里，嗞啦一响，她拿着铲子就躲开了，等到放菜进去的时候，菜叶上的水溅进锅里，飞起的油星烫到了她的手，她"嗷"地一声就丢下了铲子。

第一次炒菜的经历让孩子觉得太难了，忍不住对妈妈抱怨道："我难道就学不会了吗？真是太打击人了。"

妈妈却说："刚开始就是这么难啊，你做不到也是正常的，多练习几次，勇敢一点，跟着妈妈慢慢学，你总能成功的。"

孩子不好意思地说："妈妈不觉得我在捣乱吗？"

妈妈笑笑："我第一次炒菜也这么热闹，每个人都有做不好的事情，但我们都有进步的机会，下次努力吧！"

孩子觉得没有刚才那么沮丧了。

孩子总有做不到的事情，总有解决不了的问题，这都不是问题，他总是要在不断经历各种挫折中成长的。我们没必要一开始就给他那么大的压力。我们只有先放松下来，再去提醒孩子不要过分难过，他才能从我们的态度中获得这样的意识。

就像这位妈妈所做的，接纳孩子现在做不到的事实，认同他当时的感觉，并且给出"慢慢学，多多练"的建议，这样孩子内心对学不会、做不到的惶恐感得到了安抚，他自然就不会再过分纠结。否则，如果你一味地强调"你还小呢，做不好没事"，或者说"这有什么好哭的，你得好好学才能学会"，那么孩子反而会觉得更难过，他可能会讨厌自己当下的状态，也会觉得学习真是困难，这显然不利于他对知识、技能学习的认知与实践。

不管怎么说，孩子都是要一步步成长起来的，会因成长中的不顺利而闹情绪，发脾气、耍性子，这是一种正常的状态。作为指导者的父母，理解、认同、接纳这种状态要好过回避和生硬地扭转它，只有这样做，孩子才能跟着你学会认识并掌控情绪。

说到这里，我还要再补充一个观点：仅仅是前述的理解、认同和接纳孩子的情绪，再加上意识到孩子是不"完美"的，可能还是不够的。因为只靠这些，孩子可能还是没有办法意识到或领悟到面对情绪问题时需要做出怎样的回应，所以我们要尽可能与孩子分享，或者引导他，让他明白到底应该怎样去面对和解决情绪问题。也就是说，如果只强调理解、认同和接纳，而没有进一步规范孩子的言行举止，或者我们代替他"收拾烂摊子"，也会让他错失锻炼"理性大脑"的好机会。

及时补充能量，别让你的"油箱"耗尽

生活中，很多父母尤其是妈妈都倍感疲惫，孩子的很多问题让她们难以应付。甚至有的妈妈希望自己做一个"超级妈妈"。但实际上，这几乎是不可能做到的。因为我们不是"钢铁超人"，我们需要给自己及时补充能量。不然，我们的"油箱"耗尽后，我们就会无法正常"运转"。

这里我想说的是，这个"能量"的补充，不仅仅是靠吃饭、喝水来达成的，很多时候，我们还需要靠爱、认同、休息、交流等方式来进行。

遗憾的是，很多妈妈在生活中，不会给自己"加油"，所以自身没有多少能量，或者说有满满的"负能量"。这些妈妈既无法认同自己（对自己的现状是不满意的），也无法教好孩子（对教育孩子是无能为力的），以致无论是自己还是孩子，都感到非常累，尤其是心累。

他们试图以自己的方式，比如吼叫、呵斥等，"激励"孩子奋发向上，但很多时候，这些都是徒劳的。

因为无论是吼叫还是呵斥，都会让孩子感觉很糟糕，而吼叫、呵斥的内容又大多是负面的，没有积极的导向性，尤其是妈妈那种对自我的不满意，都会通过这种方式传递给孩子。孩子都非常敏感，他能非常精准地感知到，由此，妈妈所谓的"教育"带给孩子的却是满满的负能量，他又怎么可能从中获得激励呢？

妈妈所经历的其实是这样一个沉重的连锁式反应：

没能量爱自己

↓

发散负面信息

↓

心中所想便是眼中所见（孩子的各种"缺点"）

↓

触动心底的愤怒

↓

吼叫，丧失爱的表达的能力

↓

没能量爱孩子

↓

对什么都爱不起来（包括爱自己）

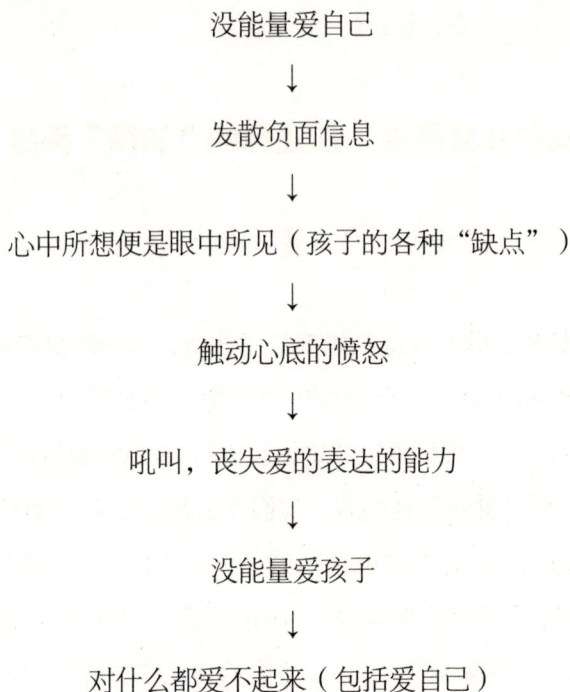

不仅如此，还有妈妈会有更令人难过的想法，"我自己还什么都没有呢，哪有心情管你！"这便是典型的"没能量爱自己，也就没能量爱孩子"的表现。

就一般人的思维来说，能够付出的前提，多半是自己先拥有。一个本身都缺爱的人，让他去付出爱，这几乎是不可能的，因为自己没有感受过便没法让他人去感受。

同样的道理，妈妈如果不爱自己，没法在自己身上制造出正能量，那么对待孩子便也会百般挑剔，当然也就对他无爱了。

很多时候，我们对孩子的吼叫训斥，看似在说孩子，实则是在说自己。我们借助吼叫孩子这样一个渠道，来发泄对自己的不满，我们对孩子的每一句吼叫，其实折射出的都是我们自己的问题。比如：

"你总是这么不听话"→我的话对孩子不起效果

"你怎么总让我不省心"→我总是焦躁不安，对孩子不放心

"你不好好学习，将来可怎么办"→我自己现在糟糕的生活就是孩子
未来的前景

"你难道要像妈妈一样吗？"→我真讨厌现在的自己

当你讨厌自己时，你现在的一切就都会成为你教育孩子时的反面教材。但是你是不是忘记了一点，孩子总是会以妈妈为榜样的，你以为你在"卖苦情"，你在"激将"，错了！孩子是不会意识到其中的深意的，他只会感受到你的负能量，并真的开始向你所不期望的那样发展。

所以，作为妈妈，一定先要爱自己，然后你的爱才能感染孩子。

第一，爱自己，你会更正确地看待自己。对自己无爱，便会嫌弃自身的缺点，并忍不住遮掩这些缺点。哪怕是自己独处，也不愿意想起自己哪里不好，更不愿意让别人提起自己的问题。

很多时候，我们都是明知道自己有问题，却又刻意装作看不见。时间久了，还会自暴自弃地认为，反正我已经那样了，还能有什么改变吗？如此一来，人也就变得越来越颓废。

但反过来，正因为爱自己，所以我们会很清楚地意识到自己哪里做得好，哪里做得不好。明白自己的问题在哪里，就会更愿意想办法去解决问题；知道自己哪里有缺陷，也并不避讳，能补上便补上，就算补不上，也并不因此而沮丧、遮掩甚至自惭形秽，而是能坦然面对。

第二，爱自己，你会更愿意完善自己。爱是一种动力，对自己有爱，就会更有动力去完善自我。这种完善，不仅是将自己原本的问题解决掉，也不仅是弥补自己之前没做到或没做好的，而是对自我的一种"锦上添花"。

比如，多学一门手艺，如绘画、书法、棋艺、琴艺、插花、茶艺、编织、手工等；还比如，多培养一些兴趣，如登山、游泳、唱歌、跳舞等。

还有一种完善自我，是对自我的装扮。先不说妈妈的身份，仅就女性的身份来说，你可以将自己打扮得更令人赏心悦目一些。不一定有很夸张的妆容，但保持每天干净整洁，而不是头不梳脸不洗，也不是随便找一件衣服穿上就出门。你应该好好打理自己，至少让孩子每天都能看见干净而又漂亮的你。

第三，爱自己，你会有更多好心情。爱自己，会让自己变得更宽容、更随和。因为爱自己而不舍得让自己伤心难过，不舍得让自己焦躁烦闷，所以你就能更心平气和地面对各种事。没有了烦躁之心，怎么可能还会去吼叫呢？

尤其是面对孩子时，你的好心情能让你更多地注意到孩子的美好，如此一来你会更关注孩子，也会更愿意用合适的方式来引导他，帮助他变得更好。而孩子因为接收到了你传递的良性信息，他也会更愿意亲近你并通过模仿学习来向你靠近。孩子变好了，你的心情也会更好。

爱自己是爱一切的基础，心中有爱，整个人都会变得柔软起来，吼叫也就会在不知不觉中远离你，直至消失不见。

情感联结——从愤怒到平静

如果孩子犯了错，那么无论是出于何种原因，以及我们打算如何管教，都需要一个前提——情感联结。这一点非常重要。因为孩子难过时，恰恰是最需要我们的时候，而且，哪怕他情绪失控，他依旧想与我们建立一种安全的情感联结。

孩子从沙发上站起来，想要把手里的棉花糖给妈妈吃，但他忘记了自己把没有拧紧盖子的水杯放在了身边。然而沙发是有弹性的，当他站起身时，杯子倒了，水洒了出来，沙发湿了一大片。

孩子赶紧抬头看妈妈，然后立刻不停地说道："妈妈，对不起。对不起，妈妈。"

妈妈到底给孩子留下了怎样的印象，才能让他在一做错事之后就立刻向妈妈道歉？但是他真的知道自己错在哪里了吗？不，他这样做的唯一目的，就是要安抚妈妈，怕妈妈生气。

在这个孩子的心里，已经将自己的所有错误都当成了是在惹怒妈妈，所以他不管做错了什么都要第一时间向妈妈道歉，而不是去认识自己的错误。

原本孩子在犯错之后，接受妈妈的指点，就可以改错，但这条路在这个家庭里却变得不合理了。他因为妈妈的吼叫，内心发生了变化，导致自身对错误产生了错觉。

孩子看似承认了错误，而实际上他只是被吓怕了，其内心并没有真正意识到自己的问题。只要妈妈不对他吼叫训斥，他就会觉得这件事过去了。下一次，他一定还会出问题，然后继续道歉，用道歉的方式来弥补自己犯下的"过错"。在这个过程中，孩子除了学会了"道歉"，实际上并没有成长。

妈妈错误的管教方式让孩子有了这样错误的发展模式。实际上孩子在犯错时，他也是难过的、彷徨的、沮丧的，他也并不想得到这样的结果。此时他最需要的是来自于妈妈的情感支撑，特别对于小孩子来说，他更加渴望得到妈妈的安慰和理解。

再来看开头的案例，你会发现，这个孩子的内心和妈妈的内心存在一种"虚假"的联结。妈妈由于缺乏对孩子的了解，而误认为孩子只要是道歉了就是好孩子。其实她并不了解孩子内心的真实想法，他只是在安抚自己而已，以避免让自己遭受惩罚。

这位妈妈这样做，并没有让孩子得到成长，反而误导了孩子。孩子的成长就在他犯下的错误里，而如果每次犯错之后，他只要道歉就可以免受责罚，那么长大后很有可能会对妈妈的引导变得没有耐心。因为小时候的经验告诉他，道歉了就是事情的结束，至于妈妈的教导，都是无用而多余的一部分，是可以被省略的。

面对这种情况，应该怎样去做呢？首先我们要做的，就是建立起与孩子的情感联结。

第一，情感联结会让孩子的理智回归。做错事的孩子，都会有沮丧、难过、羞愧、愤怒等心理，并且有很强的自尊心。如果此时我们直接指责他，那显然是在他原本就不愉快的心理上再增加压力，他也并不愿意听从我们的说教。

这时的孩子其实最渴望得到妈妈的陪伴与关怀。如果我们能与他建立起情感联结，接纳他的情感，理解他的感受，就能平复他内心的"压力风暴"。

　　我们对孩子的关怀，会让他意识到"妈妈只是不喜欢我的这个行为，而并不是不喜欢我"。他只需要确定妈妈还是爱他的，他的理智就会回归，内心也会恢复平静，从而能接受妈妈的教育。

　　第二，情感联结可以整合并构建孩子的大脑。从神经科学方面来看，情感联结使人上脑与下脑之间的连接纤维得以加固，上脑便可以更有效地与下脑连接并压制下脑的原始冲动，这样前额叶皮质便能得到良好发育。而前额叶皮质这个关键区域可以帮助孩子进行自我约束，让他平复情绪、集中注意力、控制冲动，并能帮助他与他人实现共情。

　　显然情感联结会帮助孩子重塑大脑的连接纤维，使他能远离冲动，做出更明智的选择，并建立成功和谐的人际关系。这些无疑都是孩子融入社会的重要基础。

　　第三，情感联结有助于建立更和谐的亲子关系。孩子最希望得到的爱来自妈妈，孩子喜欢妈妈对他表达温情。他非常乐意享受妈妈温暖的拥抱，也喜欢妈妈温柔地和他说话，连同妈妈充满慈爱的教导都那么有吸引力。尤其是在他犯错，自我感觉很差时，妈妈的情感联结会让孩子感觉自己与妈妈是一体的。

　　妈妈愿意聆听、支持孩子，愿意理解孩子的感受，这对孩子非常重要。尤其是在孩子处于困境中时，妈妈的这种情感支持会让亲子关系变得更加和谐。

　　我举个例子：

　　孩子打开了冰箱，想要拿饮料喝，在厨房忙碌的妈妈制止了孩子的举动。而孩子很快又被电视节目吸引了，转而跑去看电视，忘记了关冰箱门，冰箱门一直开到妈妈从厨房出来。

　　妈妈原本是想发火训斥孩子的，她一开始想到的是"冰箱门开这么长时间，多浪费电"，但她深呼吸几次冷静下来之后，还是决定换一种方式。

她问孩子："想喝饮料？"

孩子点头，妈妈继续说："甜甜的、凉凉的，好喝是吗？"

孩子继续点头："对啊对啊，妈妈我真的想喝。"

妈妈见孩子的注意力被吸引过来了，便又和他聊起了哪种饮料好喝。

然后，妈妈才说："只有冰箱门关好，饮料才可能变得凉丝丝啊！"

孩子顺从地点了点头，妈妈接着又告诉他关于节省用电的好处，孩子都乖乖接受了。

虽然孩子从冰箱拿饮料喝的行为不值得提倡，因为饮料不利于孩子的身体健康，尤其冰镇饮料更是如此，但从这位妈妈处理问题的方式来看，她还是很有自控力的。她在情绪即将爆发时选择了"冷处理"，并在冷静中找到了和孩子沟通的智慧。

可见，如果你训斥孩子，他不一定记得住，可是当你试图从孩子的角度去理解他，就和他建立了情感联结，此时我们再去说什么，他都是可以理解并能照办的。

回到开头的案例，如果那位妈妈能在孩子犯错误时换个角度去和孩子沟通，真正从帮助孩子成长的角度出发，用温和的方式引导孩子，孩子也就不会那么害怕犯错误了。

我们越自控，就会越有智慧，就越可以和孩子建立良好的联结，同时，也就越能让孩子感受到：即便他犯了错，也能从我们这里获得无条件的爱，并能得到正确的指引。

我们所做的努力，会让我们和孩子之间的联结越来越紧密，彼此之间的接纳程度也会越来越高。这种和家人之间高度的联结和接纳，会让他很有安全感，让他变得无所畏惧，自信又阳光。这便是接纳和爱的力量。

第六章

训练第三步：正向引导，积极沟通

开放式提问——是什么？怎么了？

对处于负面情绪中的孩子，我们应该有自己的引导方式，这个引导的原则就是正向引导。而要想做到正向引导，我们就需要一种引导技术——开放式提问。

所谓"开放式提问"，就是提出一些比较概括、范围比较广泛的问题，对回答的内容不做严格限制，被提问者可以自由发挥。开放式提问的问题，一般包括"是什么""怎么了""为什么"等词在内的发问句，以让被提问者对相关问题、事件给予较为详细的回应。这样的提问是引导被提问者表达的一种方式，使其可以讲出更多的有关情况、想法、情绪等。

与"开放式提问"相对应的，是"封闭式提问"，也就是对回答的内容做严格的限制，使被提问者无法自由发挥。封闭式提问的问题，主要包括"是不是""对不对""行不行""好不好"等词在内的发问句。显然，被提问者只能"二选一"回答。

我们这里所讲的"开放式提问"技术，一般不包括"为什么"的发问方式，只包括"是什么""怎么了"这两种发问方式。

为什么不包括"为什么"的发问方式呢？因为"为什么"的发问，是需要孩子动脑思考的，这涉及事情的"原因"，有时孩子可能不清楚所谓的"原因"是什么，需要我们在跟他进行"是什么""怎么了"的沟通中，帮他发现原因。如果一开始我们就问"为什么"，那么孩子要么不知道怎么回答，要么可能就会编造一些所谓的"原因"，这显然不利于问题的解决。另外，对"为什么"的认知思考，是属于大脑前额叶的任务，而对于幼儿期、儿童期的孩子，额叶发育并不完全，所以他也就很难有逻辑地讲清楚"原因"。比如：

女儿：明天我不想上学了。

妈妈：不想去？为什么？

女儿：不为什么，就是不想去了。

妈妈：不为什么？那到底是为什么不想去上学？

女儿：不知道。别问了，烦死了，不想去就是不想去。

妈妈：你怎么这么对妈妈说话？我看你整天就是不想学习，不学习以后"喝西北风"吗？

女儿：好了好了，别说了！（进自己房间，"哐"的一声关上门）

妈妈：你这是什么态度，真是反了天了……

对话无法进行下去了。因为对于"为什么"的发问方式，孩子很难回答，而且她又在气头上，也很难冷静思考所谓的"原因"，所以她会感到为难，于是就会更加烦躁甚至是气愤地应对："不为什么！""不知道。"而如果我们继续以此方式追问，当然"无解"。

但是，孩子有情绪，作为父母的我们有责任、有义务了解孩子情绪产生的原因，只有知道了孩子为什么哭、闹、生气、烦恼、郁闷等，才能与孩子一起探寻解决情绪问题的方法。既然"为什么"的发问方式很可能会"掐断"与孩子的有效沟通，那我们就以"是什么""怎么了"的发问方式，来对孩子进行情绪管理训练。

还是前面这个场景：

女儿：明天我不想上学了。

妈妈：不想去上学了？（重复孩子的话）不过，看上去你确实有点心情不好（认同孩子的情绪）。

女儿：是啊，我心情一点也不好，很烦。

妈妈：你之前一直喜欢上学的呀！是什么让你这么烦的？快跟妈妈说说。

女儿：（眼含着泪水）可能是因为琳琳和佳佳吧！

妈妈：怎么了？今天你们在学校发生什么事了吧？

女儿：是啊！今天在课间休息时，琳琳、佳佳都不理我。

妈妈：啊，你一定很难过吧！

女儿：是呀！

妈妈：看来，明天你不想上学，是因为你担心琳琳和佳佳在课间休息时又不理你？

女儿：是呀！我每次朝她们走去，她们都会走开忙其他事。

妈妈：哎呀！要是我的朋友也这样对我，我也一定会非常伤心。

女儿：就是呀！我感觉自己好想哭。

妈妈：确实让人想哭。乖，让妈妈抱抱。对这件事我感到很难过，你的朋友这样对你，我能够感受到你的心情。

女儿：就是这样，明天我真的不知道该怎么办，我不希望她们再次伤害我。所以，我不想上学。

妈妈：你不希望她们再次伤害你，这一点妈妈很理解。

女儿：嗯，而且你知道，她们一直是我的好朋友啊！

妈妈：你希望妈妈帮你想个好办法吗？

女儿：当然希望了。

妈妈：你也许可以跟琳琳和佳佳谈谈当她们不理你时你的感受。

女儿：我做不到，那多尴尬啊！

妈妈：对，我能理解你为什么会有那样的感觉，因为那需要极大的勇气。

　　女儿：我可能真的做不到。

　　妈妈：那你也可以等着，看看会发生什么事。你也知道，她们或许明天就会比较友善了。

　　女儿：但如果她们不呢？

　　妈妈：有没有别的同学想跟你一起玩？

　　女儿：没有。

　　妈妈：我曾看到你跟涵涵在一起，而且你跟她在一起还很快乐。你也许可以请她教你玩球。

　　女儿：也许吧！

　　妈妈：好，现在你就有另外一个办法啦！

　　女儿：是呀，也许能行得通。但万一不行呢？

　　妈妈：看来你还是很担心呀，担心到时候没人跟你玩啊！

　　女儿：对呀！

　　妈妈：你可以想出自己一个人玩的项目吗？

　　女儿：是跳绳吗？

　　妈妈：是呀，是跳绳。

　　女儿：嗯，我可以带着跳绳去上学，以防万一。

　　妈妈：对呀！

　　女儿：我可以这么做。

　　妈妈：那么现在就把跳绳放进书包里吧，免得明天忘记了。

　　女儿：这个主意好极了。

　　看，这位妈妈很注意与女儿的沟通方式，她没有用"为什么"，而是一直用"是什么""怎么了"来引导女儿说出事情的原因。这种引导方式也确实很有效果，女儿在说"不想上学"的原因的过程中，情绪一直也比较平和。在此基础上，妈妈又引导女儿想出了"化解"的方法，可谓完美地解决了女儿"不想上学"的问题。

虽然很多时候，我们提倡遇到问题时多问几个"为什么"，但在对孩子的情绪管理训练中，"为什么"的发问方式可能反而阻碍亲子沟通与情绪管理训练的顺利进行。所以，还是要特别注意这一点，要有意识地用"是什么""怎么了"来替代"为什么"的发问方式。

镜像式反应法——适度重复孩子的话

———— ❀ ————

对孩子进行情绪管理训练时，有一个方法值得我们尝试，那就是"镜像式反应法"。这种方法可以帮我们准确解读并理解孩子的情绪。

简单来说，"镜像式反应法"就是当孩子表达自己的情绪时，我们适度重复他的表达即可。比如，在前一节妈妈与女儿的对话中，妈妈就多次使用了这种方法。

女儿：明天我不想上学了。

妈妈：不想去上学了？

女儿：我感觉自己好想哭。

妈妈：确实让人想哭。

女儿：我不希望她们再次伤害我。

妈妈：你不希望她们再次伤害你，这一点妈妈很理解。

当孩子诉说自己的情绪时，我们可以适度重复他刚刚说过的话，也可以把他的意思总结出来，这样很容易与孩子产生共鸣，孩子会更加愿意与我们沟通，而且也可以确保我们领会孩子传达的信息的重点，从而有的放矢地加以引导。

教育孩子的基本形式之一就是与孩子谈话。有人说："世界上最好的家庭教育，是在与父母的谈话中不知不觉地获得的。"但是，很多父母却做不到这一点，是因为他们一方面是不注意听孩子说的内容，另一方面也没能让自己沉潜入亲子对话中。

适度重复孩子的话，在很大程度上可以表明，自己是在用真诚的心理解孩子内心的想法，在用心体会他的情绪情感。而且，孩子也会感知到我们在认真听他说，而没有敷衍他。这会让孩子感觉自己的情绪被认可了，所以就会渐渐平静下来。

就"适度重复孩子的话"而言，我们要选择的重复的话，应该是突出表现孩子情绪情感的话。比如：

"啊，你很生气啊！"

"确实，心情肯定不好啊！"

"你很难过！"

"挺让人沮丧的！"

"真的是让人心烦。"

······

很多时候，我们会发现，自己与孩子做一些"重复刚才说的话"的沟通之后，与孩子的关系就会更进一步。

实际上，"镜像式反应法"还可以让我们在疏导孩子的情绪之前，了解事情的经过、前因后果等，较为精准地捕捉孩子的情绪，重新整理并"消化"孩子的意思，从而有效地引导孩子，更好地对其进行情绪管理训练。

需要注意的是，这个"镜像式反应法"的"重复孩子的话"是有前提的，就是"适度"，而不是孩子所说的所有的或大部分的话我们都重复。否则，沟通起来就非常别扭，孩子也会感觉我们不真诚，甚至他还会质问我们："为什么总是重复我的话？"如果引起孩子的反感，那就比较尴尬了。所以，就像前面提到的，我们要选择孩子表达情绪情感的话进行适度重复，要让他真正感知到我们对他情绪的认同。

用"我信息"替代"你信息"

我先讲一个案例：

一个孩子在幼儿园和别的小朋友打了一架，放学的时候，老师及时把情况反映给了他的妈妈。

这位妈妈当时就有些生气，在跟老师保证回家要好好管教孩子之后，就拉着孩子怒气冲冲地回了家。一进家门，她就把孩子推到了墙角，并厉声训斥道：

"你怎么这么不让人省心？"

"你为什么要跟别的小朋友打架？"

"你是有暴力倾向吗？"

"你怎么就是不听话？"

"你就是欠收拾了！"

"我让你爸收拾你！"

孩子很委屈，也很不服气，可看着妈妈凶巴巴的样子，他又不敢说什么，想想一会儿妈妈还要告诉爸爸，他就感觉更害怕了。

案例中的这位妈妈用了大量的第二人称"你"，语气显得非常严厉，让孩子很不舒服，可能也难以接受。孩子在心里可能会生出不满的情绪或对立的情绪，而对自己的问题，却没有精力再去顾及了。

在生活中，我们对孩子用"你"做主语的批评其实很常见。比如：

"你怎么又不守规矩？"

"你怎么说话不算数？"

"你就是不想学好！"

"你真是个'熊'孩子！"

"你真讨厌！"

"你做事就是没脑子！"

"你就是个胆小鬼！"

这样的批评一说出来，就把孩子的行为彻底否定了，很可能会激起他的逆反情绪。你觉得孩子会很高兴地接受这样的批评吗？

实际上，这种"你信息"会有意识或无意识地影响到孩子。虽然，有时你也会表达对孩子的爱，但如果"你信息"对孩子传递得多了，孩子就会对你表达的爱持一种怀疑态度，他会有意识或无意识地揣摩你的言语背后的真实情感。

也就是说，"你信息"会给孩子带来更多的负面情感。如果孩子再把你表达的各种负面内容都"吸收"，把这些信息与他的自我概念联系起来，那就会更进一步增加孩子的负面情绪。

可见，与孩子沟通，或批评他时用怎样的主语，也会影响最终的效果。所以，不妨试试换一个主语，使用"我"来开头，也许会有意想不到的效果。

对于上文中孩子在幼儿园打架的事，如果妈妈这样说：

"你这样子我很担心。"

"如果和别人打架受了伤，我会很心疼。"

"我觉得你今天情绪有点激动了，能告诉我发生了什么事吗？"

"用这样的方式来解决问题，我感到很难过。"

那么，孩子听到的就是妈妈的各种感受，他会觉得自己是被妈妈接纳的，所以他不但不会排斥，而且可能还会主动思考：

"我是哪里做得有问题呢？"

"我的行为是不是真的让妈妈担心了？"

"看来，这的确是我的不对了。"

这样一来，他就更有可能改正自己的错误。

实际上，用"我"这个主语，会让孩子感受到我们对他的关心。而他从内心来说，也希望自己能做得好一些。用"我"开头，说的更多的是"爱的表达"，更便于我们接下来指导孩子，使他可以体会到我们对他的关心，也会更认真地听取我们的意见。

当然，使用"我"做主语，不要变了话语的味道。比如说，"我就是看不惯你这样子""我讨厌你的这种行为"……类似这样的话如果说出口，那么孩子一样也会受到伤害，因为这还是非常直白的批评和否定，主观性也特别强，有一定的杀伤力，所以也要避免。

世界神经外科先驱、神经生理学家怀尔德·格雷夫斯·彭菲尔德（Wilder Graves Penfield）的一项研究表明：一切事情，包括视觉、听觉、言语，以及当时的情绪等，都会永远地储存在我们的大脑中。虽然我们常常很难回忆起来，但是这些记忆就在那里，发挥着它们应有的作用。大脑皮层的褶皱完整地记录了我们的一生。

虽然我们不可能故意去伤害孩子，我们可能只是想用"你信息"来纠正孩子的错误，但令人遗憾的是，这种方式对孩子却是有伤害的，可能会影响到孩子的一生。

所以，在跟孩子沟通时，我们真的需要用"我信息"替代"你信息"，要有意识地努力做到这一点。

当然，"我信息"的表达方式不仅适用于亲子关系，也适用于其他所有的社会交往情境。

理性"顺应"孩子，与其进行正向沟通

理性"顺应"，正向沟通，看起来好像有点抽象。其实简单来说，就是使用正面语言跟孩子沟通。我讲一个例子可能就清楚了。

这是 10 多年前我看到的一个场景：

有一次，我在超市买东西时，遇到一家三口，5 岁左右的儿子坐在购物车里，爸爸推着他，妈妈则在挑选东西。

突然，儿子发现了一样东西，特别喜欢，说什么都要让爸爸给他买。

爸爸说："家里已经有一个了啊！下次再买吧！"

儿子当然不乐意了，他一边扭动着小身子，一边嗔怪地说："不，我就要买！我就要买！"

爸爸并没有回应，妈妈也自顾自地挑选商品。

这时，儿子又说话了："你不给我买，我就不走了！"

爸爸笑着说："好啊，你在这里等着，我回家给你抱被子去，今晚你就睡在这里好了！"

说完，爸爸就想放下购物车往前走，儿子赶紧说："爸爸，我不买了！家里不是还有一个吗？"

这个场景是真实的，让我感触颇深：有的父母很聪明，不动声色地说一两句话，就能让孩子放弃不合理的购买欲望；有的父母却只能无奈地看着孩子在地上打滚，最终被孩子"制服"，"乖乖地"给孩子买，下一次，孩子还会使出这样的"杀手锏"逼父母就范。其实，父母怎样说、怎样表达是非常关键的。

这个爸爸，没有否定孩子的说法，而是用正向的语言顺应了孩子——"好，我回家给你抱被子去。"之后，把"球"踢给了孩子，让他去权衡今晚到底要住在哪里！

我再讲一个家庭教育现场：

孩子对妈妈说："妈妈，我喜欢和林姐姐玩，不喜欢和崔姐姐玩。"

妈妈问："为什么不喜欢和崔姐姐玩呢？不是应该和大家都做好朋友吗？"

孩子说："我就是不喜欢啊！"

这是一个很普通的场景，但是不知道你有没有注意到，也许你也会和这位妈妈一样，习惯性地注意孩子说的那个"不喜欢"。他很清楚地告诉我们，他喜欢什么、不喜欢什么，但我们却单单选择询问那个负面的"不喜欢"，而且还用"和大家都做好朋友"来试图说服他，不喜欢某个人是不对的。

从心理学角度来看，人们总是对负面的事情有更深刻的印象，这便是"负面偏好"。

其实不仅是对听到的事情选择负面的，说话的内容我们也多采用负面表达。

比如，孩子端着一杯水，我们一定会说"别洒了"，但往往这句话的话音刚落，孩子手里的一杯水接着就洒了。

这就是因为我们采用了负面表达。孩子在接收语言内容时，对否定词之后的那个行为场景往往印象更为深刻。这种负面场景在他脑子里蔓延开来，他很容易就会受潜意识的控制进而影响他接下来的行为。

而且，负面表达是用否定词开头的，"不要做""不能那样""不行"……这样的否定式开头本身就会让孩子产生一种抗拒心理，但同时也会激起他的好奇心。这便是我们通常遇到的，"越是不让做什么，孩子越做什么"。显然，这很容易激发我们的怒气，引发吼叫。

之所以很多父母与孩子的沟通是失败的，是因为这些父母运用了消极的沟通方式，也就是用吼叫、命令、呵斥、指责、打骂等方式进行"沟通"。不仅"拳打脚踢"等暴力动作会伤人，语言也会伤人，正所谓"利刃割体痕易合，恶语伤人恨难消"，我们歇斯底里的吼叫，尖刻的奚落、挖苦与讽刺带给孩子的伤害甚至会大于体罚对他的伤害。长此以往，孩子就会封闭心门，拒绝与我们沟通，甚至会敌视或仇视我们。

懂得了这个道理，我们就要调整自己的说话方式，多采取正面沟通，用正向的语言来引导孩子。

负面语言和正面语言

正面语言可以让孩子一听就知道应该怎么做，而负面语言则总在给孩子的行为加"禁令""枷锁""限制"。

想想看，有哪个人愿意给自己戴上各种"枷锁"？又有哪个人喜欢受各种"禁令"的"限制呢"？孩子也一样，他们也不喜欢。不喜欢，怎么办？那就自动屏蔽。什么意思呢？也就是说，当我们跟孩子沟通时，他会"屏蔽"一些内容，专门挑选你不希望的那个内容点去吸收。这是什么意思呢？我继续举例说明。

我从日常的负面语言跟正面语言的对比出发来说这件事。

在生活中，你通常是用正面语言比较多，还是负面语言比较多呢？

其实，我们大部分父母在生活中，使用负面语言跟孩子沟通是比较多的（见表6-1）。

表6-1 负面语言和正面语言对比

负 面 语 言	正 面 语 言
不许乱跑，别踩石头	看清楚脚下的路，慢慢走
不许剩饭，浪费可耻	把碗里的饭菜吃干净
不礼貌的孩子没人喜欢	好好打招呼，你是个懂礼貌的孩子
写不完作业你哪儿也不能去	认真写作业，之后就能出去玩了
你的书不想要了吗	请收起你桌子上的书

对比一下，即便是从成年人的角度来感受，也会觉得正面语言更能让人感觉舒服。孩子的感觉会更明显。所以，他才会向着你说的反方向去行动。道理就在这里。

负面本身就是一种否定，否定孩子现在正在做的事情，否定他的努力，这会让他有些不知所措。而且负面语言只是禁止了孩子当下的行为，却没有给他接下来的指示，就像给他按了一个暂停键。他并不知道接下来应该怎么做，他会变得很迷茫，甚至可能接下来做的还是错的。这就成了一个不断否定的循环。

再有，对于年龄较小的孩子来说，他无法辨别指令中"否"的信息，而是容易捕捉他能理解的"关键信息"。比如：

不许乱跑，别踩石头——不许、别，他"屏蔽"了，乱跑、踩石头，他捕捉到了，所以这句话反而是提醒他"乱跑"和"踩石头"。

不许剩饭，浪费可耻——同理，不许、可耻，他"屏蔽"了，剩饭、浪费，他捕捉到了，所以，这句话可能是在提醒他"剩饭"和"浪费"。

写不完作业你哪儿也不能去——"写不完作业"这个前提，他很可能会"屏蔽"，"你哪儿也不能去"，他反而会关注到，所以他会认为，既然"哪儿也不能去"，我还写什么作业啊！

孩子的"逻辑"，有时候就是这么"神奇"。

通过上面对负面语言与正面语言的对比阐述，我们就知道该怎么跟孩子沟通了，那就是使用正面语言，进行正向的表达，尽量不要做各种负面的表达。尽管正面语言的表达习惯可能并不太容易养成，但我们也要多加努力，要给孩子明确的引导与指示，让他更清楚自己应该怎么走、怎么做。

不过，主张使用正面语言，并不是说，绝对不可以使用"否定性"的表述。当然这也是有条件的，就是当你想表达"否定"时，最好在前面加上3个字——"目前还"。什么意思呢？我举个例子：

比如，孩子对你说："妈妈，我的作文写不好。"你认同孩子的说法，他的作文确实写不好，但是你不能直接认同，而是要加上3个字——"目前还"。你可以说，"我知道，你的作文目前还写不好"或者说"到目前为止，你的作文还写不好"，接着再说你的观点："不过，没关系，只要注意观察生活，我相信你会写好作文的。"

也就是说，凡是在你想要说"不能""不会""不行""不"时，就在前面加上这3个字——"目前还""现在还"，或者这5个字——"到目前为止"。或者，当孩子表达一些灰心丧气的想法时，你也可以在前面加上这样的3个字或5个字。

这是一种正向的表达方式，也是一种成长型思维的体现。这3个字或5个字有一种巨大的力量——可以把对现在及未来的否定截留，变成对过去的否定。

当然，这还不是关键，关键在于它可以给人一种信心和方向，把已经确定的、貌似不可改变的状态，变成可以改变的、继续向好的状态。

务必开启心门

与孩子沟通时，一定要开启心门。这里的"心门"包括两个，一个是我们的"心门"，另一个是孩子的"心门"。两个"心门"都非常重要，不可忽略任何一个。

但很多时候，我们可能都会有意识或无意识地关闭与孩子沟通的"心门"。比如，经常跟孩子说一些类似的话：

责备式——你怎么总是这副德行？

羞辱式——你有没有长脑子啊？

疏离式——（父母）答非（孩子）所问。孩子："妈妈，我有话跟您说！"妈妈："一边去，没看我正忙着呢吗？"

防御式——我还不都是为了你好？

有罪推定式——快说，这是不是你干的？

吓唬式——再哭，我就让警察来抓你！

呵斥吼叫式——不行，滚远点！

类似这些话，都会导致孩子关闭沟通的"心门"，原因就在于，我们自己先主动关闭了"心门"。我们没有诚意与孩子沟通，那他还会开启"心门"吗？

再有，不要使用亲子沟通的禁忌语——"好不好"做结尾。

这一点特别关键，也特别重要。因为很多父母在跟孩子沟通时，总爱使用这 3 个字——好不好。

比如，你跟孩子说了一个正向的指令——请把书桌收拾干净，这本来是非常积极正向的，也是我刚才一直在强调的，但遗憾的是，一些父母往往在这时，再加上"好不好"3个字。那这个指令就成了：

请把书桌收拾干净，好不好？

我认为，"好不好"这3个字是具有"破功"功能的，或者是"破气"功能，也就是破了你的教育功夫，破了你的教育元气。因为孩子听到这3个字之后，往往就会回应"不好"，即便他不说出来，也会在心里这么想。他会认为，"这是妈妈在跟我商量，我有了选择的余地，收拾书桌多累啊，我选择不收拾"。所以，本来你的指令非常妥当且正向，一旦给孩子留了选择的余地，那就完了，就变得无法收拾了。孩子不干了，你要么自己干，要么接着大吼大叫。

我再举几个例子（见表6-2）：

表6-2　父母的表达和孩子的回应对比

父母的表达	孩子的回应（想或说）
乖，快点去洗脸刷牙，好不好？	不好！
再看5分钟动画片，咱就不看了，好不好？	不好！
吃完这个苹果，就去写作业，好不好？	不好！

因为我们说的不符合孩子的意愿，所以哪怕有道理，他也不会接受。还是那句话，"好不好"给了孩子"耍赖"的机会与空间。

现在，你知道该怎么运用积极沟通的方法了吧！

另外，我们也需要避免使用不适宜教育孩子的10种沟通方式。这是美国儿童心理学家、教育家海姆·G.吉诺特（Haim G. Ginott）总结出来的，我认为也特别值得中国父母借鉴。

（1）不宜恶言——不要说"傻瓜""没有用的家伙"等。

（2）不宜侮蔑——不要说"你简直是废物"等。

（3）不宜过分责备——不要说"你又犯错误，真是坏透了"等。

（4）不宜压抑——不要说"闭嘴""你怎么这么不听话"等。

（5）不宜强迫——不要说"我说不行就不行"等。

（6）不宜威胁——不要说"我再也不管你了，爱咋咋地吧"等。

（7）不宜哀求——不要说"我求求你，别这么做好吗"等。

（8）不宜抱怨——不要说"你做这种事，真令我伤心"等。

（9）不宜贿赂——不要说"你如果考100分，我就给你买……（贵重物品）"等。

（10）不宜讽刺——不要说"你可真行啊，敢做出这种事来"等。

类似上面的语言，都是负面的，都是具有消极作用的，都会让孩子关闭"心门"，所以我们要尽量避免。

实际上，这些语言表达也带有一定程度的责备性，而用责备的语言告知孩子、提醒孩子，只会激起他的对立。

我举几个例子，如表6-3所示：

表6-3　父母的表达和孩子的内心独白

父母的表达	孩子的内心独白
怎么你还不去洗漱？	哼，我不想洗漱！
再不洗漱，你就臭了！	臭就臭，我就愿意臭！
你这样做，很过分，你知不知道？	不知道！
赶紧去洗漱，听到没有？	没听到！

我们的责备，就有这样"神奇"的功能——激起孩子的对立心理。那我们应该怎么办呢？其实，很多时候，提醒孩子，抓住一个重点就够了——话语要简洁有力，不要冗长啰唆。

　　还是关于让孩子洗漱这件事，我们直接说："我们现在都去洗漱，马上准备睡觉了。"说完，我们就行动，不用跟他反复说、反复强调，我们直接做，按部就班即可。他不动也没关系，我们洗漱完后就直接关灯睡觉。他一次不洗漱也没关系，下一次自己就记住了。

　　那怎样的表达，才是有助于开启我们自己的"心门"也同时有助于开启孩子"心门"的表达方式呢？比如，我们可以经常跟孩子说一些类似的话：

　　倾听式——哦，原来是这样呀！嗯，后来呢？

　　理解式——你很生气，是吗？我想你一定很难过！

　　共情式——妈妈要是你，也会不好受的！

　　鼓励式——我相信你一定会做好这件事的！

　　认可式——我很看好你啊！真为你感到骄傲！

　　支持式——我支持你的想法／决定。

　　深聊式——你是怎么认为的？快跟妈妈说说！

　　总之，我们是不是真的打算跟孩子积极正面地沟通，在语言上一定会表现出来的，而且从这些表达方式中，孩子也会精准地捕捉到关键信息。所以，如果我们真正打开了沟通的"心门"，那孩子的"心门"也一定会打开；反之亦然。关键就在于我们怎样有智慧地表达。

表扬的艺术与批评的技巧

当孩子有情绪，我们对他进行正向引导，与他积极沟通时，离不开两件事——表扬与批评。但表扬，不简单地等同于夸赞；批评，也不简单地等同于训斥。无论是表扬还是批评，都讲究方法，换言之，表扬要有艺术，批评要有技巧。这样，才不会把有情绪的孩子推进到更"深沉"的情绪之中，才有可能缓解孩子的情绪。

下面，我先讲表扬的艺术。

清代教育家颜元说："数子十过，不如奖子一长。"意思是，不断地数落孩子哪里表现得不好，哪里有过错，倒不如好好地夸奖孩子做得好的某一方面。如果能在发现孩子的优点后，恰到好处地表扬孩子，他就会表现得越来越好。他会因为获得表扬而变得身心愉悦，并愿意付出努力，愿意去追求进步。

可是，就是这么简单的道理，很多父母却宁愿"数子十过"。在一些父母心里，对孩子就应该多训，少夸奖，即便是夸奖，也会在后面加个"但是"，以提醒还不能骄傲，让他意识到自己还有很多不足。如果在一个小小的夸奖之后来一个大大的"但是"，把孩子的努力与进步当成理所当然，孩子可能就会变得懈怠起来，不再努力。

所以，为了避免这样的事情发生，也为了孩子能够更好地听从我们的教导，我们不妨试着去做"奖子一长"的工作，也就是有智慧地、正确地表扬他。

第一，用积极的心态看待孩子的表现。举个简单的例子：

有个游戏，要求孩子把 10 个小球都准确地放进一个小筐里。由于各种原因，孩子做得并不完美，他只放进去了 5 个小球，剩下的 5 个全弄丢了。

面对这样的结果，你会怎么办？有很多父母可能会认为，孩子怎么这么笨？ 10 个居然才放进去一半。连这么简单的题目都完成不了。这样的想法不是太消极了吗？孩子不是放进去了 5 个吗？这不也很好吗？为什么非要去想他的不完美呢？我们应多看看他已经拿到的结果，表扬他已经得到的，用这种表扬帮他建立自信，这才对孩子的成长有利。

再举个例子：

瓶子里有半瓶水，你觉得是多还是少？这需要一个标准。

比如，即使对两个很渴的人来说，可能也会有不一样的判断，可能第一个人只要有一口水能解渴，他就很高兴了，所以半瓶水对他来说，不少了，挺多。但第二个人可能想喝更多的水，最好是直接喝一瓶，那半瓶水显然是少了。

半瓶水就是半瓶水，为什么有人觉得多，有人觉得少呢？因为选择的标准不一样。

对孩子的教育也是一样的道理。孩子目前对于自理能力的培养或提升，就只能达到这个程度，怎么办？那就对他能做好的那一部分进行表扬就好了。

再比如，让孩子收拾玩具，可能他今天收拾了，但明天就忘记了。遇到这种情况，我们要保持冷静。如果他没收拾，那么也不要急着训斥；如果他收拾了，就一定要及时表扬。也就是说，假如孩子没收拾玩具，我们就多提醒他几句，但不要上来就说"你怎么又没收拾玩具"，因为这样的话会让孩子觉得自己又犯了错误。相反，如果看见孩子收拾了玩具就夸奖他，这就是对他的正向强化，慢慢地他就会养成收拾玩具的好习惯。

第二，表扬要具体、准确、客观和恰当。有的父母吝啬表扬，有的父母则会频繁地使用表扬，但是有些表扬用得却并不具体、也不准确。比如，有的父母在表扬孩子时，总是用一种很笼统的说法，比如：

"你是个好孩子！"

"做得很好！"

"不错啊！"

"你真棒！"

"你真行！"

"你真厉害！"

……

开始，孩子听到这样的表扬可能会很开心，因为没有孩子会拒绝夸奖。久而久之，如果我们每次都用类似的"万能表扬词"去表扬他，那表扬效果就会大打折扣了。因为孩子会逐渐意识到这样的表扬是敷衍的，比如，为什么好？为什么不错？棒在哪里？他会想：

妈妈的表扬是真的吗？

为什么每次说一样的话？

是不是随便说的？

根本就没有真正看到我的进步

……

孩子会有很多疑惑，最终他会对妈妈的表扬无动于衷，甚至心生厌烦。因为他已经对那些表扬"审美疲劳"了。

所以，表扬孩子的内容，一定要具体、准确。为什么表扬孩子，他到底哪个方面值得表扬，都要说清楚。

比如，在立规矩的第一天，孩子就很认真地把玩具都收拾好了，那么我们就可以这样表扬他："今天表现非常好，收拾玩具很认真，才第一天立

'自己收拾玩具'的规矩，你就遵守得这么好，真是个好孩子！"

这样的表扬，针对的就是他遵守规矩、收拾玩具这个行为，是具体的、准确的，而不是笼统的、敷衍的、随意的。

所以，每一次表扬，都要记得把表扬的内容说明白，这非常重要。但是在表扬时也要避免使用"很聪明"这样的语言，因为"聪明"是天赋，是特质，或者说是源自父母的好基因，跟孩子自身没有什么关系。表扬"聪明"只会让孩子越来越骄傲，越来越不愿意去努力；或者惧怕困难，害怕因失败而失去"聪明"的标签，失去表扬，所以他不愿意去接受挑战。

类似"聪明"的表扬，还有"真漂亮""真帅"等形容样貌的表扬。样貌也一样，其来自父母给孩子的遗传基因，跟孩子自己的努力没有半点关系。

可见，我们要看到而且要多看到他的努力，多看到他的付出，多看到他做事的过程，并表扬他的努力、付出和做事的整个过程。这样的表扬，才是客观的、恰当的。他就知道，原来自己这么用功是会取得好成绩的，那么以后他就会更加努力。

第三，注意表扬时的语气，要发自内心，要真诚。表扬不是哄孩子开心，所以我们不能为了让孩子高兴才做出夸张的表情，说出夸张的语言，也不要随意表扬，以免孩子感觉到这样的表扬毫无诚意。

我们表扬孩子时，语气一定要诚恳，要发自内心地去表扬他，在内心深处认可他的表现，并且一定要实事求是。表扬时最好面带微笑，如果孩子的表现真的非常好，就一定不要吝啬你的表情，要让他看到你为他感到自豪、骄傲的样子，这会激励他表现得更好。

第四，表扬孩子不可"上瘾"。真的，表扬孩子是会"上瘾"的。下面我就来分析一下。

有的妈妈在外人面前，会难以自控地想表扬孩子，可能这样做会让自己更有面子。但这种表现并不是以孩子为出发点，而是以自身的利益为出发点的，通过表扬孩子，似乎也能让别人对自己刮目相看。然而，那种"刮目相看"只是你自己的一种感觉而已。你可以跟别人谈论自己的孩子，但表扬孩子这种行为应该由对方发起，而不是自我表扬。否则，那就是自我吹嘘。也就是说，大家在谈论孩子时，你可以表扬别人的孩子，别人也可以表扬你的孩子。这样，才是积极有效的交流，而"王婆卖瓜"式的表扬，只会让别人反感，之后大家的交流也会变少，或者不再认真。

这一点，你可以去体会，看看是不是这么回事。所以，在外人面前我们要收敛一些，只有公正谦虚地表达，才能换来他人对我们和孩子的尊重。

另外，不要频繁地表扬孩子，不然，对孩子来说可能会产生两种截然不同的影响。一是会导致孩子背上沉重压力，从而不得不为了实现我们所说的表扬内容而强迫自己努力，进而导致他产生疲劳感，从而也很难保证继续有好的表现；二是会导致孩子变得骄傲起来，太过自信以至于不再努力。那这就和我们表扬的初衷背道而驰了。

所以，表扬孩子要恰到好处，不要"上瘾"。孩子第一次表现某种正确的行为是最值得表扬的，之后再有同样的表现，可以肯定，可以鼓励，但不要总是大肆表扬。

第五，不把表扬兑换成物质奖励，重视精神奖励。对孩子在学习、生活方面的进步或良好的表现，除了表扬之外，要不要给他奖励呢？这个问题，特别值得思考。我认为，给孩子某种形式的奖励是可以的，但我反对用物质奖励孩子。因为这很容易让孩子陷入物质欲望之中，那是贿赂孩子，是跟孩子做交易，弊远远大于利。

我们应该主要给孩子精神奖励，即便有物质的显现，但背后更多的也应该是精神层面的奖励。孩子需要被奖励，虽然奖励属于一种外在刺激，但在一定程度上，却能让不喜欢独立做事的孩子动起来。如果能达到这个目的，这个外在奖励的诱因就可以存在。

奖励是为了让孩子动起来，养成好习惯。

对于学龄前儿童来说，可以采取积分奖励，每次高质量地完成一项工作都奖励1分。比如，积攒10分或20分，就可以给他买一样他喜欢的物品，也可以奖励他看自己喜欢的动画片，或者以积分换一次去动物园、游乐场游玩的机会。

对小学的孩子也可以采用这种方式。有时候，对于孩子正常需要买的东西，比如书、比较贵的益智玩具等，只要不是特别着急用的，也可以用积分来换。这样做，可以说是一举两得，既能让孩子养成独立做事的好习惯，又能在一定程度上激发他对益智玩具的探索欲，因为玩具不是轻松得来的，他就会比较珍惜，就会更努力去探索其中的奥秘。

不过，这个奖励也有讲究，最好不要奖励电子游戏，以免孩子陷入游戏瘾中无法自拔。当然，有奖励还应该对应有惩戒。也就是说，做得好有积分，如果做得不好，那么不仅不能得积分，还要适当被扣除积分，以对孩子起到警示的作用。

相较于物质奖励带来的短暂的兴奋，精神奖励可以成为孩子长期的动力。最终，孩子可以进入自觉主动做事的良性循环。

我想，没有表扬的教育，不是真教育；同样，没有批评的教育，也是假教育。所以，教育孩子，无论是教他做人、做事，还是教他学习以及与人交往，都离不开表扬，也都离不开批评。具体到"孩子做错了"这个主题，我们该怎样有效地批评孩子呢？

接下来，我再讲一下批评的技巧。

第一，认识批评孩子的真正目的，是帮助他成长。表扬孩子需要真诚，批评孩子也同样需要真诚——要有真诚的态度，这个态度其实是反映在批评的过程和目的上的。简单来说，批评的过程，不是发泄情绪；批评的真正目的，是让孩子意识到自己的问题，并积极去改正，从而获得更好的成长。

可现在很多父母对孩子的批评，却像是在发泄自己的愤怒情绪。比如，有的妈妈可能会居高临下地看着孩子，一边数落，一边还动手戳一下孩子的脑袋，或者推一下他的肩膀；有的妈妈可能是一边干着手里的活儿，一边在批评着孩子。有的妈妈对孩子的批评经常是絮絮叨叨的，没完没了，甚至会车轱辘话反复说，到最后自己很累，孩子也累，而且没有什么好的效果。

批评孩子也要有仪式感。此时，无论是孩子还是父母，都应该停下手头的工作，把注意力都放在批评这件事上，这样彼此才都会对批评比较重视。

因为批评也是一种沟通，所以，我们不妨蹲下来，看着孩子的眼睛，认真地把自己想要表达的内容传达给他。这样做的原因，一是我们不会动怒，不会情绪失控，能把批评表达清楚；二是孩子也会认真听，从而知道自己的问题在哪里。

批评的时候，语言要简短，言简意赅，切忌长篇大论，因为年龄比较小的孩子，专注力有限，多说也没有太大意义。即便是年龄大的孩子，你说多了，他也烦。所以，简明表达就好。

第二，向孩子说明理由，让他知道为什么挨批评。批评孩子的时候要向他说明理由。这个理由一定要充分、透明，且能让孩子认同。这就要求我们认清孩子的问题，用准确的语言描述问题，再进一步结合他没做好的地方，提出有针对性的批评。直接给孩子讲明白，他哪里错了，我们发现了什么，有什么建议……这些内容都要说清楚，这样，孩子自然也就能明白到底哪里出了问题。

我们在说的时候，语气要温和，不要过于严厉，否则会吓着孩子。说完后，还要给孩子留一段时间，允许他解释，当然也可以允许他反驳，让他把事情的来龙去脉、自己的想法都讲清楚。这样，孩子会认为你的批评就是合理的，也能意识到自己哪里出了问题。这样的批评会让他受益，他自然也就不会反抗。

所以，批评孩子一定要有理有据，说不出理由的批评会让孩子很不服气，他也不会心甘情愿地接受。到时如果他再赌气反抗，那管教可能就会更加困难。

第三，批评的是孩子的行为，而不是他的人格。在批评孩子时，有的父母会倾向于选择较为严重的一些话，有的话甚至会伤及孩子的自尊。这样孩子不仅会对批评很反感，甚至还会对所做的事产生抵触心理。

批评要有智慧，语言表达要有分寸，自己在气头上时不要批评孩子。古人也说，"盛怒之下不教子"，因为在愤怒的情况下，是很难自控的，说话会口无遮拦，容易跟孩子发生比较严重的冲突。如果你真的很生气，就暂时离开现场，等心情平和后，再去跟孩子交流。此外，不要用尖酸刻薄的语言批评孩子，这样的语言对孩子的人格也是一种攻击或者侮辱。

比如，有的妈妈会骂孩子：

"懒鬼！"

"饭桶！"

"笨蛋！"

"蠢货！"

"丢人！"

"没出息！"

"傻瓜！"

……

孩子一般都比较敏感、脆弱，这样的说法会伤害孩子的自尊心，让他感到很无助，也没有安全感。

实际上，这样的语言就是语言暴力，但很多时候，你可能没有意识到。

美国心理学家马歇尔·卢森堡（Marshall B. Rosenberg）说："也许我们并不认为自己的谈话方式是粗暴的，但我们的语言确实常常引发自己和他人的痛苦！"这段话值得我们思考。粗暴的语言带给孩子的痛苦，你感受到了吗？孩子与你的关系正在因为这些粗暴的语言而变得疏远，你觉察到了吗？所以，一定要尊重孩子的人格。

第四，批评时，把"不能做"改为"应该这样做"。在批评孩子时，很多父母习惯于说"你不能这样""你不能那样"。听到这样的说法后，孩子就会很疑惑："如果不能做这些，那我到底要怎么做呢？"

为什么他会有这样的疑惑呢？其实你说的各种"不能"，只是起到了提醒作用，"不能"说完，后面还应该有话，而后面的话应该是重点，要告诉孩子"能"怎么做，应该怎么做。但遗憾的是，很多父母所说的话并没有后半部分，对孩子该怎么做，没有任何指导建议。所以，无论是与孩子沟通，还是孩子做错事后对他的批评，都要少一些"不能"的内容，最好把更多的内容都表述成"要……去做"。

下面讲一个案例，是两位妈妈对同一件事的不同处理方式。

早上，孩子该上幼儿园了，两位妈妈都在提醒孩子好好整理、检查书包。

第一位妈妈说："不要随便把东西都堆在书包里，忘了什么都不知道。千万别丢三落四的，少带了什么回头我还得给你送，多麻烦啊！"

第二位妈妈说："出门前，好好检查一下你的书包，想想今天都要带什么，一样一样地检查一下，看看是不是摆放整齐了，这样才会把东西都带全。带全了东西，咱就高高兴兴地去上学，妈妈相信在幼儿园，你一天也会开开心心、顺顺利利的！"

这两位妈妈的说法有区别吧！对于同样的一件事，第一位妈妈是在否定孩子的做法，第二位妈妈则是在教孩子整理。很明显，第二个孩子落下东西的可能性比较小，但第一个孩子就不好说了。对第一个孩子来说，他可能会觉得自己做的很多事都有问题，但妈妈只告诉他"别丢三落四"，可"丢三落四"是什么呢？如果孩子不明白它的意思，他就会不知道该怎么做。所以，不如直截了当地告诉孩子"要怎么做"。

对于两三岁的孩子，这种"要怎么做"的说法应该尽量直接，和颜悦色地提示。比如，孩子总是在家里四处乱跑，不要说"别到处跑，摔倒了你又该哭了"，而是跟他约定好，"在家里，咱们都好好地走路，这样才安全"。

前一种说法就像是一种警告。孩子都有好奇心，听你这么一说，他可能就会想："我就跑，看能不能跌倒。"那么我们的提示就是无效的。而后一种说法则是一种关心，孩子会感受到这份爱，也会更乐于接受我们的建议。

对于四五岁的孩子，除了要告诉他做事的具体方法，还可以引导他有所思考。比如，对于不在家乱跑这件事，我们完全可以问他："你觉得怎样才不会跌倒、不会撞疼呢？"这样，孩子就会思考这个问题，并努力发现答案，而且也更容易记住这个答案。

第五，批评时，一定不要"翻旧账"，而应就事论事。比如，孩子乱丢玩具，把房间弄得一团乱。原本，我们是要批评他的，因为他没有把用过的东西放回原处，没有收拾这些玩具。但是，有的妈妈却可能在批评孩子的同时，又发现其他问题，比如孩子把玩具弄坏了，于是就会批评他不爱惜物品；接着，又开始说他就是个"破坏王"，什么都能弄坏，就是让人不省心。然后，可能又会跳到另外一个话题上去，"你连吃饭都不让人省心"，就又开始数落孩子不好好吃饭，再接着也许就是不按时睡觉、看电视太多，等等。结果到最后，她可能都忘了一开始是为什么而批评孩子了，孩子也只能是一头雾水地听着，而他接收到的最主要信息只有一个——我不是个好孩子。

一遍遍地翻孩子的"旧账"，只会让他停留在过去，看不到自己的进步与成长。其实过去的错误，只要孩子改了，我们就不必再提了。

对于孩子当下出现的问题，如果要批评他，就不要偏离主题。要把重点放在眼前的问题上，告诉他哪里做得不好或者不对，提醒他怎么做才是正确的，必要的时候，还要给他做示范。当结束对眼前这件事的批评后，就不要再多说了，这件事也就到此为止了。

第六，批评孩子要分场合，学习古人"教子七不责"。在古代，长辈教育孩子是分场合的，有一个"教子七不责"原则。这是明代学者吕坤在《呻吟语》中提出来的。

一是对众不责——大庭广众之下不要责备孩子、批评孩子，应该在他人面前给孩子足够的面子，维护他的尊严。

二是愧悔不责——当孩子已经后悔，产生了悔意，就不要再继续责备了，而是要多加观察，以免孩子仅是表面忏悔。

三是暮夜不责——晚上睡觉前不要责备孩子，以免孩子带着沮丧、失落的情绪睡觉，影响睡眠质量。

四是饮食不责——不要在吃饭的时候责备孩子，以免孩子因为情绪不佳而导致脾胃虚弱。

五是高兴不责——孩子正高兴的时候不要去责备他，这个时候他的经脉处于畅通状态，如果突然被责骂，就会导致他的经脉堵塞，从而伤害身体。

六是悲忧不责——孩子心情沮丧、懊悔、哭泣或沉默不语时不要责备，也许他已经认识到了自己的问题，所以不要穷追猛打。

七是疾病不责——孩子生病时不要责备，只因这时是他最脆弱的时候，他更希望获得父母的关爱，这种关爱甚至比药物更有效。

　　每一条分析下来，都很有道理，都是从孩子自身的情况出发的，都体现出了对孩子的关爱与尊重。这在如今依旧有着非常重要的参考价值。所以，要掌握孩子的心理规律，不要盲目地开展自认为很有意义的教育，不然，可能会对孩子造成很大的伤害。

掌握情绪沟通的"73855 定律"

与孩子的情感互动，确实非常重要。但与孩子的沟通不应该仅限于使用语言，因为仅靠语言，有时可能会出现"词不达意"的情况，也可能会因"词穷语拙"，难以找到合适的语言、词汇表达情感，而很难把自己的真情实感传递出去，甚至还会导致内心的情感与表达内容出现巨大差距，由此导致误会和伤害发生。

我们在与孩子进行情感互动时，不妨试试非语言沟通方式，因为很多非语言沟通的方式也会产生良好的沟通效果。

具体来说，我们可以采用情绪沟通的"73855 定律"。

美国语言学家艾伯特·梅拉比安（Albert Mehrabian）就曾经提出过一个著名的沟通公式：

信息的全部表达 =7% 的语言 +38% 的声音 +55% 的人体动作

由此可见，要将一个内容表达得清晰且有力量，语言沟通占 7%，而非语言沟通则占了 93%。

在与孩子的沟通过程中，非语言沟通也是一种重要的方式。

比如，孩子取得了好成绩，你除了口头表达"看到你的进步我很高兴"，还可以走过去给他一个大大的拥抱，拍拍他的肩膀，和他对一对拳头，用灿烂的笑容表达你真的很开心，也可以用小礼物来表示你对他进步的肯定。

而当孩子感觉受了委屈时，除了说一句"我理解你的难过"，你也可以抱住他的肩膀，摸摸他的头，亲亲他的额头，拉住他的手给他以力量，用坚定的眼神、理解的目光让他意识到妈妈是和他站在一起的。你递给他的擦眼泪的纸巾，放在他手中的温水杯，都会让他感到自己是被关怀、被爱着的。

可见，真正的"对话技巧"并不单单指"说话"的技巧，真诚地运用表情、语调、肢体动作和态度，全身心地投入沟通中去，才更容易达成良好的沟通效果。所以，沟通不一定非要用语言，巧妙地使用非语言沟通的方式，同样也能让孩子产生被理解的感觉。

第一，与语言搭配使用的非语言沟通。非语言沟通可以成为语言的辅助。在与孩子用语言进行沟通的同时，将非语言沟通融进去，让孩子从听觉、视觉、触觉等各方面感受来自我们的关怀与爱，会让沟通效果加倍。

第二，完全不使用语言的非语言沟通。有时不一定非要用语言，我们也要控制自己想要说话的欲望。拥抱、抚摸、亲吻、握手、点头、竖大拇指、拍肩、微笑、使用眼神以及其他表情和动作都能将一些简单的意思表达出来。

比如，孩子偷懒不好好写作业时，相较于吼一声"你怎么还不好好写作业"并由此展开唠叨，用严肃和提醒的眼神看着孩子，并指一指他的作业，他多半会明白你的意思，也会很感激你没有吼他。

第三，选择合适时机使用非语言沟通。当孩子感觉难受，需要找个人倾诉沟通一下时，你若是和他进行"非语言沟通"，只是对他拍拍抱抱，他就会觉得你不近人情，不理解他的感受。

孩子在很多时候会有想要和我们交流的心情，我们通过他的言行举止可以选择语言与非语言相结合的沟通方式来与孩子相处。

当然，有时孩子也需要自己一个人静一静，不想听见任何声音，或者暂时不知道应该怎样开口。这时，非语言沟通就非常重要了。比如，我们理解的眼神，给他拿来他喜欢的东西，拍拍他的头，都会让他感觉到我们一直关注着他，也会使他愿意向我们敞开心扉。

第四，注意孩子的年龄特点与个性需求。对年龄小的孩子，你的拥抱等肢体动作可以多一些，表情也要更明显一些，他会全身心地去感受你的每一个情绪变化；而随着孩子年龄的增长，你的动作表情就要逐渐适应他的成长变化了，动作要变得更理性，只要让他意识到你依然理解他就好。

对女孩，妈妈的动作温柔一些、亲密一些都没问题，母女之间，可以用拥抱、头靠头、拉着手、抱着胳膊等方式去表现你们的亲密。但父女之间例外。

对男孩，妈妈就要顾及他的性别特点。很多男孩子慢慢长大后，觉得自己已经是男子汉了，并不喜欢妈妈的亲昵行为。此时，妈妈不妨用带鼓励意味的握拳、带有庆祝性质的击掌、坚定的眼神、肯定的笑容来表达关切之情、温情鼓励，这些都会让男孩变得坚强勇敢，有力量。但父子之间，可以更亲密一些，这是男人之间传递力量的感觉，这种情感表达也会让男孩更有力量感。所以，妈妈要提醒爸爸，不要忽略男孩子的成长需求。

第七章

训练第四步：鼓励表达，刻意练习

认知：危机即转机，情绪越激动越是好机会

什么是危机？危机就是危险与机会。危险与机会并存，也就是说，危险中蕴藏着机会。如此看来，危机，其实也是转机。

对于情绪激动的人来说，越是激动，就越危险，但同时也预示着某种转机。如果想对孩子进行情绪管理训练，那么他发脾气、闹情绪、情绪越激动的时候，也就越是好机会。当然，"理论"上是这样的，但在实际操作过程中，还是会困难重重。因为当孩子真正处于坏情绪中时，很多父母会自乱阵脚，很难有理性应对的智慧与方法。

所以，当孩子行为过激时，一些父母会变得慌乱，会变得失去理性，会因为自己无法从孩子发脾气的情境中"抽离"，而容易"陷入"其中，很难做出积极有效的回应。

这说明，我们自己也有巨大的进步空间。我们要先改变自己，再改变孩子。我们会因为各种各样的事而爆发情绪，或者说，情绪的爆发几乎是一种本能，然而能控制好情绪，并将情绪带来的危害降至最低，却是一种本事。作为父母，应该具备这样的本事——让自己做一个理智的成年人。

不良情绪并非"顽疾"，也绝对不是白纸涂墨无法去除，如果从一开始就认为"我就是容易情绪不好"，那就意味着自己成了坏情绪的奴隶。所以，要改变最初的态度，要积极一些，想着"情绪由我自己产生，也同样能由我自己消灭"，转换自己对待情绪的态度，不把它看得那么难以控制，自己就会更理智，会更愿意想办法努力去应对。

我们要成为坚强勇敢的父母，要成为独立自主的人，主导自己的一切，不要让坏情绪轻易扰乱整个家庭的生活。就如把家里的垃圾清理干净一样，当你拥有了掌控情绪的主导权后，你一样可以将坏情绪干净利索地清理出去。

改变了自己，再说孩子。情绪每个孩子都会有，无论好坏，都是自己发出来的。既然如此，由自己而发的情绪，就应该由自己去处理，也就是要懂得为自己的情绪负责，而不是从旁人身上去找让自己感觉愤怒、悲伤、委屈的原因。自己的情绪理应自己努力调整，如此，既不会让自己的情绪影响他人，还能使自己尽快恢复平静。

现在很多孩子做不到这一点，他们认为坏情绪全是由别人带来的。比如，别人不听他的，他会抱怨说，"他们都只顾着自己"；还比如，受了老师的批评，他会委屈地认为，"老师一定看我不顺眼"……在孩子看来，他的坏情绪都是因为别人没有顺从自己的心意。这种认知显然是错误的。只有教孩子认识到情绪源于自己，要自己负责，他才能学会做情绪的主人。

第一，鼓励孩子主动表达自己闹情绪时的感受。实际上，闹情绪的孩子哭闹、破坏东西，都是因为他并不知道自己应该怎么办，他只是想让这种不愉悦的感受发泄出来。所以，我们要教他学会正确地表达自己的感受。

我们可以建议孩子多用"我感觉"而不是"因为你"，也就是让孩子把情绪归因到自己身上。比如，孩子手里的玩具被抢走了，他应该说，"我的玩具被你抢走了，我感觉很难过，我不喜欢你这样的行为，如果你想玩你可以告诉我"，而不是"因为你抢我东西，都是你不好"。第一人称的表达，会让孩子清楚地认识到自己的感受，并能清楚地将自己的感受传递给对方。

还有一点是，孩子一般都会把自己不开心、难过的一面表现给父母看，这是他的一种本能表现，他期待父母能注意到他的变化。我们要引导孩子同样采取这种以"我"为主语的表达，让他把自己的感受描述清楚，这有助于我们了解引发他情绪的经历。

第二，通过制定规则来规范孩子对情绪的表达。哭闹、毁坏东西、骂人、打人……这些都是情绪的发泄，算不得情绪表达，孩子如果总有这样的表现，他就可能会变得脾气暴躁，并产生暴力倾向。

有的父母可能会让生气的孩子捶打、摔扔所谓的"发泄球"，用棍棒击打没有抵抗能力的"不倒翁"，其实这些做法无益于坏情绪的疏解。有大脑实验表明：越是紧绷肌肉、咬牙切齿地做类似事情，愤怒指数就越高，"发泄"完之后的感觉不是满足，而是更空虚。为什么呢？因为之前令他生气的因素还在。所以，不妨制定规则来规范孩子对情绪的表达。

比如，愤怒情绪要想得以解除，最该做的是冷静下来，反思：

愤怒的原因是什么？

愤怒的对象是谁？

到底该不该愤怒？

自己是不是也有错？

……

反躬自省是非常有必要的。最终的结果无非是自己有错，或者自己无错。如果自己有错，那就不能怪别人！如果自己没错，那就没必要生气！难道不是这个道理吗？

当然，如果孩子即使反思也暂时想不通，感到委屈、孤独，那么可以让他找我们倾诉，也可以允许他找个角落哭，但不可以把自己关起来，并接触药品或危险用品。引导他选择合理的表达情绪的方式，而不是任由情绪牵着鼻子走，从而帮他逐渐稳定情绪、回归理性。

当然，这样的做法并不只适用于孩子，也适用于成人。要训练孩子做自己情绪的主人。妈妈也要和孩子一起努力，成为自己情绪的主人。

第三，引导孩子养成有情绪之后思考的习惯。绝大多数的孩子闹情绪就像一阵风，风吹过去就算了。可是下次情绪来了，还是如此反复循环。你希望孩子在情绪方面有所成长，就要让他学着把情绪控制在自己可操控的范围。要实现这一点，孩子就要调动思考的能力，他需要思考自己出现情绪波动的原因，思考怎样避免让自己陷入情绪被动的情境中，还要思考自己应该如何去处理情绪所带来的后果。

也就是说，孩子不能只是闹一闹就算了，他可以发泄情绪，但也要学会了解自己情绪发生的原因，并想办法去调整。

善于捕捉细微的情绪变化，避免激化

发脾气的孩子很希望引起我们的关注，比如，有时他会弄出很大的声响，但是等你看过去的时候他却会像"没事人"一样——很安静，可是没过一会儿，他又会悄悄地关注你一下，看看你是不是还在注意他。如果你没在看他，他就继续弄出其他声响或者在你面前晃一圈，总之他希望你能真正注意到他的情绪。可是，如果你走过去问他，他也许就会跑开。直到过一段时间，他可能会慢慢再"蹭"回来……

这代表什么？代表孩子有情绪，哪怕是细微的情绪。

实际上，对孩子进行情绪管理训练，有一点很关键，就是要善于发现并捕捉孩子细微的情绪变化，在发现他的细微情绪波动时，就要留意并且要进一步解读，从而避免孩子的情绪被激化。也就是说，当孩子有情绪变化时，或者我们预见孩子的情绪会有波动时，就应该及时介入。

但这里所说的"介入"与"训斥"不同。比如，我们可能经常这样训斥孩子：

"你怎么越来越不听话！"

"我告诉你，别给我闹情绪，小心我收拾你！"

"整天就知道哭，我对你简直是失望透顶！"

……

说这样的话，不仅无法及时"阻止"孩子情绪的发展，反而会进一步激化孩子的情绪。那我们应该怎么做呢？

第一，不要试图压制孩子。面对有细微情绪变化的孩子，有的父母不仅会"看破"，也会"说破"，甚至高调"说破"——试图去压制孩子。

"你不是闹情绪吗？好，我用更高声的吼叫来提醒你注意，我才是家里的权威，不说别的，仅仅是我这个'妈妈'的身份，就能压住你。"

这样的心理你曾经有过吗？这就是对孩子的一种压制，其实是非常不理智的，说得更直白一些，显得你很幼稚，同时也反映出，面对孩子，你对自己有一种失望心理。

孩子的情绪有变化，哪怕是细微的变化，都是有原因的。以吼叫的方式去压制，并不是万能的应对措施，甚至连"一能"都算不上。你吼出来的只是在表达自己的难过，因此，不要再把吼叫当成"下马威"，而应将你的精力放在想办法解决问题上，只有你真的有办法，孩子才会软化下来，接受你的教育。

第二，摆脱你强烈的控制欲望。控制欲越强烈，越不能接受对方与自己的想法不同。有的父母拥有极强的掌控欲，这也是很多拥有强烈自我意识的孩子不断反抗的原因。

孩子是一个独立的个体，他依附于你，却也游离于你。你不能用所谓的亲缘关系去约束他，你需要想办法让他自己主动想与你亲近，想向你学习，能做到这一点才是父母的成功。

所以，你只有放手，才能看得到他的自由与主动，强求他遵守你的意愿是不可能的。一个人只有拥有自己的想法，才是一个真正独立的人，没有谁能掌控谁的生活。

如果你能专注于做好自己，那么不用你干涉，孩子也能像你一样，专注于做好他自己。

第三，尊重孩子的思想与行为。想想你自己小时候，有没有被妈妈无视过？你的行为有没有被妈妈否定过？如果你能回忆起自己的孩童时期，那么你也就能理解现在站在你面前的那个孩子想要干的事情了。

孩子的想法永远都是带有他个人特点的，他看到的、想到的，多半都会和你不一样，这应该是一件值得高兴的事情。你只需要判断他想的和做的是不是与基本道德原则相符合，只要是不违背原则的，你就不必纠结孩子能不能按照你所说的去做。

第四，问问孩子"你的想法是什么"。孩子的情绪变化都是有原因的，关键就看你是不是了解并意识到了那个原因。所以，不要带着训斥的语气去问，而是以一种平和的、只是想要了解的态度去问，让孩子感受到你是真的想要了解他，只有这样他才会主动告诉你他的想法。

你可以不接受孩子的想法，这是你的权利，就像他可以不接受你的选择一样。但是你不能训斥他，即便他想错了。他想做的事情中有他自己的考量，哪怕他自不量力，但如果你对他表现出尊重的态度，就会让他放松下来，这样你们彼此就会有交流的空间，也会有彼此妥协的可能。

第五，想"真正"的办法让孩子接受你的想法。当然，你不能指望几岁的、十几岁的孩子每时每刻都做出正确的选择与决定，有时他的确是只凭借自己的喜好与理想化的状态来进行规划的。此时，你需要靠成年人的智慧想出真正的办法来让他理解并接受，而不是靠吼叫。

你可以摆出事实，也可以利用讲故事或做游戏的方式，让孩子理解你的想法。最重要的是，你要让孩子意识到你这样做的目的是出于爱，而不是想要改造他，你想要他变得更好，而非强迫他接受你所有的想法。

另外，如果父母说话时能有平静的、温柔的态度，再加上爱，那么孩子哪怕当时不愿意接受，他也会愿意考虑。所以，只要给孩子足够的时间，加上我们持之以恒充满爱心的教养，他总会慢慢理解我们的一片苦心。

第六，用温柔的动作缓解孩子的情绪。情绪对行为是有影响的，所以当孩子在情绪波动，如激动、愤怒时，身体也会处于一种紧绷的状态，在生理方面，也会出现冒汗、心跳加速等反应。这时，如果我们再"粗暴"地介入孩子的情绪，就只会让孩子的情绪变得更紧张、更坏。所以，我们应该先帮助孩子摆脱身体和心理的紧绷状态。

我们应该如何做呢？我们不妨试试温柔的动作，比如轻抚孩子的后背、轻拍他的肩膀、抚摸他的头或头发……这样的动作可以及时地缓解孩子的情绪。

如果孩子的情绪过于激动，甚至出现了攻击行为，有了伤人、伤己的可能，这时就需要及时地阻止他，最好是直接抱住孩子，让他感受到你温柔有爱的力量。同时告诉他，你很担心他的情绪与行为，希望他能冷静，等他情绪平复后，再跟他深入交流。

引导孩子"说"出内心的各种情绪体验

不知道你有没有遇到过类似这样的情况：你觉得自己一片好心地询问孩子"你怎么了"，可是孩子却不耐烦地说"没事"；你认为自己已经很理智地在听孩子说的内容，可是他却只是很简单地回应。比如：

"我知道了！"

"不用你管！"

"别说了！"

……

在你听来这些话都很敷衍，但实际上你一眼就能看出来，孩子绝对有事，可他就是不开口告诉你，你有没有觉得自己很憋屈？

觉得很憋屈，是因为你觉得自己的关心没有得到孩子的回应，你自以为是在对孩子表达爱，可孩子却不领情，这的确很令人伤心。

但话又说回来，孩子的感觉你了解吗？

一个孩子说："妈妈永远都只知道问我'你怎么了'，我说'没事'，她就开始着急，然后自己猜一大堆，又猜不对，她越猜我越不想说，因为她猜的全都是错的，而且总是把我想得那么坏。我要是说我有问题，她肯定会骂我，我才不想告诉她！"

孩子对自己的内心有一种本能的保护，当他的思想不断成长时，他会对各种事物有独特的判断和情感，会有越来越多的事被他归类为"不想告诉他人"的内容之中。但是这个归类并不是绝对的，秘密越来越多后，孩子也同样需要一个释放的出口，来缓解只能由自己扛的思想压力。

所以，我们需要想办法，引导孩子说出真心话。

第一，纠正自己对孩子表达真实意图的态度。孩子是一个独立的人，他有灵活处理自己话语的权利，用身份去压制他，或者强迫他开口，只能让孩子感觉到不公平，更觉得自己受到了控制与约束。

生活中有这样一种奇特的现象，你对某样东西越是特别在意、越是非常想要得到，反而越是不得；可一旦顺其自然，任事情按照其原本的规律自由发展，反倒很容易便得到了。

跟孩子的沟通也是如此，你越是自然地看待这件事，越是不想要去压制他，孩子越会感受到你对他的尊重。如果孩子能一直生活在这样一种轻松自然的沟通环境中，那么他也会很自然地讲出那些深埋内心的话。

第二，对孩子要展现出想听的姿态。孩子都是敏感的，他会通过成年人的应对表现来选择自己应该如何表现。如果妈妈对他的话表现得不耐烦、心不在焉，他就会"识趣"地不再开口。

所以，不管什么时候，你都应该对孩子展现出倾听的姿态，不管他说了什么，你都要认真听完，也许他并不需要你回应，但却很需要你认真地将他所有的话接收到自己的耳朵里。

第三，努力营造让孩子主动说的氛围。能主动开口的孩子，一定是习惯了家中自由发言的氛围，家中谁都能开口，谁也都能认真地听人说话，这样的氛围令他轻松愉悦，当然也会令家庭中所有成员都轻松愉悦。

有很多家庭中会出现一种奇妙的角色分配，比如，有的妈妈在家中比较被重视，妈妈说的话都对，妈妈发布的命令所有人都要听，妈妈有权否定所有人……虽然从表面上看，妈妈掌控了家庭，但实际上妈妈却等于堵上了孩子想要主动表达的通道。

所以，你要让自己也放松下来，不需要一个人承担全家人的"纠正任务"。当所有人都能畅所欲言时，孩子也会跟着放松下来，而当他意识到自己可以自由表达时，他也会更乐于主动开口。

第四，少一点评论，学会"闭嘴"。倾听的主要动作是听，而非说。有的妈妈总是喜欢站在成年人的角度去评论孩子的话，而孩子则恰恰相反，若是妈妈开始评论了，他可能一开始会反驳，但妈妈的评论会更激烈，慢慢地孩子就不再愿意开口了。

归根结底，我们还是要回归到倾听的本源上来，那就是闭上嘴巴，学着用耳朵、用心去接纳孩子的表达，去感受，去体会，站在孩子的角度思考。这种耐心与尊重的姿态，会让孩子更愿意敞开内心世界。

第五，主动向孩子敞开心扉，让他认识真实的你。很多父母要求孩子向父母敞开心扉，但他们却不愿意向孩子敞开心扉，这样的沟通是不公平的，会导致亲子沟通障碍。所以，我们要敢于主动向孩子敞开心扉，跟他坦诚沟通，这样一来，彼此才能表达真实的想法和感受，进而建立良好的亲子沟通关系。

你可能在平日把关注焦点都放在了孩子身上，你对他喜欢吃什么玩什么了如指掌，但是却忘了让孩子了解你。所以平时，你可以多跟他聊聊关于你的话题，比如你喜欢吃的东西、喜欢穿的衣服、喜欢读的书、喜欢听的歌、最想去哪里玩……这样一来，孩子会更深入地了解你，你在他心目中的形象也会更加真实、鲜活，同样也会拉近亲子关系。

我们也应该让孩子知道我们的心情。

其一，他应该知道。

其二，他也想知道。

其三，这也是亲子沟通的机会。

所以，适时地跟孩子分享我们的心情是有必要的，但要注意，不要向孩子唠叨自己十月怀胎的辛苦，生育、养育的辛苦，等等。如果你只讲一次可能还好，但一多讲，就有可能会起到相反的效果。

第六，体会男孩的处境，信任他，才能把话说对。虽然我们每天都跟孩子接触，但他经历的一些事、他的所思所想，我们不可能完全知道，所以，就难免会产生一些误会或误解。我们只有去体会他的处境，信任他，及时调整说话方式，才能把话说对。

有个 10 岁的男孩放学回家后，气呼呼地说："今天老师在全班同学面前批评我，让我难堪。"

妈妈顺口来了一句："你是不是做什么错事了？"

男孩回答："我什么也没干。"

妈妈继续说："不可能，老师怎么会无缘无故地批评你呢？"

男孩噘着嘴，说："哼，不信就算了。"

妈妈知道如果再这样争辩下去，母子间一定会发生冲突。

这时，妈妈改变了刚才的态度，换了一种说话方式："老师当着那么多人的面说你，我想，你当时一定很尴尬。"

男孩听了有点意外，妈妈接着说："我上学的时候也有过这样的经历，当时规定自习课不能说话，可我是在给同学讲题，老师看见后不管三七二十一，就把我俩都训了一顿。"

男孩睁大眼睛，说："真的吗？我也是因为这个才挨批的。我觉得我是在做好事，老师不应该批评我。"

妈妈笑着说："对呀，我当时也是这么认为的，但是事后想一想，的确违反了课堂纪律。"

男孩点了点头，说："好吧，下次我和他下课后再讨论题目。"

眼看一场"战争"就要爆发，但妈妈很快就认识到了这一点，及时转变了自己的说话方式，通过叙述自己的经历，与男孩产生了共鸣。最后，男孩也想出了解决问题的办法。

所以，我们要善于体会孩子的处境，尽最大努力去获得他的信任，从而迅速解决问题。

倾听，可以缓解孩子的情绪

有时候，孩子在遇到困难、情绪低落时会向我们倾诉，期待我们理解他的感受。所以，当孩子主动向我们表达情绪、情感时，我们应该更加认真地倾听他的委屈、苦恼、困惑，允许他宣泄负面情绪。

要明白，这时孩子只需要一个倾听者，而不需要一个说教者，所以，我们倾听就好。有人听，他就会说，而说出来，就等于为自己心理解压了。

如果我们对孩子的倾诉表现得不耐烦，他以后可能就不会再向我们诉说，而那些不良的情绪就会压抑在他的心里。

第一，给孩子"倾诉"情绪的机会。很多时候，孩子是把自己"包裹"起来的，他不愿意向我们敞开心扉，根本的原因就在于我们不懂得倾听他的心声，经常是"我们说，孩子听"，而没有给他倾诉的机会。

英国教育家赫伯特·斯宾塞（Herbert Spencer）曾说："要给孩子诉说的机会，认真倾听孩子的话语。这样父母能更多地了解孩子，并对孩子不正确的思想和做法及时进行纠正和引导，从而让孩子一直走在健康快乐的身心成长之路上。"可见，我们要给孩子倾诉的机会，要静下心来，做他最忠实的倾听者。这样，孩子才会越来越愿意向我们诉说心里话。

当孩子主动向我们倾诉时，我们一定要拿出诚意来，最基本的原则是不打断他。我们可以用肢体语言和眼神来表达我们对他所说的内容感兴趣，并不时地加以引导，比如，可以说：

"发生了什么事情？说来听听。"

"这样啊，然后呢？"

"是的，对！"

"真是没想到，接着说下去。"

……

当我们表现得感兴趣时，男孩就会更愿意倾诉。

第二，确认听见并听清了孩子所说的内容。倾听孩子，不只是摆一个"倾听"的架子，而是要听进去。这就要求我们必须确认一件事，就是自己听见并且听清了孩子所说的内容。如果我们只有听的样子，而没把孩子的话听到心里去，或者是他说他的，你想你的（想什么？想他说完后怎么应对他，或者说是怎么好好教育他一番），我们就会忽略他讲话的内容。等他一停下来，我们可能就急着去滔滔不绝地说一堆大道理。甚至有时候，他还没有真停下来，只是稍微一停顿，我们就等不及并开始说教了。孩子的话被我们无视，或者是被我们打断后，他就会不听、不信我们，甚至会反抗、跟我们争执。当然，我认为，这也事出有因，情有可原。

所以，当孩子开口时，我们一定要认真听，要抓住他话里的主要信息，确保自己听见了而且听清楚了他到底说了什么，再给他需要的、正确的指导。

第三，关注孩子表达中的关键词。虽然是在发泄情绪，但孩子一般都会在话语中透露出一些关键词，这些关键词往往就会引出他真正的需求。比如，当孩子的话语中出现如下表达时：

"我想……"

"我只不过是……"

"我真的希望……"

"我讨厌……"

……

那么，这些关键词之后的内容就很重要了，这些内容往往就是孩子想要表达的主题，需要特别注意。

最四，认真、专注、平静地去听。不管是哪个年龄段的孩子，当他想要把自己心里所想、所经历的事情告诉你时，你要给他一个让他感觉满意的回应，也就是要认真、专注且平静地去听。倾听的时候要有一种主动的态度，让孩子意识到，我们是真心想听他说话，他可以放心地说。

认真，意味着你不会心不在焉，你会好好对待孩子的情绪；专注，意味着你会将注意力都放在眼前的事情上，不会转移也不会瞻前顾后；平静，意味着你可以安抚孩子，你的平静会让孩子激动的情绪受到感染，并最终也安静下来，这无疑是有益于情绪处理的。

第五，不要对孩子立即提出批评。如果孩子在情绪不稳定的情况下，言语有些偏激，我们也不要立即提出批评，否则，会让他觉得我们不理解他，反而加重了他的叛逆心理。我们可以在他情绪平稳、心情较好的时候，向他提出批评，并帮助他分析错误观点，提出改正建议。

第六，倾听孩子时，不要提前下结论。我通过案例来讲这个问题。

一天，10 岁的男孩放学回到家，难过地对妈妈说："这次数学考试，我考得不太好，只考了 82 分。"

妈妈立即回应道："82 分，怎么这么少呢？最近是怎么回事啊？是不是又贪玩了？以后不许再随便出去玩了，现在马上回屋学习去。"

看到妈妈这样的态度，男孩什么也没有说。其实，他还没来得及告诉妈妈，真实的情况是这次老师出的考卷偏难，班上只有 5 名同学考了 80 分以上，他排第三名。

类似的场景也许经常发生在我们身边，我们与孩子沟通时，经常是凭他的只言片语就提前下结论。结果，有时候，自己最初的结论与真正该得出的结论是截然不同的，我们难免会冤枉孩子，就像前面这位妈妈一样。

我们只有不以成人的眼光武断地下结论，才能减少与孩子之间的冲突，才能赢得他的信任和尊重。所以，与孩子沟通时，我们一定要听他把话说完，不要凭借只言片语就妄下结论。

第七，做到关键的"积极倾听"。积极倾听，就是要对孩子的倾诉很感兴趣，内心没有"波澜"，也就是控制自己的"冲动"，并且肯定孩子的感觉和想法，还要在倾听的过程中帮孩子厘清思路。这个过程，也是孩子释放情绪的过程。比如：

孩子：今天我一点也不开心。

妈妈：你看上去确实不太开心，怎么了？跟妈妈说说。

孩子：老师提问我一个问题，我不会，太丢人了。

妈妈：哦，确实有点尴尬。当时是什么情况？

孩子：那个问题老师之前讲过，但我忘记了。

妈妈：看来，老师讲的内容，还是要经常复习啊！

孩子：是啊！老师今天也是这么跟我说的。

妈妈：那你打算怎么做呢？

孩子：肯定要听老师的话啊，经常复习！

妈妈：是啊，不然以后可能还会尴尬的。

孩子：就是。

妈妈：现在就打算好好复习吗？

孩子：是的，我现在就复习。

这就是积极倾听。我们不必讨好孩子，也不必代替他做事，只是积极倾听就好，在这个过程中，我们可以帮孩子理顺做事的思路。当然，积极倾听也是需要练习的，要在与孩子的沟通中有意识地训练自己做到这一点。

刻意练习，让孩子走出坏情绪的漩涡

美国著名心理学家安德斯·艾利克森（Anders Ericsson）在"专业特长科学"领域深耕几十年，研究了一系列行业或领域中的专家级人物如国际象棋大师、顶尖小提琴家、运动明星、记忆高手、拼字冠军、杰出医生等后发现，不论在什么行业或领域，提高技能与能力的最有效方法全都遵循一系列普遍原则，他把这种通用方法命名为"刻意练习"。

其实，对孩子的情绪管理训练，也可以借鉴刻意练习的方法。比如，引导孩子"说"出内心的各种情绪体验，通过倾听的方式（包括积极倾听在内）缓解孩子的情绪等，都可以刻意练习。刻意练习，并不是简单地重复练习，而是需要有"导师"、有目标、有反馈等。这里的"导师"就是我们，目标就是训练孩子的情绪使其平和，反馈就是对孩子各种情绪"表达"的"积极回应"。也就是说，这种刻意练习不是"机械"的，而是"灵巧"的，是"活"的，而不是"死"的。前面讲的训练内容，都可以进行这种刻意练习。

此外，还可以通过更直接、有效的训练法来使孩子进行刻意练习，从而走出坏情绪的漩涡。具体来说，有哪些训练方法呢？

第一，深呼吸训练。深呼吸会给大脑带来更多的氧气，让紧绷的神经系统舒缓下来，从而实现减缓心跳并降低血压的目的。身体上的这些变化，会让人自然地感觉到平静，从而消除怒气，也可以有更多时间去思考。

进行深呼吸训练时，可以让孩子选择舒服的座椅，放松身体，保持安静。尽量采取腹部呼吸的方式，缓慢地吸入、呼出空气，注意调节呼吸的频率。在深呼吸的同时，引导孩子进行平静想象，让他闭上眼睛，想象自己在一个宁静的地方，想象各种可以表现安静的内容，如鸟语花香、清风流水，通过静坐冥想来实现平静。

另外，也可以让孩子深吸一口气，尽量慢地从 1 数到 10（或者说 01、02、03……10），将气呼出去，然后再深吸，重复这个过程。反复几次后，被愤怒情绪冲昏的头脑就能慢慢平静下来。

第二，进行与专注有关的训练。专注有助于解决孩子的胡思乱想问题。不多想，专心应对某一件事，专心思考某一个问题，会让孩子自觉地屏蔽那些可以扰乱他内心的事物，使他远离烦躁。

进行与专注有关的训练时，可以和孩子玩找东西的小游戏，比如让他在限定的时间内，找到妈妈说出来的家中的"五件东西"；也可以让孩子练习画比较细腻的线条画，比如画大树上的小树枝，画一片草原，画一大束小花朵；还可以让孩子进行倾听练习，寻找生活中的声音，听音辨位，听文找字，听写数字，听记诗歌；等等。

第三，放松训练。当人的身体进入放松的状态时，情绪也会随之发生改变，尤其是同时将深呼吸和身体肌肉放松结合起来，会尽快让孩子从沮丧中平静下来。

进行放松训练时，孩子可以坐在舒适的地方进行深呼吸，从颈部开始尝试放松肌肉，然后逐渐向下放松，肩膀、胳膊、手指，胸部、腹部、臀部，大腿、小腿、双脚。在这个过程中要时刻伴随深呼吸，同时头脑中也要加入对安静场所的想象。我们可以帮助孩子一起进行这种放松练习，和孩子一起慢慢念出放松的部位，从上到下进行练习。

面部表情的管理也可以加入练习中，比如和孩子一起对着镜子练习微笑。保持温暖的面部表情，也会尽快赶走内心的坏情绪。

　　第四，接纳内心的训练。每个人都应该认清自己。孩子对于自我内心的接纳，与自己内心的对话，会左右他情绪的表现。如果孩子一直都排斥自己的情绪，那么他的内心就是消极的，但如果他能积极地与自我进行对话，接纳自我，将消极思想变成积极的，那么他对自己和他人的感觉就都会变好。

　　我们可以引导孩子写下他感觉不愉快的事情，并写下自己的感受，然后再将它们变成积极的想法，写下积极的应对方式。同时，也要鼓励孩子经常对自己说一些积极的话，让他学会调节自己的情绪"天气"。

　　第五，识别情绪的训练。很多孩子情绪的爆发看上去都一样，生气会发脾气，难过也会发脾气，委屈还会发脾气，害怕依旧会发脾气……这就会导致他并不能准确地识别自己到底因为什么发脾气，当然也就没法很好地控制情绪了。

　　那么，识别情绪的训练就很有必要了。在每次孩子闹情绪时，引导他注意自己的感受，鼓励他说出这种感受，并帮助他给这些感受归类，使他能尽快识别自己内心到底发生了什么变化。实际上，在识别情绪的过程中，孩子就已经是在调动专注力了，而这种专注会放缓他情绪的爆发，使他逐渐回归于冷静，毕竟只有在冷静状态下他才能准确地识别自己到底因为什么而闹了怎样的情绪。

　　第六，赞美友善的训练。从某种角度来说，坏情绪其实都来源于孩子的消极负面的看法，也就是说他只看到了事物不好的一面，而忽略了好的一面。如果他能将注意力投放在好的一面上，也许他就不会只顾着闹情绪了。

　　所以，不妨跟孩子一起列举某个人身上、某件事中值得赞美的地方，让他找找那些美好的事物，让他能以一种积极乐观的态度来对待各种事

物。经常性地产生赞美的心理，会让他的内心变得明亮美好，从而远离
负面情绪。

其实类似的训练还有很多，这就需要我们多观察孩子的特点，寻找或
思考更适合他的缓解坏情绪的方式。还要强调的是，好习惯的形成是需要
时间的，这些训练也要灵活选择和处理，且要尊重孩子的成长与发展规律。

第八章
训练第五步：解决问题，提升能力

寻找并检验应对孩子暴脾气的解决方案

孩子脾气暴躁的时候，不同的父母会有不同的应对方法。强硬的父母可能会"以暴制暴"，试图用压制的方式让孩子意识到在父母面前发脾气是"没有好果子吃"的；冷漠的父母则比较极端，会干脆一甩手，任凭孩子闹得昏天黑地，也完全不在意，直到孩子自己闹累了停下来；理智的父母可以跳出孩子的情绪波及范围，通过想各种办法疏导孩子的情绪。

归纳一下会发现，针对孩子乱发脾气的情况，有以下三种方案可供参考。

第一种方案，强制解决，以各种手段强迫孩子丢掉暴脾气。

第二种方案，无奈放弃，眼不见心不烦，孩子总有安静下来的时候。

第三种方案，积极应对，以合作的方式引导孩子自己走出来。

第一种方案很考验父母的"能力"，想必很多父母都曾经使用过，如吼叫、责骂甚至殴打，这相当于靠着一股"蛮力"将孩子的情绪压制下来。虽然孩子当时可能被压制住了，但其内心世界依旧翻腾不已，指不定在日后什么时候就会再次爆发。同时那个问题可能依旧存在，甚至没有一点解决的迹象。

第二种方案也很考验父母的一种"能力"，那就是"逃避"能力——试图用"不管了，你爱怎样就怎样"的想法应对孩子暴躁的状态。这也算是一种鸵鸟心理（逃避现实心理，也是一种不敢面对问题的懦弱行为）。

第三种方案显然是最考验父母能力的。它综合了父母的理性、智慧、能力等多个方面，需要父母综合运用各种技巧，让孩子快速地冷静下来并顺利地解决问题。

显然第三种方案最有效。面对暴脾气的孩子，"你生气了吗？那我们来想个办法解决它吧"，这样一句话相当于给处在狂风暴雨中的孩子一根可依靠的支柱，可能刚听到这样一句话，孩子就已经感觉平静许多了。

再比如：

孩子：简直是气死我了！

妈妈：告诉妈妈，怎么了？谁惹你生气了？

孩子：还不是我的同桌？！上课总是跟我说话，害得我也被老师批评！

妈妈：被老师批评，肯定有点难过。

孩子：是啊！都是我同桌害的！

妈妈：那你打算怎么办呢？

孩子：我能怎么办？难道找老师给我调座位吗？

妈妈：能调吗？

孩子：老师可能不会因为这点小事同意给调座位的。

妈妈：我提个建议。你要是觉得可以，就参考；觉得不可以，那咱们再想办法（妈妈的建议并不是唯一解决问题的方法，也不强制孩子接受，只是说出来作为一种参考）。

孩子：妈妈快说吧！

妈妈：你们可以提前"约法三章"。

孩子：怎么"约法三章"？

妈妈：就是你提前跟同桌做好约定啊！

孩子：我明白了，我提前跟他说好，上课时就好好听课，不说话，他要是上课跟我说话，我就不回应，老老实实听课就好。我如果一直不理他，他上课也就不再跟我说话了。是这样吗？

妈妈：你可以试试啊！

孩子：好的，我明天就跟他说。

可见，第三种方案体现的是我们对孩子情绪的"积极应对"，并以"亲子合作"式的沟通方式引导孩子自己走出坏情绪、暴脾气。

尽管第三种方案很有效，却并不是所有父母都能成功使用的。那么有哪些注意事项呢？

首先，设身处地，但又不被"牵着鼻子走"。在解决孩子的情绪问题时，要做到将心比心，设身处地但又不能被孩子的情绪"牵着鼻子走"。很多父母总是站在事态之外处理孩子的情绪问题，总是用一种"过来人"的身份高高在上地"指点"他，不愿意了解孩子的真实内心。

这种情况非常糟糕，如果孩子感觉你并没有理解他，他的烦躁感就会越发严重，最终可能不再愿意和你有更多的沟通，尤其是年龄大些的孩子。所以，不要擅自揣测孩子的心理，而要多了解、多沟通，在知道真相的基础上去理解，那时，孩子会更愿意接纳你的劝说。

其次，确定问题到底在哪里。比如，孩子怕黑，你非要告诉他独立有多重要，而这中间的跨度太大了，孩子并不会认为你在帮助他，反而觉得你给出的解决办法一点作用都没有。如果你不能找到孩子问题的真正所在，并没有针对这个问题展开思考和提供帮助，那么你就是在做无用功。

这个时候，我们要多观察、多询问，还要多思考。我们可以通过观察确定孩子当下的状态，在心里有一个大概的情况认知，然后通过询问确定这个认知，或者重新定义认知，并在孩子表达的过程中进行积极的思考，寻找合适的解决方法。

最后，提升自己的能力。不得不说，有的父母真的是能力有限，甚至连自己面对同样的问题时都手足无措，就更别提怎么帮助孩子了。比如，妈妈自己就怕黑，她能用什么方法帮助孩子克服对黑暗的恐惧呢？如果你自己不先勇敢起来，孩子又怎么能学会勇敢呢？

所以，帮着孩子分析处理问题，真的可以算是我们重新查漏补缺再成长的大好机会。发现问题后，可以通过读好书、听好课、多查阅等多种方式提升自己应对问题的能力。学着锻炼自我，通过各种途径让自己强大起来，孩子也会跟着我们受益。

找到应对孩子暴脾气的解决方案后，最好能再检验一下。比如，可以跟孩子说：

"你觉得这个方法怎么样？能行吗？"

"要不你试试，看看是不是可行。"

"你可以再仔细想想，我说的也不一定是对的。"

充分地启发孩子，有助于提高他的思考能力和执行能力，从而全面地检验眼前的解决方案，提升其可操作性、成功率等。

协助孩子自主选择解决问题的有效方法

有的孩子一遇到事情（包括困难、情绪不佳等），首先想到的就是去找妈妈，让妈妈帮他判断、选择和决定，只有接收到妈妈给出的指令，按照妈妈所说的去做，他才能安下心来。

孩子这样的表现不利于他独立性的培养，久而久之，孩子会慢慢变成一种另类的"啃老族"，无法自主解决问题，必须有家人的扶持才可以。所以，我们与其到那个时候感到劳累和忧虑，不如趁着现在孩子还小，尽早培养他独立处理问题的能力，鼓励他勇于自我判断、选择和决定。

首先，当孩子寻求帮助时，要"反问"，"踢球"。遇到了困难，孩子会过来询问我们："妈妈，能帮帮我吗？"很多妈妈不管情不情愿，都会给予帮助，结果使孩子一次次地错失自己做决定的机会。

其实这个时候，我们不如反过来问问孩子，可以问他：

"你遇到了什么问题？"

"你觉得哪里做不到？"

"你是怎么想的？"

"你觉得自己能做到哪一步？"

……

类似这样的发问，可以促使孩子思考，让他能主动为自己努力。

孩子不爱思考，这个问题非常常见，而由此引发的坏情绪也不少。我们要做的就是协助、引导他去思考，同时又不要激起他的坏情绪。

我的孩子也会有类似情形，一遇到稍微有点难度的题目，就过来问我："爸爸，这个题怎么做啊？"

思考一下，如果是你的孩子，来问你这样的问题，你会怎么回答他？是不是立刻就告诉他答案了？我想大多数人的答案是肯定的。因为教育专家不是说"要认真对待孩子提出的每一个问题"吗？孩子这么好学，这么爱问问题，当然要立刻回答。

我了解到的大多数父母，都是如此。但我不是这么做的。因为如果我这么做了，那么以后他一遇到问题，就过来问我，几次下来，他就懒得思考了，这将"后患无穷"。可见，这种做法不是爱孩子，而是害孩子。

我是怎么做的呢？

非常简单，我只回答了三个字——"你说呢？"这样就可以把思考的"球"抛回去。

把"球"抛回去，他就立即下意识地思考："爸爸，你看，是不是……"

接下来，他就会讲他的思路。他的思考结果对不对不重要，重要的是他开始思考了。我会肯定他，表扬他，他就很开心，会继续思考。当然，我也会稍微点拨一下，很快，他就会有思路，答案也就出来了。他开心，我也开心。

如此几次，他就知道要多动脑动手，从而自己得出答案。

但有时候，他还是会下意识地来问我："爸爸，这个题真的挺难的，你看怎么做呀？"我还是说："确实有点难，你觉得应该从哪一步开始思考呢？"照样，"球"又回去了。

以至于最后，他兴冲冲地拿着题过来问，我俩四目一对，他就乐了："哈哈，爸爸，我是这么想的……"

是不是很有意思？其实你也可以尝试，简单的三个字——"你说呢？"全部搞定。

所以，我们看书学习，一定要懂得思考，不要看到专家说（或书上说）"要认真对待孩子的每一个问题"就把"立即告诉他答案"当成"认真对待"。错，这绝对不是"认真"对待，这是不认真对待，是对孩子思考力的扼杀。

我们千万不要直接做孩子的"问题解答者"。

两千多年前，我国最早的也是世界上的第一部教育学专著《学记》就指出，"开而弗达则思"，意思是给予学生启发但并不全部讲解，也就是简单提示一个思路或方向，而不直接把答案告诉他，从而引发他去思考。这是多么有智慧的教育方式！

再回到孩子不爱思考、"爱问问题"上来，我们一定要想办法引导他思考，千万不要对他"有问必答""有问必全答""有问必详答"，而要注重培养孩子的思考习惯。

养成这样的习惯后，孩子以后遇到问题就不会先来寻求帮助，而是会先自己考虑好。其实，这并不是一个"自己的事情自己做"这么简单的道理，而是对问题的一种思考精神、探索精神，是一种主动走出情绪低谷甚至不落入情绪低谷的能力。

其次，点拨孩子，使其发现解决问题的契机。在询问孩子的过程中，即便问题被分析透了，我们也没必要直接去帮忙，同样的还是要点拨孩子去发现每一个解决问题的契机。

比如，提醒孩子反推他的行为，想想哪里没做到，哪里没做好，如果要解决眼前的问题，他之前的哪个行为可以改进一下；提醒孩子去发现自己可以做到哪一步，然后引导他注意自己没注意到的地方，提醒他关注细节，从细节出发去解决问题；等等。

我们不过分关注、不那么勤快，孩子的主动性自然也就会被唤醒。

再次，鼓励孩子自己做决定，并"支持"他的决定。有的孩子不敢做决定，对自己的决定没信心，也不相信这个决定可以帮他解决问题。所以我们应该鼓励他，对于他的决定，不管对错，我们都应该予以"支持"。但这里所说的"支持"是有艺术的。

12岁的女儿刚转学，就自己偷偷剪了一个"很时髦"的发型，妈妈虽然有点接受不了，但还是很平静地问女儿："换发型了？"

女儿有点"挑衅"地回答说："是啊！好看吗？"

妈妈笑了笑说："我觉得你想要去换个形象的想法挺好的，不过能告诉我为什么要换吗？"

女儿说："因为大家都这样子的啊！"

"哦。"妈妈点头，"也对，和伙伴们保持一致，倒是很亲密啊！"

女儿对妈妈的"认同"感觉有点意外，她本以为妈妈会反对的。所以，她回应道："是啊，我是想跟她们保持一致，但不知道该从哪里做起，这才换了个跟她们一样的发型。毕竟，我刚转过来，没她们那么熟悉彼此。"

妈妈想了想说："哦，是这样啊！你可以问问她们的喜好啊，看看有没有可聊的！"

女儿眼睛一亮："也对啊！昨天我们还说起都喜欢看的一部电影呢！"

妈妈点点头，女儿忍不住叹了口气："其实……我也不喜欢这个发型，可她们都是这样的，我不想不合群。妈妈，我就怕您说我不好看。"

妈妈笑了，摸了摸她的头发："好吧，我忍着不说。哈哈！不过如果你想换一换的话，我们都认识的那个理发师哥哥应该能做到。"

女儿松了口气，拉着妈妈的手赶紧出了门。

一场"危机"就这么轻松化解了，可见，"支持"孩子的决定，是需要智慧的。

要肯定孩子正确的决定，并引导他按照自己的决定去行动，让他看到成功，这会加深他的自信心；但如果孩子的决定是错误的，那么我们的态度很关键，不要嘲讽，而是要肯定他的勇气，并和他一起分析问题，引导他再次去思考，并重新做出正确的决定。我们要让孩子意识到，我们支持的是他敢于自我决定的表现，以及他这种敢于挑战自我的勇气。

最后，拒绝使用"这是最后一次我帮你"这句话。我来举例说明这个问题：

有位妈妈面对孩子的求助时这样说："这可是最后一次了啊！以后你得自己想办法，不能每次都来找妈妈，你必须自己想办法才能真正解决问题。妈妈不会总陪着你，你得自己努力，记住没有？"

孩子不停地点头，嘴里答应着。但是下一次，孩子依旧过来寻求妈妈的帮助，妈妈的说法也依旧是"我不是说上次是最后一次了吗？怎么又来了？算了，下不为例，这次就算了，以后不能再这样了啊！"

孩子还是如之前一样，只知道点头，并没有任何改变。

一旦决定想要让孩子自己去努力，我们也要有所回应。让孩子从不自信变得自信起来，一半的"开关"在孩子那里，需要他自己努力，而另一半的"开关"在我们这里，需要我们能真的放手，给孩子自己思考做决定的机会；否则你出尔反尔，孩子自然也会得寸进尺。

给孩子开辟一处"冷静区"

孩子闹脾气后，就会做一些令人生气的事情，如扔东西、摔东西，大声叫嚷，甚至推人、打人等。虽然这些做法看上去不算好，但其实这些都是孩子在释放情绪，只不过他并没有掌握好方法罢了，而我们明显也并不喜欢他的这些做法。既然不喜欢，我们就要帮着他改正，带他找到更合适的情绪释放方式。

比如，我们可以给孩子准备一个"发泄角落"，放一些软抱枕、毛绒玩具之类的东西在那里，当孩子闹脾气时，就带他去那里捶打一番。如果有时间，我们就和他一起去捶打，这也是在帮他发泄情绪。过不了多久，他就会因为自己的情绪被认同而不再无理取闹。

也就是说，我们可以给有情绪的孩子开辟一处"冷静区"——让他能自动自发地冷静下来，使他的情绪恢复到正常。

我们要避免"好心办坏事"——以"安慰"之名去行"打扰"之实，比如，类似下面的事最好不要做：

女儿一放学就满脸的不高兴，她把书包丢到沙发上，就回房间了。

妈妈赶紧过去问："宝贝儿，你怎么了？"

"没事儿。"

"没事儿？我看你今天心情很不好啊！"

"是的，我心情不好。"

"遇到什么事情了？跟妈妈说说。"

"我不想说。"

"有什么事不能和妈妈说？说出来心里就舒服了。"

"妈，我不想说！"

"你这孩子，你不说妈妈心里着急，你这个样子妈妈怎么能放心呢？"

"可我现在不想说话，让我安静会儿行吗？"

"好了，乖女儿别和自己过不去，要不妈妈带你出去玩吧？"

女儿"哇"的一声哭了起来："妈妈，我求你了，你出去，你出去！我就想安静地自己待一会儿。"

妈妈看到女儿哭了，心疼不已，抱着她的肩头说："别这样好吗？妈妈不忍心看你这样，妈妈很难过……"

不等妈妈把话说完，女儿就把耳朵捂了起来，哭得更委屈了……

在孩子不开心时，我们自然会看在眼里疼在心上，但是当孩子有负面情绪时，倾诉不一定能让孩子完全释放自己的情绪，我们的安慰也不一定能抚平他心中的创伤。当妈妈一遍遍地询问孩子烦恼的原因时，不但会打扰到孩子，还会让他的心更加烦乱。

也许他遇到了什么难事，但是一时还没理出个头绪，他也不知道这件事情该如何解决，甚至不知道该如何倾诉。当孩子的心烦乱而迷茫时，他需要的是一个安静的空间，最好不要有人打扰他。如果他想哭，就让他尽情地哭，因为坏情绪需要得到释放；如果他想听忧伤的音乐，就不要去打扰他，也不要问他为什么忧伤。孩子的坏心情不能从他人那里找到出口，只能由他自己慢慢调解。

在某些情况下，他人的安慰和开导也许能对孩子的情绪起到一定的作用，但也只能起到很小的作用，更多的时候，需要孩子自己想开，并心里明了。

当我们试图用"安慰"让孩子平静时，不妨想一想：

这种安慰是孩子现在所需要的吗？

是孩子想要安慰，还是我想给他安慰？

他会因为受到安慰而变得快乐起来吗？

我是不是在打扰孩子？

……

也许在我们看来，孩子遇到的某些烦心事根本不是大事，我们会说："这点小事还值得烦恼吗？"然后将自己的看法大讲一通，觉得这样就能帮助孩子想开了。但孩子毕竟是孩子，他的年龄还小，经历有限，所以，对于他来说，能把他难住的事，都不是小事。

有位作家曾在他的作品中写过这样一个故事：一个孩子因为完不成作业，被老师通知叫家长。结果，这个孩子想不开，就跳天桥自杀了。很多人不理解，说这个孩子也太脆弱了，这么点儿小事就想不开了。但这位作家却认为，孩子完不成作业，受老师批评，被家长责怪，这对于他来说就是大事。这和我们成人遇到股票下跌、公司破产一样让人有压力。

所以，我们不要轻易去拿自己的"理论"和生活经验去"安慰"孩子，那不是安慰，而是"打扰"。孩子心情不好的时候，不是我们教育他的最好时机，因为此时他不想听什么大道理，甚至也不想听关心他的话。他只是想沉思一会儿，让自己冷静一下，或者想睡一会儿，暂时忘记不开心的事情。而我们的安慰，就像一个"闹钟"，不停地提醒他想不开心的事，这样的安慰会有什么样的效果呢？

所以，当孩子烦恼时，不要打扰他。我们要相信，他有调节自己情绪的能力。即使他一时快乐不起来，我们也要等到他愿意倾诉时，再去帮他分析问题，帮他打开心结。

管教——对治情绪的"一剂良药"

孩子有情绪，除了各种必要的"疏导"之外，还需要另外一剂对治"良药"——管教。对孩子的情绪管理训练，离不开有效的管教。

虽然，我在十几年前就倡导"不吼不叫"的教育理念，但不吼不叫并不等于不管教。也就是说，我们在戒吼叫的同时，也不要忘了对孩子进行有效的管教。

那么，我们到底应该怎样正确而又非常有效地管教孩子呢？

第一，认识管教，而且要意识到，孩子也需要管教。首先要说明的是，管教不是惩罚，而是教育。好的管教是有基础的，这个基础就是对孩子要有充分的了解，并足够爱孩子。

孩子是需要管教的，而且他在内心深处也认为自己是需要管教的。关于这一点，美国著名心理学家塞尔玛·弗雷伯格（Selma H.Fraiberg）曾经说："一个不被管教的孩子，是一个感觉自己不被爱的孩子。"这确实非常有道理。但是，管教并不会让父母立刻就收到来自孩子的感激，这种感激或许会发生在很久以后，比如他们成家立业或者功成名就后（我认为，这是好的情形，因为他们听了父母的管教，所以人生顺利，功成名就）；这种感激也可能发生在未来，他们正在经历人生的酸甜苦辣的时候（我想，这应该是不好的情形，他们可能没听父母的管教，才会出现这个结果）。

另外，当一个孩子处于情绪或行为失控的状态时，他对自己是不喜欢的，甚至是厌恶的。这时，如果他得不到来自父母的管教，那他就会怀疑自己是不是真的不值得父母管教。所以，我们及时地对孩子进行管教非常有必要，但这个管教，有助于孩子情绪的缓解，是对他行为的纠正，而不是对孩子发泄情绪。

有时，孩子需要的不是一般管教，而是“强势”管教。当然，这个“强势”是加引号的，不是让我们大吼大叫、歇斯底里，甚至是连打带骂，而是在“爱孩子”的基础上做出的一种理性而坚定的管教行为。

第二，用“积极”管教取代“消极”管教。所谓“消极”的管教，是指我们总是用“不行”“不可以”“不能”“不许”等类似的字眼，来阻止孩子的某些行动，希望达到让他乖乖听话的目的。但是，如果对孩子的管教总是用各种各样的“不”，总是消极的，那么可想而知，孩子会多么沮丧！

我讲一个案例：

有一天，一位妈妈翻出一段手机视频，里面记录的是她们一大家人过年时聚餐的场景。最开始看的时候，这位妈妈还觉得挺有意思的，不管是成年人还是孩子，大家都玩得很开心。但看着看着她就发现问题了，因为她看到 4 岁的女儿对当时的欢乐场景是无感的。为什么呢？因为这位妈妈在没完没了地说教——“坐好了”“别乱动”“不要去抢弟弟的东西”“别动筷子，等大人开始吃的时候你才能吃”“别乱摸，脏呢”“不要去烦你姥姥”……

每当她的女儿听她这么说时，都会皱眉、噘嘴，有时还会揉揉衣角。但这位妈妈当时对这个“教育”孩子的场景是完全没有意识的，而且事后她对此也没有什么记忆。直到再次看这个视频，她才忽然意识到自己那个时候，到底有多烦人。

类似的场景一定也会在我们身上或周围经常发生。

在教育孩子时，你会觉得自己很正确，但静下心来再回头看时，可能就连你自己都能感觉到这样的管教简直是太消极了。这种不断否定的消极态度，不要说是孩子，即便是成年人，如果总是被人说"这不行""那也不行"，那么也不会开心的。

很多家庭的规矩，也充满了各种消极的否定，"不能这样""不能那样"之类的要求，比比皆是。如果孩子面对的是这样的规矩，那么就很难积极地去遵守。

处于幼儿期、儿童期的孩子正是渴望得到鼓励、夸奖、肯定的时候，过多的否定可能会让他与妈妈产生矛盾甚至是争执、反抗，那以后对他的教育也会更加困难。

所以，不要总是试图用消极的管教来让孩子体验你的威严，温柔一些会有更好的教育效果。具体来说，应该怎么做呢？

我们不要总把注意力放在孩子的错误上。孩子是在不断地犯错误的过程中成长的，我们要宽容地看待他的错误，不要总是用各种"不要"提醒他，而要帮他发现"要"怎样，多关注怎么帮他改掉错误，这才是有效的教育。而且，我们还要多看看他表现得好的地方，可以通过鼓励他的好，帮他改掉一些坏毛病。

这里所说的"鼓励"，其实可以理解为对孩子多一些纯粹的积极评价。什么是"纯粹的积极评价"呢？其实就是要对孩子的良好表现多一些肯定与表扬，说完之后不要转移话题，不要说"但是"。也就是说，要给予孩子完整的积极评价，而不加入任何的挑剔成分。

比如，孩子早上可以自己刷牙、洗脸、穿衣服，但是却从来不梳头。对这件事，我们就不能说"你自己刷牙、洗脸、穿衣服这很好，但是怎么能不梳头呢"，而是要换成"我真高兴看到你能自己刷牙、洗脸、穿衣服，如果你还能自己梳头就更好了"。

前一种说法并不是表扬和肯定，而是对他的抱怨、失望和否定，是消极的。而后一种说法从始至终对孩子都是一种积极的肯定，其中也包括了对他目前还没有做的事情的一种期待，相信孩子会很乐意把事情做完、做好。所以说，"没有对比就没有伤害"。要怎样对孩子进行恰当的提醒，我想你肯定会有一些比较清晰的思路。

第三，骂孩子并不是管教，只是我们情绪的发泄。在孩子不听话时，我们需要"强势"管教，但"骂孩子"不包括在内。那为什么要把"骂"孩子单独拿出来讲呢？因为骂孩子是很多妈妈"管教"孩子的惯用方式。孩子的一些问题可能真的让人很气愤，开始时，妈妈可能只是生气，然后就变成数落孩子，可是越数落越生气，接着就会大吼大叫，最后很快就升级为"骂"。

在骂孩子时，我们可能会感觉恨铁不成钢，但骂完之后，我们又会感觉很后悔。

仔细分析这一系列过程，其实这根本就不是在管教孩子，而似乎只是妈妈在发泄情绪。孩子在受到了怒吼的惊吓后，虽然知道为什么被骂，但不一定能记得去改正，因为让他印象深刻的可能只是妈妈那因为愤怒而扭曲的表情，以及那一句句令人难以忍受的粗暴的话语。也就是说，到头来，孩子的问题依然没有解决。这一点，在前文中也提到过。

有太多的孩子每天都因遭受妈妈的呵斥、吼骂，而感到很痛苦。虽然孩子小心翼翼，但总逃脱不了被骂的命运。也许，在一些妈妈看来，呵斥孩子才能显示出自己的威严，骂孩子就是在教育孩子。其实，这完全错了，骂孩子只能表明自己不知道该怎样教育孩子。

作为妈妈，为什么会骂孩子呢？可能有这样几个原因。

首先，妈妈在孩童时期，就是在自己妈妈的骂声中长大的，有了孩子后就可能会再骂孩子。可是，20年前与20年后的呵斥、吼骂效果却大不相同。20年前，也就是今天的妈妈在孩童时期，妈妈的呵斥是很管用的。妈妈一拉脸、一呵斥，孩子就会变乖，不敢反抗，因为妈妈有威严，妈妈为家庭付出很多，孩子都看在眼里。可是今天，妈妈的呵斥却没有太大的效果，因为孩子没有把妈妈放在眼里，没有感受到妈妈的辛苦。甚至，有些妈妈早上都不起来给孩子做饭，只是给他 5 元钱、10 元钱，让他到外面去吃。也就是说，他不认为妈妈是辛苦的。所以，他自然也就不听妈妈的呵斥。即使表面上听了，内心也是不服气的。

其次，今天有的妈妈看到别的妈妈也在骂孩子，还把这个当"经验"来交流，所以相互影响。实际上，妈妈应该学习好的、有效的教育方法，而不要去学那些不科学的方法，因为那注定是无效的，甚至会起反作用。

最后，有的妈妈除了骂孩子、呵斥孩子，似乎说不出个"一二三"来，所以就只能骂、呵斥。即使能说出"一二三"，也只是说说而已的大道理，因为妈妈自己也没有做到。自己做不到，怎能要求孩子？只有正己，才能化人。妈妈自己做对了，孩子自然就做对了。妈妈的榜样示范力量很大，这一点不用怀疑。

所以，我们要有主见，不要受别人意见的左右，也不要受周围环境的影响，在内心深处永远要有一架衡量是非善恶标准的天平。只有这样，我们才不会做出错误的判断，才不会做出让自己后悔的行为来。教育孩子也是一样的道理，不要人云亦云，别人的经验不能拿来直接用，要针对自己的孩子，总结出最有效的教育方法。

总之，不要再对孩子大吼大叫，也不要呵斥他、骂他，这些都不是对孩子的管教，而只是情绪的发泄！实际上，管教不是为了证明父母的权威或力量，而是为了帮助孩子形成自律的人格。

第四，对孩子的爱与管教，表现在适度"惩戒"。这一点非常重要，所以我也想讲得更详细一些。之所以会形成这样一个观点，这里面还有一个小插曲。

有一次，一位同行在做一期教育节目，主题跟"打孩子"有关。她通过电话问我一个问题：孩子到底能不能"打"？当时她提的说法是："能不能跟孩子动武？"

在我看来，"动武"这个说法，显然是夸大了，或者它只是吸引观众注意力的一种表达方式。

但是关于"能不能打"这个问题，我还是有一点自己的看法的！

对于"打"这个说法，我是不太认同的。因为一提到"打"，就难免跟暴力、情绪发泄、失去理性、拿孩子出气等联系在一起。当孩子犯了错，需要管教时不要说"妈妈要打你了"，而是应该说"妈妈要管教你了""你要接受惩戒"。

在这里，我要特别强调：孩子需要的是管教，但他不需要挨打；孩子会认同管教，但却不认同被打。所以，你不要跟孩子说"我要打你了"，而是要说"我要管教你了"。还有一个词，叫"惩戒"，而不是"惩罚"。

惩戒是非常有必要的。《易经·系辞下》就指出："小惩而大诫，此小人之福也。"也就是说，有小过失就适度地惩戒（非恶性体罚），使他受到教训而不致犯大错误，这是"小人"（孩子）的福气，是吉的。

什么是"惩戒"？惩戒，就是惩治过错，警戒将来。最终目的是警戒将来，而不是惩罚现在。这一点，我们要特别清楚。

我们知道，对孩子也应该讲求平等，所以很多妈妈在教育孩子时，总是强调顺应、接纳，强调尊重，"惩戒"的方法用得比较少。在我看来，"顺应""接纳""尊重""平等"地对待孩子是必不可少的，但是如果真的爱孩子还要用心去管教。

也就是说，对孩子我们肯定要有爱，但也要有管教，管教也是爱的一种表达方式。而管教的表现形式之一就是"惩戒"。

关于"惩戒"孩子这件事，经过慎重思考，我把看法详细列举如下，共计15条。

（1）什么时候惩戒？这要看看孩子的年龄，一两岁的孩子最好不要惩戒，我在前面也讲过，因为很多时候，那是他在探索这个世界。3岁以后可以适当地惩戒了。

（2）惩戒不能使用武力，不能暴力惩戒。我们看"教育"的"教"字的小篆体，右边是"攴"，就是手里拿着一根小木棍，代表对孩子的适度惩戒；也表明，惩戒要借助一定的工具，而不是直接用手打孩子，因为我们经常会伸手抚摸孩子，拥抱孩子，所以手是用来爱孩子的。不然，我们一伸手、一挠头，孩子以为又要挨打，就会害怕，甚至哆嗦，那就不好了。

（3）惩戒孩子，要适度。不能对孩子的身体造成伤害，比如拍打屁股、手心，而不能打脸、扇耳光、拍脑袋。

（4）不能随便惩戒。要事先跟孩子有约定，"如果做得不好，或者多次犯同样的错误，妈妈就要管教你了"，而不是不问青红皂白地就把孩子打一顿。所以，要跟孩子事先沟通，不要让他以后仅仅记住了惩戒这件事本身，还要让他知道为什么会受惩戒，并总结反思。

（5）不能让孩子感觉：惩戒他是妈妈的一种情绪发泄。也就是说，惩戒孩子的时候妈妈不能失控，要情绪平和，要有理性。有的妈妈心情好时孩子怎样做都行，心情不好时就爱打孩子，这是非常错误的。妈妈的反复无常会让孩子感到无所适从，会让孩子的心灵受到伤害，不但起不到教育的效果，还会有反效果。

（6）不能"秋后算账"，不能"新账旧账"一起"算"。

（7）"惩戒"不是最终的目的，而是一种管教的方法，或者说是一种教育的手段，是要让孩子敬畏规矩，而不是让他怕妈妈。

（8）"惩戒"是手段，是为了不惩戒。惩戒是为了让孩子自动自发，无论是做人、做事、学习，还是与人交往，都能够自动自发。

（9）不用担心"惩戒"会带给孩子负面效果。一个孩子只要是生活在一个时时处处充满爱的家庭里，他就不会对一次应该承受的惩戒产生怨恨，该阳光还是阳光，该快乐依旧快乐！

（10）最为关键的是，我们要给孩子做好榜样，自己做对、做正，给孩子以感化、感染。事实上，最好的教育是人格感染，是让孩子接受好的熏陶，这样，教育就会变成一件简单的事。

（11）"惩戒"这个动作，在孩子上小学后应该逐渐减少，在孩子到青春期时，就应该停止。因为青春期的孩子，非常希望别人把他当成大人来看，如果这个时候还要被责打，他们就会认为是一种耻辱，所以可能反而会更不听从管教。

（12）"惩戒"对少数孩子可能不管用。个别性格比较刚烈的孩子，可能会因为"惩戒"反而更加叛逆和难以管教；以前受过虐待的孩子也会非常排斥爱的管教；对非常敏感的孩子也要区别对待……总之，惩戒不是万能的，要因人、因事而异。

（13）如果能跟孩子讲通道理，且孩子能改正，就没有必要再用惩戒的手段。

（14）对于一些不适用惩戒手段的孩子，可以换惩戒方式，比如，让他自己去面壁或静坐反省，剥夺他一段看电视、上网的时间等。

（15）惩戒不是无原则的，而是讲求智慧与方法的。惩戒只是手段，最终要达到的目的只有一个，就是让孩子养成良好的行为习惯，让他知道对错，有自我约束的能力。

希望这些内容能引起我们的反思。一味地顺应孩子对孩子反而是一种伤害，这样等我们不想顺应他而想教育他时，可能就为时已晚了。

一个附带条件的"好"胜过一箩筐的"不"

在生活中，很多父母经常对孩子说"不"，好像只要是孩子提出来的要求，在父母那里得到的就是各种"不"的回应。

孩子：我想出去玩儿！

妈妈：不行！在家老老实实待着！

孩子：我想买零食！

妈妈：不行！零食对身体不好！

孩子：我不想洗澡！

妈妈：不行！今天必须洗！

孩子：你再给我讲个故事吧！

妈妈：不行！没时间了！

孩子：我要扫地！

妈妈：不行！净给我添乱！

孩子：我来端这杯水吧！

妈妈：不行！弄洒了怎么办？

……

这些对话，无论如何都进行不下去。可以说，我们对孩子的回应，都是有着"一招伤身"威力的杀伤性语言，甚至有"一招毙心"的隐患。身体受了伤，经过治疗，多半都会痊愈；可若是内心受了伤，那种伤痛却要自己慢慢恢复，有的伤能好，有的伤却会在心上留存一辈子，时不时就会疼痛发作，令人难以忍受。正所谓"利刃割体痕易合，恶语伤人恨难消"。这就是杀伤性语言——各种"不行"所带来的伤害。

遗憾的是，很多孩子在日常生活中，却不得不忍受这样的伤害。因为很多妈妈一开口就是杀伤性语言，让孩子招架不住。

来看一看下面这些话：

"你还是别学画画了！这画的什么玩意儿？啥都不像，这不是浪费纸吗！"

"这都不会？真是笨死了！长了个猪脑子！"

"我说不行，听不懂吗？你就是个不听话的主儿！"

"不能买！一看你就是个'大馋猫'，没出息！"

"不争气的东西！看看人家，你也不比人家少胳膊少腿，怎么就这么让我不省心！"

"别烦我！滚一边去！"

"不许哭！憋回去！我怎么就生了你这么个窝囊废？！"

……

很多妈妈气头上都会不假思索地吼出这些话，借此来发泄自己的不满，表达自己对孩子的失望，也借此来让自己的一腔怒火有个释放的通道。

但是，听见这些话的孩子又会有怎样的反应呢？委屈、伤心、痛苦、沮丧，甚至还会有一种被抛弃感。这样的话根本不会让孩子有所触动，反而会让他变得更糟。比如，总听见说"你怎么不听话"的孩子，势必会越发不愿意听话；总是被说"慢得跟蜗牛一样"的孩子，日后很可能也快不了；总是被骂"没出息"的孩子，以后可能真的会如妈妈"所愿"……

正如皮格马利翁效应所揭示的那样，被寄予期待的孩子，日后将会向父母期待的方向发展。而我们给孩子的若是这样杀伤性的"期待"，那么他未来也就很难有什么好的变化。

我们虽然看似明确地表明了自己的态度,但是孩子感受到的只是自己的想法和做法被毫不留情地"否定",甚至觉得是挨了训斥或数落,他依然不知道自己在哪里出了问题,当然也就谈不上反省,剩下的就只有被那些杀伤性语言所伤害到的心了。

所以,不要让孩子受到这样的"心罚",不要让他总给自己过低的评价。好好地表达我们想要表达的意思,才能发挥良好的教育作用。

实际上,一个附带条件的"好"胜过一箩筐的"不"。比如:

孩子:我不想洗澡。

妈妈:好,你可以玩一会儿再洗。

孩子:好吧!

孩子:再给我讲个故事吧!

妈妈:好,再讲一个,这是提前预支的明天的故事,讲完这个,咱们后天接着讲。

孩子:那还是明天讲吧!

……

这就是"顺应"孩子的说法——好,但是附带了一个条件。这样,会让孩子在心理上有一个"缓冲",不至于让他的期待完全落空。他会理性地权衡我们提出的这个"附带条件",从而做出自己的判断与选择。

可见,驱使孩子对自己的行为做出"刹车"动作的,不应该是我们,而应该是孩子自己。这样他就会"心甘情愿",而不是"被逼无奈"。

所以,掌管孩子情绪的"钥匙",孩子手里有一把,我们手里也有一把,关键不是让我们手里的这把"钥匙"发挥作用(我们这把"钥匙"充其量是备用的,当孩子的那把"钥匙"不管用时,我们才能拿出自己的这把"钥匙"),而是让孩子主动拿出"钥匙"去开启自己的心门,去应对自己的情绪。我们能起到的作用,就是正确地"引导"。

第一，调整讲话方式，使其不再有"杀伤性"。有的父母已经习惯成自然，不管说什么话都带有一种否定意味，这个习惯要尽快改掉。我们可以先从日常生活开始，说话前先想一想，说一段话时多用一些肯定意味的词语。比如，不要说"别在家里乱跑"，改成"好好走"，这样孩子接收到的就是建议而非否定了。要知道，"杀伤性"的语言只会让孩子更加逆反。

比如，孩子爱抠鼻孔，你对他说再多的"别抠鼻孔"可能都不管用，这时，就不如换种表达方式："妈妈知道改掉抠鼻孔的习惯需要时间，所以你以后再抠鼻孔，妈妈就提醒你注意。"这样温柔以对，孩子也就不会再排斥，他会回应："好的，妈妈。"

第二，及时清空头脑中各种不恰当的言语表达。不行、不可以、猪脑子、笨蛋、没出息……我们头脑中总是会"预存"这样一些否定式的、难听的话语，可能就是为了方便我们在吼叫发泄时能让话语显得更有"力度"，但这些话却也是最伤人的，孩子当然不能接受。所以，我们不要再想着该用怎样刻薄的话让孩子认真起来，而应赶紧将这些话从大脑中清除。只要表达准确，即便最平和的语言也同样有力量。

第三，多看书，多学习，收集温暖的教育语言。通过读一些教育类的书籍，学习语言表达技巧，收集、总结温暖的教育语言，逐渐改变自己过去尖锐的语言表达方式。

第四，表扬孩子应纯粹，不加"但是"。需要注意的是，我们要尽量把握好一个度。比如，不要从完全否定孩子的极端走到一股脑地、无原则地表扬孩子、纵容孩子的另一个极端，尤其是不要夸大事实。

给孩子一个中肯的评价比没完没了地夸他"好"要有用得多。也不要总是夸他天生的聪明、漂亮，要多夸他的努力，多挖掘他的能力，夸他"你能如此流利地摆事实，说明你的思维很清晰，这点很好"比说"你真棒"对他的激励作用更大。

不能太过啬音夸奖，也不要在夸奖中掺杂很多"但是"。比如，不要说，"你这次考得不错，值得表扬，但是粗心的毛病还没改，如果不改下次就会考得很糟……"，这样的夸奖会让孩子完全没有受到表扬的感觉。

心理学上有一个近因效应（Recency Effect），是说人在识记一系列事物时，对末尾的记忆效果要优于中间以及前面的部分。显然，我们这样一番包含"但是"的话说完，孩子记住的只有最后的批评，夸奖的内容就会被忽略。也就是说，夸奖应该纯粹一些，批评留到该批评的时候去说，夸奖的时候就要让孩子意识到自己的好，这样夸奖才能发挥真正的作用。

实现"去情绪化训练"的良性循环

至此，对孩子进行情绪管理训练的"五步法"就已基本讲完。但在最后，我还是想把这个"训练技术"串联起来，从而让我们实现"去情绪化训练"的循环。

这个循环简单描述如下（见图8-1）。

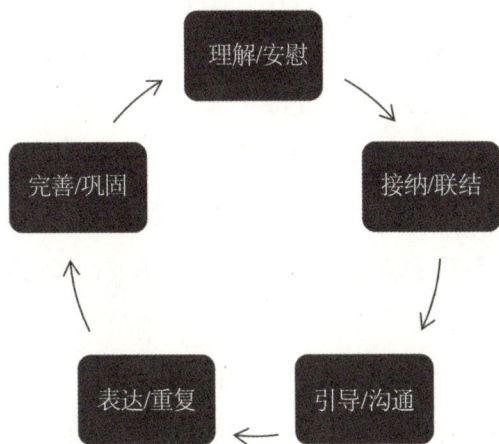

图8-1 "去情绪化训练"的循环

读懂情绪，同理共情（理解 / 安慰）→接纳情绪，联结情感（接纳 / 联结）→正向引导，积极沟通（引导 / 沟通）→鼓励表达，刻意练习（表达 / 重复）→解决问题，提升能力（完善 / 巩固）→读懂情绪，同理共情（理解 / 安慰）。

这个良性循环的实现，需要我们自始至终都能觉知到自己的情绪，也能觉知到孩子的情绪。唯有如此，我们才能保证自己是一个理性的存在，才能给孩子做一个理性的榜样。当孩子有情绪时，我们不要"随其起舞"。

其实，我们人人都具备这种"认识自我，改变自我"的力量。我们要时时保持这种警觉心，多注意觉察自己的情绪，但要彻底实现自我改变，可能也需要一个缓慢渐进的过程。

这个过程的关键因素，就是要对孩子充满爱，也要对自己有爱。接纳孩子的一切，也接纳自己的一切。

这种接纳能让你以更平常的心态看待孩子的情绪，不因他的种种情绪变化而情绪波动，反而能顺其自然地去寻找解决的方法。

更重要的接纳是对自我的接纳，只有接纳自我，才不会将对自我的不满迁移到孩子身上。接纳了自己的一切，会帮助我们更有效地改变自我，变成更好的自己，也变成更好的父母。

爱是深层的原因，有了爱，或者说有了正确的爱后，我们自然会变得心态平和。我们就会发现，孩子的心理是不容忽视的，每个年龄段的孩子都有自己的想法；与孩子沟通非常必要也非常重要，哪怕是很小的孩子，他的想法也值得被尊重。

不要总试图寻找那些所谓的"不吼叫就没办法"的借口，只有从内心深层开始努力，我们才能成为孩子内心最想亲近的父母。

更进一步而言，怎样培养自我情绪感知能力，察觉孩子的情绪，以实现"去情绪化训练"的良性循环呢？

第一，注意观察孩子的异常表现。其实孩子的很多情绪都是外露的，我们只要仔细观察，就能发现他的情绪变化，比如笑容少了，对喜欢做的事情不感兴趣了，总是找碴儿，等等。小孩子会经常哭闹，大孩子则动不动就发脾气，不愿意多说或者对着什么东西自言自语，等等。

我们要做细心的父母。我们只有及时发现孩子情绪异常的苗头，才能尽快了解孩子的情绪变化，并给予及时的帮助。

第二，站在孩子的角度看问题。其实要做到对孩子情绪的察觉，有一个非常简单的方法，就是将自己放在孩子的位置，以他的视角去看待问题，以他的思维去感受事件。

有些父母不理解孩子情绪的变化，只用成年人的视角来看问题，这样是没法理解孩子的小世界的。比如，孩子因今天同桌没和他说话而不开心，成年人会觉得不过是孩子闹别扭，但孩子却会想"我们之间是不是出了什么问题"。

只有站在孩子的角度，我们才能理解孩子的感受。想想自己小的时候，如果遇到同样的事情时我们会有怎样的感觉，那么我们就能体会孩子的情绪了。

第三，以询问代替猜测。很多父母总是喜欢猜测，而且对自己的判断还很自信。但是对于小孩子来说，由于他并不懂得如何表达自己的感受，这种猜测会扰乱他对自己的感觉判断；而对于大孩子来说，错误的猜测会让他更烦躁，他会觉得我们不理解他，并因此更加不愿意与我们沟通。

所以，倒不如选择询问，从"妈妈看你不开心，你怎么了"开始问起，引导孩子主动将自己的情绪说出来，把自己经历了什么讲出来，这样你才能准确判断孩子到底怎么了。

第四，支持、关怀孩子，让他放心表达。看到孩子情绪不好，有些父母就会认为孩子犯错了、出问题了，可是孩子也会有被误解、被欺负的时候，也会有感觉伤心、愤怒的时刻。

我们对孩子要表现出爱来，而不是处处猜忌。不管他遇到了什么，我们首先要给予他支持与关怀，即便真的是孩子出了错，但他此时拥有不好的感觉，也应该得到我们的理解，只有这样他才能放心地将自己的问题和感受说出来。

第五，不要不理会孩子的情绪。有些父母虽然知道孩子有了情绪，但就是没什么反应，而只是专注地表达自己的感受。孩子并不喜欢这样冷酷的父母。我们只有察觉了孩子的情绪，并对他的情绪有所反应，他才会感受到自己是被人理解和挂念的，才不会产生被忽略的感觉。

即便我们知道孩子可能做错了事情，但我们也是最不应该对他不闻不问的人。我们应该时刻和他站在一起，了解他的经历，理解他的情绪，并帮他想办法，给他提建议。

上述几点，其实就是对"理解／安慰→接纳／联结→引导／沟通→表达／重复→完善／巩固"这个良性循环的进一步解读。只有时时保持教育的敏感度、教育的真诚心，对孩子的情绪管理训练"五步法"的实践才能更加深入，也必将有利于我们和孩子的情绪向好发展。

第九章
不吼不叫：父母情绪平和，是孩子最大的福气

一次情绪平和胜过百次大吼大叫

我想请你先来思考一个问题：

作为父母，当孩子"不听话"时，你是怎么做的？是漠视？是茫然无助？是无可奈何？还是大吼大叫？甚至是抄家伙？……这是值得每一位家长用心思考的问题。但对一些妈妈来说，她们可能会先发一顿火。

在这里，我列举几句常见的话，比如：

"你别逼我发火啊！"

"跟你说过多少遍了！"

"你怎么就是不听话呢！"

"看你真是不长记性！"

"你给我滚出去！"

"看我不收拾你！"

"你找打啊！"

"欠揍吧！"

"简直是气死我了！"

……

这些话，你对孩子说过吗？是不是有"中奖"的感觉？

但是，仔细回想一下，你"大吼大叫"地发一顿火，希望在气势上"压倒"孩子，孩子就真的变得"听话"了吗？并不会。

如果我们在工作中出现了某种状况，领导还没弄清问题的原因，就对我们劈头盖脸地一顿呵斥，我们心里做何感想呢？这跟我们不分青红皂白地冲着孩子大吼大叫是一个道理——他不服。《弟子规》说："势服人，心不然；理服人，方无言。"只有在"理"上让一个人信服，他在内心才会服气，才会心悦诚服。如果我们控制不住自己的情绪，那么不但不会把孩子教育好，还会影响自己在孩子心目中的形象，更有损自己的身心健康。

所以，在教育孩子的过程中，我们一定要控制好自己的情绪。因为"掌控情绪，才能掌握未来"。

只有把精力用在控制自己的情绪和行为上，你才不会去控制孩子的情绪和行为。而且，当你情绪稳定时，整个人是理智的，所做的每一个决定、所说的每一句话、所展示的每一个动作、所表现的每一个眼神等，都是经过深思熟虑的，都经得起孩子的"检验"，孩子自然而然就会信服。

所以，一次情绪平和胜过百次不吼不叫，只有做到不吼不叫，才更容易培养出优秀的孩子。

但有时你可能还是会有疑问："当孩子调皮捣蛋时，也要不吼不叫吗？"

这是当然而且是必需的。

对于孩子来说，我们对他进行理智的、不带情绪的教育，他是很容易接受的；但是如果我们对他大吼大叫，甚至大打出手，他就会从内心逆反，会反抗这种所谓的"教育"行为，当然，他也就更加不会去深刻认识并改正自己的错误。

所以，如果我们能情绪平和些，讲理些，那么教育效果会比吼叫强很多倍。

孩子"不知骂""不知怒"是父母的一种修养

教育最大的死敌，可能就是父母的坏情绪、父母的大吼大叫。所以，不要让你的大吼大叫成为孩子童年的阴影。

但非常遗憾的是，很多父母天天在冲孩子大吼大叫，这确实是一个特别残酷的现实。

吼叫已经成为我们"日用而不知""日用而不觉／绝"的坏习惯了（既觉察不到，也断绝不了，这是非常令人遗憾的）。

吼叫时间：任何时间。

吼叫地点：任何地点。

吼叫原因：不分原因——不管外在的原因、自身的原因，还是其他原因，都一股脑儿地归为孩子的原因，各种借口都会找到孩子身上，因为孩子身上确实有各种漏洞等着你下手。

吼叫效果：看似能唬住孩子。所以，你认为有效果。但我告诉你，那是假的！暂时的！因为孩子的情绪是内隐的，是会受到伤害的！

那么是没效果？也不是，他可能会反抗，会以暴制暴地回应！

实际上，无论是有效果，还是没有效果，都是没效果。有效果也是假的！

下面我就详细解读一下。

孩子总会有各种不听话的时候，总会有做不好事情的时候，总会有不让父母满意的时候……因为探索是孩子认知的主要方式，但凡是探索，都会出现一些或大或小的"意外"状况。显然，这些"意外"并不是我们愿意看到的，所以我们就会比较生气，就会吼叫。

吼叫，可能具有某种黏性，一不留神就偷偷黏在我们的"嘴边"，伺机"作案"。当我们的话刚一出口时，这个具有黏性的"吼叫"就会施展某种魔力，会立刻增大并提升"话语"的力度与音调，试图吓孩子一跳，试图让孩子听话。"告一段落"之后，它就又"乖乖潜伏"下来，等待我们下一次冲孩子"发威"的机会。

为什么这么说呢？因为很多父母都认为，"吼叫"并不是自己的本意，也不愿意承认自己是"发威"，所以就只好让"吼叫"这个词来背这个"黑锅"了。难道不是这样吗？

当然，这是一个玩笑。吼叫，怎么不是你的本意呢？你不就是打算唬住孩子吗？不就是想借此机会跟孩子发泄一下情绪，展现一下自己的"威风"吗？

你愤怒的吼叫带给孩子的都是消极、负面、否定的信息。接收太多这样的信息后，孩子要么变得毫无自信，凡事不敢自我做决定，不敢努力尝试，要么变得无所谓，不过是被吼一顿，不会让他有任何实质性的改变。

明代著名学者苏士潜在《苏氏家语》中就说："孔子家儿不知骂，曾子家儿不知怒，所以然者，生而善教也。"意思是孔子、曾子教育孩子不骂、不怒，以至于孩子连什么叫骂、什么叫怒都不知道。而反观今天，很多父母对孩子的教育特别性急，经常发怒，大吼大叫，甚至又打又骂。两相对比，就知道差距在哪里了。

能让孩子"不知骂""不知怒"，是不是也能体现出父母的一种修养？是不是也能体现出教育者的一种自我控制能力？

作为父母，我们只有了解自己孩子的个性、心理特点、成长规律，才可能容忍孩子的幼稚不懂事；我们也只有非常深刻地理解自己的教育使命、教育职责，才可能冷静对待，自我克制；此外，我们只有不断学习，丰富教育常识、经验、智慧，才可能找到巧妙的方法引导孩子，使他回到正道。因为稍有不慎，我们就会从教育的梯子上失足跌落，发怒、责骂，甚至殴打孩子，而把教育的真义抛到一边去。在这方面，年轻的父母、老师，得到的教训实在是不少，而孔子、曾子作为我们的榜样，确实值得今天的我们学习和效仿。

跳出"吼叫—后悔—再吼叫"的情绪死结

在一些父母看来，孩子好像永远"不听话"，于是不停地对他大吼大叫，然后在不久之后"良心发现"，又会后悔不已。所以，从这个角度来看，这些父母是不是陷入了"不听话—吼叫—后悔—不听话—再吼叫"的死循环呢？

每天面对孩子，我们好像总是在经历"吼叫—后悔—再吼叫"这样一个过程，我们找不到那个能打破循环的节点，也就只能无限循环。

在这样的情况下，以下这些问题值得我们深思。

现在的你，真的准备好了去做一个新生命成长的监护人吗？

现在的你，是不是还处在不成熟、不理智的状态？

现在的你，真的了解自己和你的孩子吗？

现在的你，需不需要为了家庭、自己和孩子做出一些改变呢？

有的妈妈说，自己为孩子操碎了心，忍无可忍才会吼，不然，谁愿意吼呢？没错，吼叫也是一个体力活儿，有时甚至会用尽全身力气。喉咙、表情、肌肉、内心，在一次吼叫之后，往往会精疲力竭，就好像用尽了所有力气。但我们却总会"知难而上"。吼叫不仅是对孩子身心的伤害，对我们自己又何尝不是一种虐待呢？

几乎所有的吼叫都是"冲冠一怒"，你吼叫的原因其实就是你只注意到了眼前，眼前孩子折腾出来的种种状况让你觉得愤怒。事实上，你的吼叫就是为了发泄这些愤怒——这是问题的关键，你承认也罢，不承认也罢，真相就在那里！

当我们冷静下来之后，再去看孩子犯的错误、出的问题，就会发现有些事真的只是自己在小题大做，有些事我们回过头来再看，也会好奇自己当时为什么会发这么大的火。

我们固守着自认为正确的原则，把自己的感受放在优先位置，习惯了自以为是，也许还有一些从自己的父母长辈那里沿袭下来的"吼叫传统"，所以我们才会一遇到事情就大吼大叫。

这里其实隐藏了一个真相，就是这种"吼叫传统"是从父母长辈那里沿袭下来的！为什么会沿袭这样一个"传统"呢？我们有没有想过？

其实孩子天性爱模仿，你怎样对待他，他也会怎样对待你。所以你吼他，他也将学会吼你，而且他还会吼别人。当孩子也学会吼叫时，说明他已经完全学会了你的这种负面的处世方式。甚至，他长大后也会复制"吼叫"，吼向他的孩子——今天我们对孩子的吼叫，难道不就是这个逻辑吗？所以，我们今天的教育不仅影响孩子的未来，也将影响孩子所建立的家庭的未来。

有一位年轻的妈妈就说："……现在已经过去十几年了，我已经工作、结婚，也有了自己的孩子，但是我依然记得母亲朝我吼叫时那张愤怒的脸。"

按道理来讲，母亲原本应该是孩子最愿意亲近的人，母亲的音容笑貌也是孩子铭记内心最珍贵的礼物，可是，让一个成年人记忆深刻的却是母亲吼叫时愤怒的脸，这不能不让人感到，"别有一番滋味在心头"。

这位妈妈还说："我曾经非常努力地克制自己，发誓不冲我的孩子大吼大叫，但后来我发现，我居然克制不了。"

可见，"妈妈模式"或者说"父母模式"是会"传承"的，一代又一代。你永远想象不到你给孩子留下的印象将会造成多么深远的影响。

所以，你要让自己从"吼叫—后悔—再吼叫—再后悔"的这个"恶性循环圈"里跳出来，努力破解这个恶性循环。

怎么去破解呢？破解的机会点又在哪里呢？

我们有愤怒的时候，也有冷静的时候，因为我们都不是硬邦邦的榆木疙瘩，而是有着柔软心灵的人。当我们内心的愤怒趋于平静、趋于冷静时，就会对刚刚过去的"大吼大叫"生出一丝悔意来，也就是后悔了。

既然这样，那么"吼叫—后悔—再吼叫"这个死结，就不是没有破解机会的。两次吼叫之间的"后悔"，就是一个又一个破解的机会。

心有悔意，就会对自己之前的行为产生反思，就会慢慢找到问题的答案。我们如果能将其记下来，再进一步有针对性地去攻克自己的不足，不断地实践、探索、改变，那么下一次再遇到类似情况时，就能知道应该采用怎样的方法去应对。

简单来讲就是这样一个关系：

吼叫→产生悔意→反思→寻找症结→努力探索→解决→记住教训→下次回避

这是破解这个恶性循环死结的理想途径。

我们一旦试过简单有效不需要吼叫就能解决问题的方法，就能体会到这其中的轻松与智慧，再加上对自己情绪的管理训练，就能慢慢与吼叫说"再见"。

不过，有的父母又会说，后悔、反思我知道，可是下一次我还是会立刻吼出来，然后又会后悔。所以，这考验的是我们自身对情绪的掌控能力。要破掉死结，不是一次两次就能做到的，学习掌控情绪，也是有过程的。

所以，这从另一个层面提醒我们，不要觉得为人父母是简单的事，这里面实则蕴含着深奥的教育智慧。我们只有与孩子一样不断学习与成长，不断磨炼自我，才可能摸索出适合孩子的教育道路，从而最终避免只用吼叫来解决一切问题的情况出现。

一旦你懂得了"不吼不叫"的教育精髓，并把这些方法付诸行动，就能轻松让孩子健康、快乐地成长，就能把他培养成一个有德、睿智、进取、负责、自觉主动、拥有理智的人生观、能踏对人生每一个脚步的人。

我相信，只要努力，你就完全可以戒掉吼叫，心态平和地去面对孩子、面对生活。

父母脾气暴躁，孩子更容易耍性子

一位妈妈有这样一段经历：

孩子 3 岁时，有一天哭闹，姥姥哄了几次发现不见效，就有些急躁了。姥姥就吼了一句："你再哭，我就把你扔门外面去。"

妈妈当时还觉得，姥姥竟然用这种方式吓唬孩子，实在太不应该了。

有一天，孩子又哭闹，妈妈百般计策都用上了，可依旧无效。妈妈最终忍不住也吼道："你再哭，我就把你丢出去。"

妈妈突然发现自己说了与姥姥一样的话。

又过了一段时间，孩子跟妈妈说想吃棒棒糖，妈妈拒绝了。孩子百般请求，妈妈依然没同意，失望又有些生气的孩子忽然对着妈妈嚷了一句："你不让我吃，我就把你扔出去。"

妈妈愣了一下，随即哭笑不得。

从姥姥到妈妈再到孩子，三代人，却说出了同样的话。姥姥的教育习惯已经养成了，她意图用"恐吓"的方式来吓住孩子，让他听话；妈妈在无计可施的情况下，头脑中不自觉地回忆起自己的母亲曾经用过的"方法"，希望母亲的方法能在这里起到作用；孩子则完全是在模仿，因为他自己没做好时，不管是姥姥还是妈妈都用"丢你出去"的说法，所以这次他感觉妈妈没做到他想要的，便也照葫芦画瓢，试试这种"丢你出去"的方式能不能奏效。

不要觉得孩子的模仿是多么有趣的事情，这样一个家庭三代的缩影其实是给我们敲了一个警钟——如果作为长辈的你爱发脾气，以吼叫来表达情绪，用愤怒来处理问题，那么你的孩子也很难成为一个性格平和的人。他日后对某些事情的处理，可能就将是你处理问题的方式的翻版，甚至是"进阶版"，也就是变本加厉版。

孩子之所以会变成这样，其原因有这样几点。

第一，妈妈若是坏情绪频发，家中就会有一个压抑的环境。孩子长期处在这样一种环境中，就会错误地认为这样的环境才是正常的。他在日后会无意识地也"创造"或"追求"这样一种环境，或者说只有处在这样的环境中他才能安心。

第二，妈妈是孩子学习的第一任老师，妈妈怎么说话、怎么做事、怎么与他人交流、怎么对待问题，当然也包括怎么吼叫，都会进入孩子的眼睛、头脑之中。在孩子看来，妈妈能做的事情，应该都是正确的，所以他也会不自觉地跟着模仿。

第三，妈妈暴怒的状态给孩子带来了视觉和心理上的冲击，使孩子经常陷入一种恐惧之中，这样的心理让他变得压抑、敏感。这样的性格使他并不容易接纳外界的刺激，可能一丁点不合他心意的事情，都能点燃他坏情绪的"引信"。

我们都希望孩子能成长为一个性格好的人，但是我们却忽略了自己对他的影响。其实很多妈妈都是自私的，一方面自己可以随意发怒随意吼叫，另一方面却希望自己的孩子一定要成为一个善良的、性格好的、爱笑的、积极乐观的人。除了一些极个别的特殊情况，让一个暴脾气的妈妈培养出一个性格平和的孩子，几乎是不可能的。

不要低估妈妈对孩子的影响，妈妈的言行举动，都将成为左右孩子未来的一个小小的"推动杠杆"。

新生入校一个月后，某小学的班主任老师在一次新生家长会上说，"根据孩子的表现，再透过在座的每一位家长的表情、样子，我就基本能将孩子与家长对应上。"

他为何这样自信呢？难道说这位班主任老师有特异功能吗？当然不是。因为他深知，孩子就是妈妈的缩影，经常吼叫的妈妈，自然也会有一个经常与人起冲突的孩子。

比如，通过班里一个脾气暴躁的孩子，他可以推断，这个孩子的妈妈和爸爸一定也很难控制自己的情绪。再对应孩子父母的面部表情和对人说话的语气，谁是谁的父母，基本就能猜个八九不离十了。

有的妈妈可能会说，孩子怎么不学好的方面呢？我发脾气，他就非得跟我学发脾气吗？

孩子幼年时期是建立是非观念的关键时期。人们经常说，"妈妈是孩子的第一任老师"。在孩子看来，"和妈妈一样"是让他很安心的一件事。他不是"非得"向你学发脾气，而是他被你感染，吸收你做事的特质，然后整合成他独有的待人接物的方式。

然而，很多爱发脾气的妈妈却也是爱面子的妈妈，孩子一旦在外面表现出了不平和的特质，妈妈就会觉得很丢脸，回家之后，可能又会用一通吼叫来训斥孩子，用自己的坏脾气来压制孩子的坏性格。

这真的是雪上加霜、火上浇油的做法。孩子在外表现出来的不平和的性格，理应是给我们提的一个醒。我们应该意识到"孩子这么暴躁，一定是我哪里出了问题"，而那种"以暴制暴"的方式只会让孩子感觉迷茫，进而感觉愤怒。

一些大孩子可能就会开始和妈妈顶撞，如果这时你还没有意识到这是你的问题，那就不要怪孩子一怒之下说出"你不也是这样做的"。

孩子的很多问题，其根源并不都在他身上。如果他脾气暴躁，那么我们不要先怀疑他是不是跟什么坏孩子学坏了，而是要先看看我们自己是不是一个可以自控的人。多向自己问问为什么，答案可能就会出来了。

花点时间打理夫妻关系——关系达人和关系炸弹

如果说要给家里的各种关系排一个顺序，你觉得哪个是第一位的呢？亲子关系、夫妻关系，还是其他关系？有相当一部分妈妈会选择亲子关系，她们认为，教育孩子是家庭中的重中之重，只有教育好孩子，其他事情才会没问题。但事实真的是这样的吗？

想象一下，当妈妈和爸爸因为家庭琐事发生了争吵，两人都在气头上，或者说两人都在为了证明自己的正确而愤愤不平时，孩子过来想要和妈妈玩游戏，或者当孩子遇到了问题想要求助时，如果你是那位妈妈，你有心情面带笑容地去和孩子相处吗？如果孩子在你们争吵时犯了错误，那么你还能冷静地处理他的问题吗？

当然不能排除的确有自控力极强的人，会在瞬间转换自己的情绪，能始终以良好的状态来回应孩子，但那样的人太少了。

现实生活中，绝大多数妈妈很难做到在夫妻之间闹矛盾的前提下还能好好对待孩子。也就是说，大多数情况下，你是没办法把亲子关系始终放在第一位的，因为那个与你最亲密的人和你产生了嫌隙，只要这个嫌隙存在，你的内心就始终有一道坎是迈不过去的。

有的妈妈会说，孩子才是与我最亲密的人，他爸爸不是。虽然从血缘关系上来讲，孩子的确对妈妈有着重大意义，但是从情感关系上来看，那个跟你共同构建家庭的、愿意听你倾诉的、可以给你温暖的、能够理性包容你的孩子的爸爸，才是这一生与你最亲密的人。实际上，良好的夫妻关系，才是家庭的第一关系。夫妻遇到问题彼此商量解决，有了烦恼互相倾诉，可以营造融洽和谐的家庭氛围。而这种氛围一旦被打破，夫妻关系一旦紧张，你可能就会变得压抑、愤怒，会在内心不停地抱怨对方，甚至想起他就气不打一处来。这时，如果孩子过来跟你说点事儿，向你要求点什么，那么你可能只会有一种感觉，那就是"我自己还烦着呢，你爸爸都不管我，你还来烦我"。

如果夫妻关系融洽，那么大家都会感觉很轻松，这时你才可能全身心地投入对孩子的教育中。良好的家庭氛围会带给你一种积极向上的感觉，你看待孩子时，也会更容易发现他身上的闪光点，哪怕是孩子淘气，你可能都觉得可爱。而且如果夫妻关系良好，那么你们彼此在教育方面也会有共识，也会齐心协力把孩子培养好。

关于夫妻关系的重要性，我再多说几句。中华传统文化强调，夫妻关系是五伦关系（父子有亲、长幼有序、夫妇有别、君臣（上下级）有义、朋友有信）的核心。所以，家庭中最重要的关系一定是夫妻关系，而不是亲子关系。夫妻关系好了，家里的事情就都顺畅了，所以不要本末倒置，一切关注点都在孩子身上，要是因此而破坏了夫妻关系，那就得不偿失了。

夫妻一定要和，家庭一定要和，家和才会万事兴。良好的夫妻关系胜过很多对孩子的教育，也是送给孩子的最好的人生礼物，所以必须将夫妻关系放在第一位。有了良好的夫妻关系，夫妻之间才能有更深入的沟通，这样即便是遇到了教育孩子的问题，也能彼此合作来解决。

古代治天下，应该首正人伦，而要正人伦需要首正夫妇。

四书之一的《中庸》指出："君子之道，造端乎夫妇；及其至也，察乎天地。"就是说，君子的道，从夫妇日常相处开始；达到精微极致之处，就能明察天地间的一切事物。夫妻是最亲近的一伦，教化之端要从这里开始。只有夫妇和，家庭才会和，孩子也才会在这样的和谐家庭中感受到最好的爱，他的人格才会健全。家庭这个社会最小的细胞都是和的，那么整个社会自然是和的。

四书中的另外一部经典《大学》也说，"故君子不出家而成教于国"。意思是说，君子不用走出家庭，德教已经加于百姓了，就是用自己的正道影响其他人了。其实，一个团队也是这样，领导者的家庭和睦，整个团队也会受到教化。

夫妻关系的好坏决定家庭教育的成败，一定不可小视这一点，不可小视"家和"——家和万事兴（当然也包括孩子的成长教育）——所以，要给孩子一个和乐、完整的家。在孩子看来，最好的家是怎样的呢？就是爸爸爱妈妈，妈妈爱爸爸。作为父母，作为夫妻，一定要努力营造和谐的夫妻关系，为孩子打造一个温馨有爱的家庭环境，让他有安全感。

那么，怎样才能处理好夫妻关系呢？

简而言之，夫妇循礼（遵守礼法、遵循礼节），夫义妇德；夫妻同心，其利断金！

相处秘诀——找对方的好处，认自己的错误；各自责，天清地宁；各相责，天崩地裂。要做"争罪"的"坏人"，不做"讲理"的"好人"！因为家不是讲理的地方，而是讲感恩、讲付出的地方，一讲理，一争谁对谁错，彼此的心就远离了。

在古代，都是先要求男人／丈夫，再要求女人／妻子（夫义妇德）；先要求父亲，再要求子女（父慈子孝）；先要求君王，再要求臣下（所谓君仁臣忠）。

古人讲，夫妻之间要做到"夫义妇德"，作为丈夫，要讲"四义"，即德义、情义、恩义、道义。德义，就是对父母、岳父母四位老人要有孝心，要杜绝吃喝嫖赌吸等不良嗜好；情义，就是对妻子要多鼓励，多说爱语，懂得制怒，长本事减脾气；恩义，就是对家庭多付出，对儿女多关怀，懂得感恩体贴妻子；道义，就是对家庭负责，在这个时代坚决不受各种诱惑，没有外遇，连外心都不要有，懂得珍惜夫妻之间来之不易的缘分。

妻子要温婉大方，懂得洒扫应对进退，也要有好的德行，有孝心，能帮助丈夫成就德行（而不是教他学坏，让他贪污受贿、偷奸耍滑、坑蒙拐骗、对人使诈），古语说，"子孝父心宽，妻贤夫祸少"，这是非常有道理的。

当然，换一种表达，"子孝母心宽，夫贤妻祸少"，也是一样的道理。

作为妻子，你是跟另一半相濡以沫的平等的人，不是家里的领导，所以不要太强势地在家中发号施令，也不要咄咄逼人地想要凌驾于对方之上。好好说话，好好商量。在丈夫面前，是妻子，在孩子面前，是妈妈，只有认清自己的位置，才不会有过分强势的心思。给丈夫应有的尊重，给他留一些余地，丈夫也会有同样的回馈。也要给丈夫发挥的机会，你认为他行，他就行。为人妻子，说话做事，做到性柔如水是一种高超的智慧，因为柔能克刚，因为柔弱胜刚强。而在孩子面前，你也要让孩子知道爸爸的伟大，要帮他在孩子面前建立威信，帮他与孩子建立联系。

当然，作为丈夫，也要包容体贴妻子：妻子生儿育女，家里家外，也是相当不容易。只有彼此在身心上相互搀扶，夫妻才能在和睦的道路上走得更稳，走得更远。

哪怕是暂时分离了，甚至是离婚了，也不要在孩子面前说彼此的坏话，更不要让孩子站队，因为对于孩子，两边的亲情都是一样的。所以，即使夫妻缘尽，也不要让孩子再受更大的伤害。不然，他未来的婚姻，可能也会出现问题，甚至会恐婚、不结婚或离异。

都说一个成功男人的背后，一定有一个伟大的女人。当然，一个下了班满头大汗、乐此不疲去带娃的男人背后，也都有一个光鲜亮丽、机敏聪慧的女人。实际上，在一个家庭中，夫妻二人要各安其位、各守其责。一个美满幸福的婚姻，通常需要二人具备两个条件：一是志同道合，二人具有相同的价值观。这是婚姻建立的基础。真正的夫妻，对"爱"有相同的信仰与坚持。这里我们理解的"爱"是广义的，并非仅指儿女私情，还包括对父母的孝敬、赡养，对家庭、社会义务的承担。二是要相互理解、相互包容。它决定两个人是否能够走得长远。在一起生活的过程中，它能够让两颗心在道德上得到不断的"升华"。

一个家庭好比一棵大"树"，长辈是树根，我们是枝干，孩子便是树梢上的花果，若要花果丰硕，便要浇其根本。"本"得其固，何忧其"果"呢？意思是我们不要忘了我们的父母，要从为人子女应尽的义务开始，孝敬我们的父母。我们尽孝的过程，也是在给孩子最好的教育。其实说到根本，孝敬父母与教育孩子，也可以说是一回事，我们做得越真切，孩子的感触就会越深刻，因为教育本身就是一项以生命影响生命，以灵魂缔造灵魂的事业。夫妻要做的不仅仅是给孩子一个健康的身体，更要给他一个高贵的灵魂，这个灵魂的铸造很大程度上是从夫妻"固其根本"上——行孝而来的。

教育，不一定要通过言语，有时候，无声的行为更能给孩子以真实的感动。古代启蒙经典《三字经》开篇就说"人之初，性本善"，教育就是"长善救失"。而这"善"是孩子本有的。我们需要善加引导，而不是强行给孩子施加什么。

作为妻子，也应该学会与丈夫配合，你不应该一个人"战斗"。教育孩子从来都不是一个人的事，妈妈有妈妈的道理，爸爸也有爸爸的作用，哪一方都不能被忽略、被放弃。

所以对于教育孩子这项工作，最好是妈妈与爸爸分工合作，双方不仅要各司其职，还要通力协作。只有双方打好配合，孩子才能享受到完整而理智的家庭教育。

　　从总体目标来看，我们都是想让孩子受到良好教育的，也就是夫妻之间要有一个"求同"的目标。但"求同"并不是要求两个人一模一样，而是要求两个人尊重彼此的差异。要意识到，夫妻双方因为性别、性格、思维方式等不同，在育儿的一些细节问题上肯定会有不同的看法，不要强迫另一半在任何问题上都与自己保持意见一致，夫妻二人只需要教育理念相同就够了。比如，爸爸本就是需要利用他男性的身份、思想、行动模式去影响孩子的。可以说，对孩子的教育，恰恰就需要这种来自父母之间的不同。所以，妈妈和爸爸只有给彼此足够的信心与支持，你们的配合才会越来越顺利。

　　爸爸对孩子的教育有着不可替代的作用，妈妈学会与爸爸配合，不仅教育效果会更好，自己也会相对轻松许多，心情也会因此变得更舒畅，吼叫当然就越来越少了。

　　不过，我还是要再次强调：你们在共同教育的过程中，难免会遇到各种各样的问题，针对这些问题，双方一定要沟通教育理念，尽量达成共识，保持教育的一致性，否则，孩子不但不知道该听谁的教导，可能还会在其中钻空子，反而不利于他的成长。

　　所以，你们彼此还应该恪守以下几点原则：第一，当一方正在教育孩子时，另一方不能直接表示反对；第二，决不当着孩子的面数落对方的不是；第三，事后及时沟通，虚心听取对方的意见。这样，孩子会因为爸爸妈妈良好的合作成长得更好。父母相互沟通得顺畅，好的家庭氛围也就自然而然地形成了。

　　"家庭氛围"虽然是看不见、摸不着的，但每个家庭成员都能感受到它，孩子也不例外。家庭环境给孩子造成的影响，不仅体现在生活、健康、学习方面，更体现在情感、个性、品德方面，一个温馨和谐的家庭氛围是很重要的。所以，只有我们尽力为孩子打造祥和的家庭氛围，他的精神才会吸收足够的养分，才能形成比较健全的人格和良好的性格，才能精力充沛地去学习，才更有可能成为全面发展的人。

最后，再讲回夫妻关系。要永远记得一个真理：让孩子充满幸福感最有效的方法就是给他一个幸福美满的家。好家庭，夫妻造；夫妻同心，其利断金。

对于一个家庭来讲，和谐的夫妻关系是首要的，只有夫妻二人同心同德，相知相惜、互相忠诚、互相信任、互相尊重、互相关心、互相赞美、互相宽容，不冷言冷语，才能肩负起家庭的重任，这个家庭才能够安稳，"养老"和"育幼"这两件大事才有可能做到圆满。整个家庭也才能够和乐。

明白了这个道理，你就会知道花时间维护夫妻关系的重要性，而一旦你去践行前面讲的这些内容，夫妻关系就会走向和谐。

和谐幸福的家庭，一定是夫妻二人共同营造的。两个人愿意成就对方，同甘苦、共患难，在家庭的义务与担当上，能够达到共识。这样的两个人，虽是夫妻，更似知音，不管遇到什么事情，二人都可以走得久远……只有每个家庭都和睦、幸福，整个国家才会安定，所以构建和谐的夫妻关系于自己、于家庭、于社会、于国家都十分重要。

南风效应——减少孩子对学习的"恐惧"

法国作家拉·封丹（la Fontaine）写过一则很有名的寓言，讲的是北风与南风比试威力，看谁能更快地把行人身上的衣服脱掉。寒冷的北风吹了许久，行人反倒裹紧了衣服；而温暖的南风只是徐徐吹动，没一会儿，行人就开始觉得热了，纷纷脱掉了衣服。结果显而易见，南风取胜。后来，这则寓言的深刻寓意被心理学家总结成了一个心理学效应，即南风效应（South Wind Law）。

南风效应在很多情况下都适用，比如与人相处时，如果你总是严词厉色，对方就会与你疏远；但如果你学会温柔以待，对方也就会愿意与你亲近。而对于孩子读书学习这件事，也适合运用南风效应。

在孩子的感受里，你的吼叫其实就相当于北风，不论你吼出来的是什么，你这样的态度就是冷冰冰的，就会让他感觉不舒服，他自然不愿意敞开心扉。他不喜欢听却又不得不听，心里充满委屈和抱怨，对于你要求他做的事情也会心生排斥。

如果因为你不恰当的教育方式让孩子对学习产生了"恐惧"，那就要好好反思一下了。不要去做北风，试着去学做南风，以减少孩子对学习的"恐惧"。

第一，给自己先吹吹"南风"。北风之所以吹出来的风是寒冷的，是因为它自身就是冰冷的。同样的道理，当我们自己尚且不能让自己感到舒心，感到温暖时，让我们去向孩子表现温暖，就有些难了，不迁怒他就已经算好的了。

所以，想要给孩子吹南风，我们自己先要变得温暖起来，多注意自己的情绪，先缓解自己的内心压力，先让自己平静下来。

先不要把孩子学习这件事想得那么困难，要给自己减轻心理负担，把孩子放在符合他年龄、能力水平的位置上，不过高期待，尊重他的成长速度，放宽标准，不横向比较，也允许他犯错。

其实这些内容都是一种主动性的内容，是需要我们自己主动意识到的。给自己吹南风，是一种对自我情绪的缓解。作为成年人，我们应该具备这样的能力：先安抚自己，再去帮助孩子；先处理情绪，再处理问题。

第二，缓缓地对着孩子吹"南风"。拉·封丹的寓言中，南风之所以能获胜，是因为两个关键点：第一点是南风的温暖，这种暖意让行人脱下了厚外套；而第二点则是"徐徐而吹"，南风也需要温柔地吹，才会让人真正感受到温暖，如果南风也以狂风姿态出现，那么行人怕是也要被风逼得退回到屋子里，才不会去关注它是不是真的温暖。

所以，我们如果想让孩子扭转对学习的态度，想要用他能接受的方法来帮助他，就应该在这两个关键点上入手：一是真的用柔和的态度给孩子提供帮助；二是压住自己的性子，循循善诱。

真的柔和下来的表达，是一种冷静的表达，用这种表达方式往往会让孩子直接领悟到你想说的内容的精髓，他会更容易接收，也更能主动有行动的意愿。所以，要记得"南风缓缓吹"，问题不是着急就能得到解决的。你可以调动自己成熟的大脑，简单地分析一下，按部就班地来，只要你不急，孩子就不会紧张，他的大部分注意力就能放到你所说的内容上去。

第三，真正体现出"南风"的温暖来。同样一句话，就看你怎么表达，比如同样是"这样不对"的说法，"你怎么能这样写？这是错的！"反问加肯定，听起来就是指责，就算孩子知道错了，他也会心有不情愿；但如果你说，"要不要好好看一下？看看哪里有问题。"询问加提醒，就不会让人感觉那么紧张，且会有主动想要再看看的意愿。

有的人觉得，跟自己的孩子说话，不需要那么多弯弯绕，但是孩子对于语言内容的理解和接纳是有限的，如果你态度不好，他会直接根据你的态度来判断是不是好话，反而忽略了你要讲的真正内容。

我们如果想让孩子摆脱对学习的"恐惧"，就要用更委婉一些的表达来给他勇气，那么我们说话的方式也要适当调整一下。

有个孩子这样告诉妈妈："你一吼我，我就害怕，一害怕就不知道该怎么做了。如果你不吼，我就都会做。"

可见，孩子的"恐惧"其实有很大一部分原因在我们身上。当这部分恐惧得到消除，孩子学习的问题就很容易解决了。

孩子"火山喷发"，别跟他一起"爆"

———— ✦ ————

我们带着孩子出门，走入任何一个公共场所，原本是想带着他接触更多的人、观看更多的景，但不知道你说的哪一句话、做的哪一件事惹到了他，或者他因为需求没有被满足，如饿了、渴了、困了、累了等，就会用大哭大闹来表达内心的不满或反馈自己的不舒服。

越是这种时候，我们越想让孩子快一点平静下来，至少不再那么大声地哭闹不止。

有的妈妈可能会以大声训斥、吼叫的方式来阻止他，也可能干脆满足他的任何不合理的要求，目的是让他不再哭闹。但是不管用哪一种方法，最终我们可能都没有办法让自己平静。比如，大声训斥、吼叫会让孩子哭闹得更厉害，而满足他的不合理要求，可能又没办法让我们自己感觉安心。

那么，孩子在公共场合大哭大闹、"火山喷发"，我们就真的没有办法解决了吗？当然不是。那怎么做呢？我们要做的就是放下面子，不跟着他一起"爆"，而是心平气和地带着孩子一起走出糟糕的情绪。

第一，当孩子哭闹时，我们要忍耐并保持沉默。看到孩子哭闹，很多妈妈往往比孩子还着急，会急着吼他"闭嘴！别哭了！"但这种吼叫并不奏效，反而会使孩子哭闹得越发激烈。

所以，你不如反其道而行之，他哭闹起来，你就不再开口，坚持不说话，不给予他回应，即便他问各种问题，也不去回复他。要学着忽略他的这种行为，如果不过多在意，他也就能意识到"哭闹并不能引起妈妈的关注"，从而自己就不再哭闹了。

当然，这个前提是，引发孩子哭闹的原因是他的不合理要求没有得到满足，而不是饿了、渴了、困了、累了等情形。

第二，忽略或漠视周围人的各种反应。孩子的哭闹声会引来周围的目光，连带着我们，也就跟着接受一波又一波的"目光洗礼"。这当然是很考验心理的一个场景，脸皮薄的妈妈往往都会下意识地去做些什么，或训斥、拉扯孩子，或不停地安慰孩子，以表示自己并不是对孩子的哭闹无动于衷。

但实际上，周围人的目光，可能恰恰会让你不能保持冷静地或者非常心平气和、有智慧地去忽略孩子的哭闹。所以，你需要忽略掉这些，不去在意，然后要么保持沉默不去理会孩子，要么带着孩子去一个人少的或者没人的角落，远离周围人的视线。后一种做法还是比较妥当的，一方面可以让你在这个过程中冷静下来，另一方面也可以避免孩子因为有了别人的关注，而哭闹得更厉害。

第三，在众人面前，要给孩子面子。因为并不是所有的教育都可以等到回到家关上门再说，在公共场合，可能有一些特殊时刻，我们需要及时纠正孩子的行为，而这个时候我们要给孩子面子。

比如，孩子在公共场合大声喧哗，有的妈妈会用比他还大的声音训斥他："闹什么闹！像什么样子！我看你就是欠揍了，没人要你！"妈妈的大声吼叫会引来别人的侧目，而周围人对孩子的不经意的"围观"，会让孩子感觉自己的错误被放大了。再小的孩子也有羞耻心，再顽皮的孩子也不喜欢外人围观他犯的错误。所以，当众训斥，只会让孩子越发感觉难堪，可能还会使孩子表现得越来越不讲道理。

在众人面前，我们可以在当时制止他，但不要以这种比较直接、对立的方式来解决问题，而应迅速寻找其他事情，转移孩子的注意力，让他停下当下的行为，并在彼此都平静之后，再寻找人少的地方，好好跟他说一说、聊一聊。

第四，提前跟孩子"约法三章"。孩子出门哭闹的概率相当高。那么，我们不妨在出门前与孩子"约法三章"，比如提醒他，"去超市，我们只是去买家里所有人要用的东西，而不是买玩具，所以不能因为没有买玩具而哭闹，如果哭闹，今天讲故事、做游戏等一切活动就都取消了"，或者提醒他，"我答应给你买玩具，但是仅限一件 20 元以内的，你可以挑选，但挑好之后就不能再要其他的了"……孩子一般都会记住这些内容。如果后面他哭闹起来，我们就要冷静地和他强调这个约定。所以，跟孩子相处，也是对我们智慧的一种考验。

第五，转移孩子的注意力。出门前，可以带上孩子喜欢吃的、喜欢玩的一些东西，允许他拿着自己最喜欢的某个小东西，以吸引或转移他的注意力。如果没带也没关系，到时可以引导孩子去看别的有意思的东西，引导他发现别的好玩的事物，转移他的注意力，这样他的视线就会离开他想要的那样东西，同时也会停止哭闹。

当然，我们也要判断孩子的情况，比如有的孩子本身就讨厌非常嘈杂、喧闹的环境，不管你怎么转移注意力，这个环境如果没有发生改变，那么他可能依旧会哭闹不止；有的孩子可能饿了、渴了、累了、困了……只有这些基本需求得到满足后，他才可能安静下来。

我们只有细心观察，对孩子有透彻的了解，再保证自己平心静气，才能轻松应对孩子乱发脾气、爱冲动等各种情况。

你不需要"牺牲"自己去做一个"超级妈妈"

生活中，很多妈妈之所以会情绪失控，冲着孩子大吼大叫，表面上看是孩子有种种的不好，是亲子教养冲突，但实际背后反映的是妈妈本身的压力与焦虑。如果深究一下，妈妈的这些压力与焦虑与其说来自于所谓的"外界"，不如说来自于自身对孩子成长的一种期待，也就是来自妈妈的"内部"。因为绝大多数的妈妈都期待孩子成才，而且最好能尽早成才，所以千方百计想把他培养好。

但是，怎样才能把孩子培养好？这个问题确实让很多妈妈头疼、焦虑。在这个时代，每个人好像都面临着巨大的压力，我们都在拼命地往前冲，想达到一个完美的状态。当我们有了孩子之后，通常会延续这种做法。甚至可以说，这种做法会更加明显，因为尤其是妈妈，在孩子教育这件事上，都有一种本能的焦虑感——怕孩子在成长上落后、在学习上掉队。

不过，遗憾的是，虽然妈妈付出了很多，但依然感觉孩子看起来不如别人家的孩子，甚至，连自己的最低要求都达不到。每当这时，一种深深的挫败感就会弥漫全身。很多妈妈经常会无力地问自己：我到底怎样做才能算一个好妈妈？怎样做才能不辜负孩子的信任？

想想看，当你付出了大量的时间、金钱和精力后，却离自己当初设想的目标越来越远，自己会好受吗？但一切都是有原因的。也许就是因为你太过于"拼命"，太想做"超级妈妈""A+妈妈""完美妈妈""100分妈妈"了。到头来你发现自己既没能令自己满意，也仿佛令孩子越来越不开心、不快乐。

然后你可能就会变得抑郁。这并不是危言耸听。

为什么这么说？我讲一则权威报道来说明这个问题。

2011 年 9 月，美国《时代》杂志报道，拥有"超级妈妈"迷思的女士更容易患上抑郁症。该报道援引了华盛顿大学在美国社会学年会发表的一项研究成果，该研究追踪了连续 32 年参与"美国国家青少年演变研究"的 1600 名职场妈妈与家庭主妇，结果显示：拼命想在职场和家庭中都"完美"的妈妈，比起那些拒绝当完美妈妈的女士，更容易罹患抑郁症。

那么，我们应该怎么办呢？

我从以下两个方面重点讲一下方法。

先讲怎样接纳自己的不完美。

第一，认识到一个真相：人无完人。这个世界上没有完美的人，我不是，他不是，你也不是。所以，要意识到并时刻提醒自己：你注定不是完美的，这个世界上没有完美的妈妈，孩子也并不需要一个完美的妈妈，他需要的是一个能正视自己的问题，并不断努力、不断进步、不断改正错误、完善自己的妈妈。

第二，对孩子真正的爱是接纳不完美，而不是追求完美。这是对孩子说的，也是对我们自己说的。也就是说，孩子是独立的、完整的人，不是我们实现自身完美的工具，所以我们不要将养育孩子当成机械性的工作。只要我们不过分追求完美，看得到自己的努力，学会谅解自己，我们也就能更理智地看待教育孩子这件事。

第三，要认真而努力地过好自己的生活。我们自己当下的生活才是最真实的，喜怒哀乐和酸甜苦辣都在里面，我们要给孩子呈现一个认真而努力的形象。你会在生活中遇到困难，也会有烦恼，但你不抱怨、不紧张，遇到事情积极地去想办法。孩子看到的，是你怎么从烦恼中站起来，怎么想办法解决问题。你不要在孩子面前伪装成一个完美的、不会犯错的形象。孩子总会发现你也有做不到、做不好的事情，告诉孩子这就是生活的常态，我们都要接纳。

下面再讲如何去做一个"60 分妈妈"。

第一，放弃做"超级妈妈"的思维与行为。不要想着做一个"超级妈妈"，这样才能缓解或祛除我们各种焦虑的症状。而且，在孩子的眼里，"A+ 妈妈""超级妈妈"或"完美妈妈"并不一定是好妈妈。实际上，"60 分妈妈"反而是"最接地气"的妈妈。

"60 分妈妈"的概念来自英国著名心理学家唐纳德·温尼科特（Donald W. Winnicott）。他在他的著作《父母—婴儿的关系理论》中提出了"足够好的妈妈"（good enough mother）这个著名的概念。

"足够好的妈妈"介于"非常糟糕的妈妈"和"完美无缺的妈妈"之间。如果给这三个概念的"妈妈"打个分数的话，"足够好的妈妈"就是 60 分妈妈，"非常糟糕的妈妈"就是 0 分妈妈，"完美无缺的妈妈"就是 100 分妈妈。

你当然不是一个"非常糟糕的妈妈"，但你很可能正在努力让自己成为一个"完美无缺的妈妈"。实际上，你应该做一个"足够好的妈妈"，这对孩子和你来说，才是正确的选择。

我认识一位年轻妈妈。一开始她也非常焦虑，"100 分妈妈"的吸引力对她来说超过了一切，但她慢慢发现，在生活中，一个绝对的"100 分妈妈"是不可能存在的。

通常，妈妈越紧张、焦虑，超出常理地看重结果，越不能得高分。反而，一个持有"60 分心境"的妈妈，却可以"意外"地掌握教育的真谛——用充满爱的怀抱去拥抱孩子。孩子犯了错误、出了问题后，我们应先放下对他的苛责，从孩子的角度考虑，并始终相信，孩子的成长的步伐不可能是千篇一律地从一个模子里刻出来的，只有让孩子按照自己的步伐前进，既不揠苗助长，也不"压苗阻长"，他才会收获自己的精彩。也就是说，在这个过程中，妈妈要学会轻松地陪伴，细心地呵护，并适当放手。这样，孩子才能活出属于他的精彩，妈妈也才会更加从容、淡定、不焦躁、不吼不叫。

通过生活的历练，这位妈妈逐渐放弃了让自己得满分的欲求，变成了一个从容的"60分妈妈"。当然，她的孩子也因为她的改变，而变得更加优秀。

这位妈妈的真实改变，是值得学习的。当然，这个过程可能比较长，需要一个星期、一个月，甚至更长的时间去修正、锻炼自己。但是，只要有一种时时提醒自己去改变的信念，就完全可能实现这种质的飞跃。

第二，把挑剔的眼光从孩子身上收回到自己身上。当孩子出现问题时，比如，孩子情绪不稳定、动不动就乱发脾气，大多数妈妈的第一反应是焦虑和震惊，然后会花很大的气力去纠正孩子的问题，但是却没有考虑到，很多孩子的问题可能都是妈妈自己的问题的体现。

也可以这样说，孩子就是一面镜子，他照出了妈妈的不足。成长型的妈妈会在这个过程中变得越来越优秀，而推脱型妈妈的目光则只会盯在孩子身上，以期用各种方式来改变现状，最后才发现，一切努力都是徒劳的。所以，要把挑剔的眼光从孩子身上收回到自己身上。

要知道，妈妈是与孩子接触最久的人，妈妈对孩子的影响之深不言而喻。一个"60分妈妈"，不会事事都为孩子计划周全，做到万无一失，而会首先接纳自己，因为只有这样，她才能真正学会爱，并有能力给孩子全然的接纳与爱。这种爱是一种最好的养分。有这种爱的态度的妈妈，自己的情绪都会比较平和，因为她对于自己的接纳度很高，所以，不会害怕别人拿她来比较，愿意接纳别人给自己的建议，遇到问题，想到最多的是反省和改过而非找理由推脱。她整个人呈现出来的，是一种安宁喜悦又不断上升的状态。妈妈呈现出来的这种放松接纳的状态，对孩子是最有利的。

一个真实地接纳了自己的人，才会对生活和万物充满感恩，才有勇气承担责任。他们不会把自己没有实现的理想强加到孩子身上，当然，也不会在孩子表现得不如别人时代入自己的情绪，而使自己产生深深的挫败感与羞愧感。

说到底，家庭教育所涉及的，不应该仅仅是孩子的问题，通常它还关系到夫妻关系，自我成长与接纳，甚至还包括了婆媳关系，等等。

所以，教育孩子不只是帮助孩子改正缺点那么简单，有智慧的妈妈要能意识到这一点，并用一颗不急不躁的心去学习。当你不再把视线集中到孩子身上，而是打算从内在开始改变时，你会发现，一切你认为的不可改变的情况，都得到了改善。

第三，孩子真的没有那么差劲，请温情以待。无论如何，我们都应该抱有一个信念：孩子没有你想象得那么糟，对他的教养应该是温情的、不焦虑的。这就要求，妈妈不要试图去做那个"A+妈妈""超级妈妈""100分妈妈"，不要给自己太大的压力。只有先给自己积蓄足够的能量，才能把能量分给家人，才会从容应对孩子的成长问题。

有一次，我做完一个线下讲座后，一位单亲妈妈向我提问："我14岁的儿子好像总也长不大，所以一方面我在很努力地教育他，另一方面又感觉自己身心俱疲，也就忍不住冲他吼叫，而他也更加叛逆，感觉越来越倾向于跟我对着干。我到底应该怎么办？"

我很直接地回复她：你要示弱，不要想着去做一个超级妈妈，不要再对他包办代替，否则，你就是在努力去维护孩子的无力感。当你示弱时，孩子就会成为家里的"顶梁柱"，他会很快成长为一个男子汉。所以，创造机会，让孩子多帮你，多为你服务，他会成长得更快。在他成长的同时，你那颗急躁的心也会平复下来，你就给孩子创造了一个安宁的环境。你不吼叫了，他也能承担了，你们皆大欢喜。

当然，我说的这个方法，依旧需要这位妈妈回到家、回到那个真实的环境中去刻意地进行练习。

正念——让你内心平静的实用之道

正念，顾名思义就是端正心念，进一步而言，就是有目的、有意识地注意、关注、觉知当下的一切，即将注意力集中于当下，但又不去对这一切做任何的判断、分析与反应，仅仅是心安、心正地去注意它、觉察它。

实际上，正念是一种提升专注力、保持思维集中的一种方法，是让意识不在虚拟的思维世界发散、徘徊，是专注于现实世界、现实事物。这个概念最初源于佛教禅修，是从坐禅、冥想、参悟等发展而来的。后来，正念被发展成为一种系统的心理疗法，即正念疗法，就是以"正念"为基础的心理疗法，对人的心理问题有很好的疏导、疏通作用。所以，正念，看似一种让内心平静、心理健康的实用技术，能够让人达到身体、心灵与精神的和谐统一，但真正细究起来，它是超越技术层面的，甚至已经达到了道的高度。

中国古代思想家庄子曾提出"心斋坐忘"的修身养性方法。"心斋"和"坐忘"着眼于道家养心、保持健康长寿的操作层面，是具体的方法。有人曾指出，心斋与坐忘可能是中国传统文化给当代健康心理学提供的最为直接与实用的维护健康的修炼方法。

庄子在阐述心斋与坐忘的道理时，借用了孔子与颜回的对话。

颜回请教孔子："为什么弟子努力很多却不能进步？老师有什么好方法吗？"

孔子建议他："不妨尝试斋戒的方法，不是祭祀之斋，而是心斋。"

颜回又问："什么是心斋？"

孔子说："摒弃杂念，专心一思，不用耳朵听，而用心去悟；不用心去悟，而用虚无恬淡的意境去感应。耳朵仅能听，心仅能认知外物，恬淡虚无的心境才是空虚的，从而能承受万物。大道汇集于虚无之境，让心变得虚空澄明、纯净旷达就是心斋。"

可见，心斋，就是心灵的斋戒，就是空明的心境，就是要保持内心的虚静，把思虑都屏蔽掉。心斋，就是要把内心的算计、怀疑、嫉妒、计较、加薪、升职等种种的杂念都彻底抛开，让心灵获得彻底的开放。通过心斋，让充斥着各种欲望的内心变得虚怀若谷、清净无尘，也就是将杂念清空，让心灵变得纯净，从而活得开怀，乐得逍遥，如此心理不健康都很难。

又有一天，颜回来见孔子说："弟子进步了。"

孔子问："何出此言？"

颜回说："弟子已经忘记了仁义。"

孔子说："不错，但还没有达到最高境界。"

几天后，颜回又来向孔子报告心得："弟子进步了，因为已经忘了礼乐。"

孔子仍旧说："还没有达到最高境界。"

又过了几天，颜回又来说："弟子进步了，因为已经坐忘了。"

孔子问："何为坐忘？"

颜回说："不用肢体，关闭理智，摆脱躯壳，扫除思维，与大道合一，就是坐忘。"

孔子赞叹说："合一就不会有偏好，相从于变化就不会拘泥于教条。你真是贤德之士啊，我也要追随你了。"

可见，坐忘就是一种端坐没有思量的状态，就是一种得道的状态，忘天、忘地、忘物、忘己……什么都不用考虑，只是让自己纯粹地活在当下的状态。实际上，坐，就是不动；忘，就是熄灭念头。坐忘，无论是身体还是心灵，都是一种宁静自然的状态，是实现"无己"和"逍遥游"的另一条途径。这与"正念"的道理别无二致。

可见，庄子所提倡的心斋与坐忘都包含着丰富的心理学内涵，可以涤除现代人心灵的负累。所以，我们也可以借鉴心斋与坐忘思想的精神内涵，不要过多思虑，而是平和地看待周围的人、事、物，包括孩子的学习、成长教育，从而减轻心理压力。

儒家四书之一的《大学》也认为，要提高自身的品德修养，就要心念诚实无妄，端正心思，使意念纯正，同时要戒愤怒、戒恐惧、戒安逸、戒忧患、勿自欺、不欺人，要诚意、慎独。这说的其实也是"正念"的道理。

正念，可以让人生出定力和智慧，内在心念坚定端正，净水无波、不随物流、不为境转、光明磊落、坦荡无私、安然自若；外在直观表现是能够静下心来，从容地应对人和事，很专注地投入学习、做事中，具有坚定的决心和毅力、持久的恒心、超凡脱俗的气质，不被表象迷惑，不为名利而动心，不妄想、不妄求、不妄取、不妄予，与人方便，自己释然。

说得再直白一些，就是把注意力完全集中到所做的事情上，走路的时候就安心走路，吃饭的时候就安心吃饭，洗碗的时候就安心洗碗（纯粹地把自己沉浸于洗碗的活动中，忘记时间，忘记自我，不想下顿饭做什么，不想明天干什么，全然地注意手碗接触的感受，全然地体会手水接触时水的流动感），看书的时候就安心看书，睡觉的时候就安心睡觉。安住每一个当下——觉知走路、吃饭、洗碗、看书、睡觉。如此修习，才能观照内心、外身，直入正念，安住其中。

读到这里时，不妨试试这种方法，把注意力集中在当下的读书的这个过程。从这里折回到本节的开头，重新往下读，看看跟刚才是不是有不一样的感觉。

正念，可以在任何时候、任何地点练习。练习的时候需要觉知，但这种觉知就像呼吸一样自然。当你的情绪变坏时，当孩子"惹"你生气时，当你感觉生活节奏太快、焦躁不安时，不妨及时觉知、察觉自己，放松自己、安住当下。

第十章
附加课：全家人的情绪控制训练课

家庭是孩子的第一所情绪管理学校

孩子的成长教育离不开一定的环境，这个环境究竟是什么呢？我想，它并不是一座房子这么简单。虽然房子看上去是"实"的，但它所建构的却是一个"虚"的环境，也就是说，这个由"外物"支撑的环境是孩子"安身"的地方，对孩子的成长只起一个辅助作用。孩子成长的"真"环境在哪里呢？就在父母这里。在我看来，父母才是孩子最"真实"的"成长环境"，这个环境才是孩子可以"安心"的地方，对孩子的成长起着决定性作用。

对孩子来说，家庭是他最常待的环境，所以家庭环境如何，也就决定了他能不能以一种良好的心理状态投入学习和生活中。

比如，如果家庭中经常发生争吵，动不动就大呼小叫、恶语相向，那么孩子在这样的环境里，内心也会变得充满戾气。他若将这种戾气放在学习上，就会认为一切让他感觉不好做的题都是在和他作对。他会忍不住用家人之间彼此吼叫的话语来表达自己的不满，整个人也会显得比较急躁。

再比如，如果家庭中充满各种负面情绪，彼此互相不停地挑对方的错，那么孩子的内心也会感觉压抑，变得比较悲观，害怕自己出错，更害怕自己的错误被家人发现，久而久之孩子会变得过分小心谨慎、不自信。

整个家庭的氛围同样也是影响孩子内心环境的关键因素，而这种心理环境的塑造正需要家庭中所有成员的共同努力。所以，我们要一起努力营造一个"岁月静好"的家庭心理环境，让家庭成为孩子的第一所情绪管理学校。

正所谓"养鱼就是养水，养树就是养根，养人就是养心"，同样的道理，要想把孩子培养好，就要把他生长的这个环境营造好。家庭是一个外在的"物质化"环境，而对孩子真正起教育作用的其实是这个外在环境的"灵魂"——源自父母的精神面貌、性格特质、行为方式、生活习惯等所融合而成的一种隐性的、内在的、"精神化"的内部环境。

第一，学会消化不良情绪，而非无原则地发泄。有些人在外面对外人可以很好地忍耐，但只要一回到家，所有坏情绪就都出来了，于是家里经常会充斥着各种暴躁、抱怨、沮丧、悲伤，尤其是一些妈妈，这方面的表现会非常明显。

有的妈妈认为，"我在外面受了委屈，回家来面对的都是熟悉的亲人，怎么就不能发泄情绪了呢？"发脾气是每个人的自由，但是，为什么非要把坏情绪留给家人来消化呢？我们是思想成熟的成年人，对于很多不良情绪要学会自我消化，学会自我开解，或者选择各种其他方式来转移注意力，帮助自己放宽心，而非回家就把各种在外面受的气都发泄出来。

"窝里横"的表现，除了扰乱家中的平静氛围，间接地反映出你在处事方面的不成熟，也给孩子做了一个坏榜样，所以如果你也有这种习惯，那就赶紧纠正过来，还家庭安宁。

第二，快速解决矛盾，全家上下和平共处。家也是个小社会，各种矛盾频出，这很正常。但是，有的家庭会让一个小矛盾不断激化，全家上下因此也就总处于这种压抑之中。

其实没有什么问题是不能解决的，如果有矛盾，就积极想办法解决矛盾，不要互相指责，而是要互相包容，多想着去解决实际问题，彼此少一些抱怨。越快解决问题，就越能让家中的压抑气氛尽快消散。

第三，不要把孩子当成自我情绪释放的垃圾桶。有的妈妈一旦情绪上来，就会选择把孩子当成释放情绪的垃圾桶，要么对孩子各种找碴儿，指责他作业中的各种问题，要么就是很丧气地对孩子说，"你必须得好好学习，不然你看我，天天被人欺负，你要是没本事，你也和我一样被人欺负"；还有的妈妈会对着孩子哭诉委屈，说自己有多么难过、多么苦。

孩子对你的爱会促使他很快生成同理心，你的情绪对他也有极大的感染力，他会莫名其妙地背上这种负面情绪，并影响到自己，然而他自己并不会排解。虽然过一段时间可能你自己好了，但是这种情绪却可能会压抑到孩子的内心。

所以，不要这么自私地对着孩子发泄你的负能量，他是一个自由独立的人，他也有自由支配自己情绪的权利。你自己的情绪应该自己承担，自己想办法去解决，或者去寻找同样是成年人的家人、朋友帮忙，而不要让孩子承接你所有的情绪垃圾。

第四，通过正能量的活动培养和谐美好的生活氛围。家庭氛围需要全家人一起维持，所以我们不妨多举行一些充满正能量的家庭活动，比如全家一起出行，全家一起进行体育活动，全家一起做游戏，全家一起看欢乐的电影，全家一起分角色读书，等等。

在进行这种全家人参与的活动时，我们要暂时丢下烦恼，全身心地投入活动中，和孩子一起尽情释放内心的压力，及时改善自己的情绪状态。

第五，把家庭"环境"再进一步扩而广之。就一个家庭而言，环境不仅是家庭有形的建筑物、室内装饰等物质方面的环境，更是父母和谐相处，努力营造出来的无形的精神环境或氛围——家风、家训、家教等。所以，不妨在家风、家训、家教方面，给孩子营造一个更广阔的"环境"。比如，建立孝悌、谨信、爱众、亲仁的良好家风，多学习、践行包括《朱子治家格言》《了凡四训》《颜氏家训》《训蒙大意》等古圣先贤留下的传统家训，重视并发扬中华民族的传统家庭美德。

平衡"孩子"与"大人"之间的角色关系

孩子与大人，是两个不同的人，也是两个不同的角色。但这里说的"孩子"有着两方面的意义，一是真实存在的孩子（长大后就成了成人）；二是成人内在的"孩子"（长不大的"孩子"），也就是成人所拥有的"孩子"的倾向或者"孩子"的"分身"。

作为成人，我们需要平衡"孩子"与"大人"之间的两个方面的角色关系，一是平衡自己与内在的"孩子"角色的关系，二是平衡自己与孩子角色的关系。

你有没有发现，在你的身体里，还有一个"年幼的你"——内在的"孩子"存在呢？你是成人，代表成熟，以一种为世间所认可的姿态出现，但同时你的内在又有个"小孩"，代表放纵，可以像孩子一样抛开一切，同时尽情释放一切。

有时，妈妈劳累了一天，可能已经疲惫到了极点，但却发现孩子"悠闲自得"，不写作业、不看书，叫他收拾玩具也不干，总之，孩子可能永远也不会按照妈妈希望的去行动，而是各种"不听话"。此时，妈妈内在的"孩子"就会被释放出来，她就会怒吼，这种怒吼也折射出她的渴望——也希望能有如孩子一般的一段轻松玩耍的时间。

对于那些对自己、对家庭、对孩子有格外高标准要求的妈妈，这几乎就是她压力的最主要源头。你是否每天也在承受高压？孩子的某些表现是不是时常会让你崩溃呢？这时你应该想到，吼叫只是因为我们也想丢掉那些压力，也想轻松如孩子一般，但现实的责任与压力，却远不能容许我们这样做。

与此同时，孩子也有"两面性"，比如，他在学校和在家是两种状态。在学校，他懂事、严谨、独立、自主，课桌收拾得干净整洁，言行举止非常有礼貌，老师夸奖他，同学拿他当榜样；可只要一回家，他就完全变了样子，东西随便乱丢，吃完的零食空袋子随处可见，桌子上也是乱堆一气，好久才整理一次，等等。

孩子的这种表现，也是他在不同场合下不同"分身"的表现。在学校是乖孩子，是他对成人的模仿，是"成人分身"在他身上的一种早期表现。而回到家后，他便显露出了真实的孩童分身，他也需要从对外的那种成熟世界中走出来休息一下，重新变成爱撒娇、什么都不愿意做的懒散孩子，从而卸掉一身的压力。

这样看来，成人的身份是我们展现给外界的成熟表现，而孩童身份则是我们释放压力的那一部分。不管是对孩子还是对于已经成年的我们来说，这样的身份转换都是人之常情。

既然如此，如何消除火气，避免吼叫，我们就应该清楚了。

第一，控制好自己内在的"孩子"。面对孩子的问题，你如果也跟孩子一样去"硬碰硬"，那么失败的多半是你。面对的孩子年龄越小，你的挫败感也会越强。毕竟你是成年人，你不可能和孩子一样那么放纵自我。

所以，你要学会与内在的"孩子"和平相处，当他想要冒头的时候，就是你要减压的时候。找一件自己喜欢的事去做，或者定期独处，这样可以有效地为自己减压，化解不良情绪。

当然，内在的"孩子"也有积极的一面，就是成年的你依旧需要有孩子一样的细腻而丰富的感性一面。所谓"童心未泯"，就是用孩子的感性，体验丰富多样的情绪，再以成人的理性进行调节与合理反应——将"孩子"与"成人"这两个相反的角色协调平衡。这样，在了解真实孩子情绪的同时，还体验到了纯真无比的生命力，也成就了一个身心健康的自我。

第二，允许孩子回归本真的身份。如果说成年人有"孩子"的身份，那么孩子本身拥有的就是孩童的身份。很多成年人不愿意孩子表现得这么放肆不成熟，总希望孩子能如己所愿地快速成长。这其实有些苛刻了。孩子在成长过程中，不断地配合着成年人来表现"成熟的自我"，但他也有压力，也需要将本真的那一面释放出来。

孩子的成长需要时间，需要一点点地学习行为与规则，这个过程不会一下就完成。我们要有足够的耐心，等待孩子身体里的"自我"慢慢成熟。

也就是说，我们要接纳孩子的"孩子"角色，在与他建立互信之后，再引导他一点点变成"成人"，但没有必要按照自己拟定的模式来揠苗助长式地强制他做个"小大人"。

懂得了这些，你就能明白很多时候孩子并不是故意要犯错，故意要和你对着干，他只是做了和他们年龄段相符合的事情而已。你不必对他的一些表现"上纲上线"，试图用成年人的标准去要求他，也不要动不动就吼叫连连，更不要去责备、训斥甚至打骂，否则，对孩子就是不公平的。我们要包容孩子的情绪，理解他正在做符合他年龄特征的事。在这个过程中，孩子感觉他得到了我们的尊重，并且也对客观情境有所理解，从而有助于他健康自我的形成。

我们是成年人，是孩子的榜样，也是他模仿的对象。从这个角度来说，如果我们想让孩子有良好的成长空间，就要给他做出榜样来，而不要跟他一起"幼稚"，试图以"硬碰硬"的方式让他平静、"屈服"。

选择很重要，是选择放纵我们的情绪，继续用"幼稚"的方式和孩子相处，还是成长起来，做个有担当的妈妈，相信明智的你早就有答案了！

平衡"孩子"与"大人"之间的角色关系时，还有一个关键点需要注意，那就是不要轻易跟孩子讲所谓的"平等"，也不要跟孩子做朋友。

第一，不要轻易跟孩子讲所谓的"平等"。我特别想强调这个观点。因为这些年，我们受这个"跟孩子要讲平等"的所谓的先进教育理念影响太深，以至于出现了很多问题。

每个人都渴望被平等地对待，孩子也不例外。这没有问题，因为孩子跟我们在人格上都是平等的。但这个平等，不能无限延伸。我讲一个例子：

有的家庭比较新潮，允许孩子直接喊大人的名字，认为这就是平等。有个 7 岁的男孩从小就被他的爸爸许先生教育说："我可以喊你的名字，你也可以喊我的名字，咱们是平等的。"当然，在家里一直这样，一家人感觉也挺有意思。偶尔有人劝他，他也无所谓地说："人家外国人不都是这样吗？没什么不好啊！"

有一天，许先生把儿子带到了单位，正巧碰到了领导，他刚想跟领导介绍自己的儿子，没想到这个男孩抢先一步把领导的名字大声叫了出来，还说："你好！"当时，许先生一身冷汗，而领导的脸色也非常难看，他毫不客气地说："小许，一定要好好教育一下你的孩子！"

对这个案例我就不多评论了。其实，我们中国人自古以来就讲求长幼有序，这跟西方根植于督教文化土壤的"平等观"是不一样的。我们中华民族的深层心理仍旧是家族信仰，尽管今天的家庭结构与古代相比发生了巨大变化，但家族信仰是没变的。换句话说，西方人崇尚"自我意识"，而中华民族提倡"家庭意识"。所以，不要因为"专家"说让你跟孩子讲平等，你就无条件地执行；也不要因为外国人写的书上这么说，你就毫无保留地接受。我们要正视东西方文化的差异，千万不要把自己理解的"平等"错加给孩子。否则，当他以后因此而处处碰壁时，我们再让他改正，可能就晚了。

第二，不要和孩子做朋友。和孩子做朋友跟前面讲的"平等"一样，也是外来教育理念。我想说的是，今天的孩子自我和任性，跟所谓的"平等"，还有"父母要跟孩子做朋友"等所谓的"先进教育理念"有很大关系。父母做孩子的朋友，短时间内看似有效，因为彼此都很新鲜，可以没大没小，反正都是朋友。但时间一长，一定是弊大于利，最先受不了的，可能不是孩子，而是我们。父母的角色，朋友无法替代。朋友的角色，父母也无法代替。他想要朋友，可以到同龄人中去找，但他想要父母，去哪里找呢？父母已经成为他的朋友了，那父母的角色，谁来行使呢？

现在，连西方学者都意识到这个问题的严重性了，已经开始反思，比如，美国医学博士玛丽·艾伦·伦纳（Mary Ellen Renna）在《重建父母的权威》中就指出：

父母绝对不应该花时间把孩子放到朋友的角色上。

孩子需要像孩子一样被对待，而不应该像朋友一样被对待。

父母扮演朋友的角色时，他们作为父母的角色将逐渐减弱。

孩子若将父母视为在同一个运动场上的队友，那么孩子可能不会尊重父母的意见和权威。

对孩子来说，遵循父母的教导将变得更加困难，因为朋友是不应该惩罚彼此的。

当孩子做出出格的事情应该受到斥责时，父母应该为此全权负责。

父母不应该给孩子留下作为同伴或互相"平等"的印象，父母必须重视自己作为主人的角色，因为孩子需要在规则和边界中茁壮成长。

作为父母，意味着我们必须承担许多角色，但是作为孩子朋友的角色不应该是其中之一。

这些观点，值得我们思考。希望"不要轻易跟孩子讲平等"和"不要跟孩子做朋友"的理念，能够帮助我们纠正错误的亲子教育观念和相处方式。否则，等到孩子和成人因为所谓的"平等"和"朋友"都产生情绪时再来"对治"，可能就不那么容易了。未雨绸缪总要好过亡羊补牢。

"一切都会过去"真的很管用

一切都会过去，这句话很有道理。我先讲一个故事吧。

相传，古代有一位国王有一天突发奇想，他问朝廷的文武百官："你们说，这世间可有一句话，高兴的人听了会难过，而难过的人听了会高兴？"

于是，文武百官绞尽脑汁，冥想苦思而不得其解。

后来有一次，这位国王在民间微服私访，他与一位乡野老者攀谈，又聊起了这个问题。没想到，老者淡淡地说："这句话很简单，就是'一切都会过去'。"

国王听后，陷入了沉思……的确，一句"一切都会过去"真的会让人"开悟"，从而达到"不以物喜，不以己悲"的人生境界。想想看，任何事情都不是永恒不变的，唯有变才是永恒的。人生有顺境，也有逆境，不会一直"岁月静好"，也不会"一直失意"，既然如此，那还担心什么呢？就如前面讲的"正念"，过好当下，就是最好的。

所以，在你"成功"时，不必得意，而是要告诉自己：一切都会过去！当你"失败"时，也不必悲伤，同样要提醒自己：一切都会过去！

这不是"心灵鸡汤"，而是应对顺境、逆境的一句有帮助的话。我们不妨试试看，也不妨把它教给孩子。

对我自己而言，我也是这句话的受益者。我每年到各地讲课的机会很多，但很多时候我也会紧张，毕竟讲大课跟普通的日常讲课是不一样的。每当这时，这句"一切都会过去"就成了我最好的"安定剂"，屡试不爽，轻松自如。所以，我把它推荐给大家试一下。

由此，我又做了一下延伸，就是"穿越理论"。我在《好妈妈不吼不叫辅导孩子写作业》这本书中阐述了这个"理论"。

当我们面对那个淘气、不听话、总是惹我们发脾气的孩子的时候，我们可以试着"穿越"一下。

第一种穿越方式，就是从未来穿越到现在。假如我们是从未来 80 岁、90 岁"穿越"回来的，当我们以 80 岁、90 岁的人生阅历、人生视角回到现在再看孩子，我们会发现孩子真的很可爱，真的很想留住时光；或者从现在"穿越"到未来 80 岁、90 岁，再回头看现在，就会发现，孩子淘气、不听话、不爱写作业等，都是浮云，因为那时的你，心中满是慈爱。

第二种穿越方式，就是从现在"穿越"到过去孩子刚出生的那一刻。我相信那一刻的你除了期待孩子一生健康、平安，别的什么期待都没有，当你第一眼看到那个刚出生的健康可爱的孩子，你一定是满满的幸福感。可为什么，几年后、十几年后的今天，你当初的幸福感荡然无存了呢？因为当年你心中有爱。所以，只要我们心中充满爱，孩子一定很可爱。可见，不是孩子惹得你生气，而是你自己的心"变"了。难道不是这样吗？所以，请找回初心，深爱孩子。

有了这样的"穿越"，你又会怎样看待辅导孩子写作业这件事呢？是不是觉得这是小事一桩？是不是觉得有点好笑？觉得不值得大动干戈。

是不是这个道理呢？你可以再仔细回味一下。

想想看，面对有情绪的孩子，我们还需要这么"较真"吗？不需要，按部就班地进行情绪管理训练就好了。面对有情绪的自己，还需要跟自己"过不去"吗？不需要，因为"一切都会过去"。

我们穿越未来 20 年（也可能是 10 年、5 年、2 年、1 年……），再回头看现在，无论是欢笑还是泪水，一切都是有意义的，有价值的。

情绪会传染，不把坏情绪带回家

一切的愤怒都是有源头的，找到这个真正源头才能平息自己的愤怒。好好做到这一点，才能避免对孩子的误伤。

遗憾的是，在现实生活中，误伤孩子的案例并不少。

这就像心理学上著名的踢猫效应（Kick Cat Effect）。

一家公司的董事长有一次因为超速驾驶而被警察开了罚单，结果那天他迟到了。气愤之极的董事长就将气撒在了销售经理身上，他把销售经理叫到办公室狠狠地训斥了一番。

挨了一顿训的销售经理也憋了一肚子气，回到自己的办公室就对秘书好一番挑剔。

平白无故受到牵连的秘书也觉得窝火，于是，就开始找电话接线员的碴儿。

接线员受到数落后，回到家也心情不爽，只得对着自己的儿子大发雷霆。

儿子莫名其妙地受了一顿训斥，自然也恼火不已，最终无处撒气的他，对着家里的猫狠狠地踢了一脚。

猫很害怕，就逃到街上，正好一辆卡车开过来，司机赶紧避让，没想到却把对面的小车给撞了，而开那辆小车的人正是前面那家公司的董事长。

猫被踢了，是猫的原因吗？当然不是。孩子被吼叫了，是孩子的原因吗？当然也不一定。董事长不高兴，由此引发的一连串的情绪循环，最后又回到了董事长这里。想想看，这个被撞的董事长，他会意识到自己被撞竟然是因为自己超速被警察罚而去朝销售经理撒气导致的吗？这个隐患，或者说这个情绪传染的循环，他是很难意识到的。但在生活中，就有这么巧的事情发生。

从这个"踢猫效应"可以看出，消极情绪导致的连锁反应是很可怕的。所以，要控制情绪，避免踢猫效应的发生，不要让自己再成为坏情绪的传递者，这是我们应该知道的，也是我们应该让孩子知道的。

情绪每个人都有，孩子也不例外。一个人随着自己的不断成长，情绪也会越来越复杂，如果不能掌控自己的情绪，那么不仅性格会受到影响，容易变得沉默、悲观、急躁等，而且这些不良的心理刺激，还容易使他生理机能失调，从而引发多种生理疾病。所以，每个人都要学会掌控情绪。当然，情绪也是可以控制的。

为什么我们每个人都要控制情绪？因为情绪会传染，如果不控制，可能就会像"踢猫效应"一样产生难以预估的不良后果。

情绪是会随时发生变化的，这就意味着一天24小时，我们的情绪基本不会一直停留在一个水平。普通人一天会有许多情绪变化，而且这些变化基本都在我们可以掌控的范围内。

而失控，就是失去控制。在"失去"控制之前，你是可以控制的，直到某个"节点"触发你所掌控的极限点。此时，你将无法将情绪把控在自己的理智之内，它们会"暴走"，并准确绕开你的理智，此时你的外在表现——言行，就会处在一种失控的"疯狂"状态。

每个人都有属于自己的情绪失控点，但往往很多时候，孩子或大或小的"不良举动"会成为我们情绪失控的导火索。为什么会这样？其实我们在内心已经做过一个成本评估，冲孩子大吼大叫的成本是最低的。

我们可能也有这样的经验，就是孩子大概两三岁、三四岁时，我们越是吼叫孩子，孩子就越是小心翼翼，甚至，你越骂他、打他，他越往你的怀里钻。我们拍打得越用力，他抱我们抱得越紧。对于孩子来说，他从小对父母尤其是对妈妈是非常依恋的，那是天性使然。孩子在上学之前，张口就是"我妈妈说""我爸爸说"。这是孩子与父母之间天然的亲情，是不加掩饰的。孩子依恋你，也离不开你。

但可能正是因为这一点，有的妈妈才会冲孩子撒气，就像前面讲的"踢猫效应"中那个被连累的孩子，他其实是无辜的、被冤枉的，是平白无故地被当成了父母的"出气筒"。

所以，不要把坏情绪带回家，情绪从哪里产生，就让它在哪里"消失"。当然，最好是练就一身坏情绪"不上身"的本领，永远保持心灵的宁静与情绪的平和；最差，也要在进家门之前，把坏情绪使劲"抖落"，不要让它"祸害"了自己再"祸害"家人。

建立安全型的依恋关系

孩子与父母之间，存在着依恋或依附关系。孩子从出生后，就长期与父母（一般为妈妈）在一起，接受父母的照顾、呵护与教育，从而与父母形成一种依恋或依附关系。因为这种模式存在的时间非常长，而且这个阶段又是孩子大脑发育的关键阶段，所以对孩子的人生影响非常深远，会制约他认知能力的发展，左右他人格特质的形成，影响他的价值观的形成、人际关系的建立、社会功能的表达，以及将来自己建立家庭时的态度。

所谓"依恋"，就是一个人对另一个特定他人的情感联结。这里所说的"依恋"，是指婴儿（包括儿童）和其照顾者（一般为妈妈）之间存在的一种特殊情感关系，或者是婴儿（包括儿童）为了获得安全感而寻求亲近另一个人（一般为照顾他的妈妈）的心理倾向。当他要寻求的亲近的人在场时，他就会感到安全，反之则会感到焦虑。

依恋理论最早是由约翰·鲍比（John Bowlby）在 20 世纪 50 年代提出的。他认为，妈妈与孩子的亲密关系在孩子成长的过程中非常重要，孩子与妈妈之间的这种亲密、联结、依恋关系，不只是生存的需要，也是美好生活的起点。孩子（包括婴儿和儿童等）需要体验到与妈妈（或长期的代养妈妈）的亲密和持续的关系，并且在这种关系中获得满意和享受，这样他的心理才会变得更健康。

后来，约翰·鲍比的学生玛丽·爱因斯沃斯（Mary Ainsworth）继续对此进行研究，她通过观察短暂分离后的母婴相互作用，发现在陌生情境中与妈妈短暂分离的婴儿表现出了三种基本的依恋类型，分别是安全依恋型、回避依恋型和矛盾依恋型，证明了鲍比的理论，并且进一步拓宽了依附关系的广度。美国心理学家帕特里夏·克里腾登（Patricia Crittenden）又补充了第四种类型——紊乱依恋型。

第一，安全依恋型：孩子有安全感，喜欢探索，更积极、好奇，与陌生人的互动良好。因为他们能够得到妈妈快速、敏锐的回应。妈妈短暂离去时，他会表示抗议，表现出痛苦，并会努力寻找；当妈妈回来时，他会高兴迎接。他相信自己的需求会得到满足。

第二，回避依恋型：孩子不喜欢探索，常常比较冷漠。因为妈妈也很冷漠，他很少能得到妈妈的回应，而且妈妈常常具有控制性。所以，他与他人关系亲密时会不自然，也难以完全信任、依赖他人。他对妈妈的离开与返回的反应都很冷淡。他对自己的需求能否被满足持有怀疑的态度，因为妈妈通常不太懂得如何满足孩子的需要。他的信念是：人都不可靠，我只能靠自己。但事实上，他非常需要亲密感，却特别害怕受伤，所以他有一种虚假的自尊。

第三，矛盾依恋型：孩子没有安全感，很焦虑。因为妈妈对孩子有时冷漠，有时敏感，以自己的需要而不是孩子的需要为标准对待孩子，对孩子的回应"标准"是不一致的。孩子对妈妈的暂时离开感觉非常痛苦，对妈妈的返回更加愤怒，即使被安抚也很难平静下来。有时，他会放弃玩耍，一直抓着妈妈，因为害怕妈妈再离开。他不相信自己的需求会得到满足。

第四，紊乱依恋型：孩子生气、抑郁，反应茫然、冷淡，充满敌意，容易暴怒。因为妈妈极度善变，常常有高度控制、恐吓甚至暴力、体罚倾向，使孩子变得恐慌，从而表现为被强迫性顺从，即使在允许表达不满时也会压抑自己不高兴的情绪。一般而言，这样的孩子的成长过程是受虐的，包括情绪、身体等方面，都是受虐待的。他对自己的需求能否得到满足感觉十分混乱。比如，当妈妈离开时，他会抗议；当妈妈返回时，他可能会哭着张开手，希望妈妈抱他，但他又不往前走，而是往后退，所以内心非常痛苦。

以上后三种类型都是不安全型的依恋模式。

依恋关系越安全，孩子就越有勇气离开妈妈去探索。因为他安全感十足，自然也就很少陷入负面情绪中，即使偶尔有，也会在第一时间消除。由此，我们就要反思，孩子与我们的依恋类型或模式是哪一种？如果是后三种，那就需要改进、完善，我们需要让孩子与我们建立安全的依恋关系。

那具体来说，应该怎样做呢？其实就是最大限度地给孩子安全感，并且从孩子幼年时就开始。

比如，要敏锐、敏感地读出孩子的需求信号，及时回应孩子的需要；对孩子有同理心；与他适时互动；给孩子更多的爱，但这种爱一定是理性的爱，是智爱而非溺爱。

举例来说，孩子爱吃零食，我们要及时知道他的需求，并及时给予回应。但如何回应，是有原则的。如果我们对他吃零食有求必应，无限量供应，这就是溺爱，对孩子是有害的；但如果我们给他准备了色香味俱佳、有营养、符合身体需要的饭菜，使他忘记了零食，那这样的爱就是智爱。当然，爱还要适时、适量。

我们知道，人对食物的需要是基本的生理需要，不能有一顿没一顿；对爱的需要也是一样的，这是基本的心理需要，也不能一会儿有一会儿没有。也就是说，给予孩子智爱，应该是一种常态。缺少爱，孩子就会形成回避型依恋；一会儿爱一会儿不爱，孩子就会形成矛盾型依恋；生活在受虐的环境中，孩子就会形成紊乱型依恋。可见，爱，对孩子的成长非常关键。

孩子有情绪时，我们一定要及时安抚；任何时候，都要积极关注孩子；还有，不要将自己的情绪转嫁给孩子，不把孩子当成"出气筒"。

有一点需要厘清，那就是依恋关系容易代代"传承"，除非有一代能够反省并修正。玛丽·爱因斯沃斯的学生玛丽·梅因（Mary Main）研究发现，依恋关系所形成的心理运作模式的确可以产生跨世代的影响，也就是第二代和第三代呈现的依恋关系高度雷同。但如果懂得反思修正，那么一个人即便过去是在非安全型依恋关系中长大的，他也可以通过反思修正非安全型依恋关系过去对自己造成的不良影响，他的孩子未来仍旧能够与他形成安全型的依恋关系。

所以，我们要反思一下自己与父母的依恋关系是怎样的。如果需要修正、完善，那就坚决修正、完善，不要把不安全的依恋关系传给下一代。

你越温柔坚定，孩子的情绪就越稳定

孩子并不喜欢有一个总是以强势态度对待自己的妈妈，相反，他们更喜欢温柔的妈妈。而对于妈妈来说，温柔坚定恰恰是我们最大的力量。

当妈妈愤怒吼叫时，话语里全是指责与恐吓，而且坏脾气也使妈妈失去了安抚孩子的心思。孩子对被吼叫的记忆非常深刻，所以他会有可怕的联想；但当妈妈温柔相待时，孩子感受到了妈妈对他的关怀，他得以安心，也能意识到自己怎样做才能让妈妈放心与开心。

妈妈不要太"钟情"于愤怒带给自己的一瞬间的"快感"，温柔才是最能"直击"孩子内心的力量。因为你的温柔坚定，带给孩子的是明确的、有力量的指令，会让他感觉到你的决心。他会明白，你言出必行，不会贬低他，也不会羞辱他。这会让他感觉非常放松。

这一点在对待大孩子的时候表现得更明显，孩子越长大他的思维越走向成熟。很多事情他也能前瞻后顾，也会有自己的想法。你更加不能只顾着发泄自己的愤怒，因为你此时的看法只是成年人的想法，你对他的不理解与强硬态度，会直接激怒他，也会让他觉得与你没有共同语言，从而更加不想与你交流，对你全是反抗的心。这也是很多妈妈觉得孩子越大与自己越不亲的原因之一，所以这时，一个温柔且理智的妈妈才是孩子最坚强的依靠。

如何才能用温柔来显示力量呢？

概括来说应该是这样一个等式关系：

温柔（冷静 + 关怀 + 理智 + 爱）= 力量

你的温柔要包含很多东西，这些有分量的内容综合在一起才能显现出力量。

你要稳住，不要动不动就直接跳脚，否则你这种一点就着的脾气，会让孩子也意识到你的不稳重。同时孩子也会观察，当他发现你来来去去只会怒吼，而且吼叫的内容除了发泄情绪外并没有什么其他的帮助和建议，他就会越发不重视你。

这也是为什么很多妈妈抱怨："我说什么他都是左耳朵进右耳朵出，真拿他没办法。"如果孩子整日面对的都是没有价值的抱怨和怒气，而他又不能直接反抗你，那么除了在心里"关闭"自己的耳朵，他还能有什么办法呢？

在遇事保持冷静的同时，你要适时地表达关心，关心是温柔的主要体现，你要让孩子知道，即便他出了问题、犯了错误，你也依然关心他、爱护他，不会让他感觉难堪，也不会将他推出门。你要让他感觉到你是他可以随时停靠的温暖港湾，不管他遇到什么困难，都可以来寻求你的帮助，而不是只能战战兢兢地与你相处，还要提防一不留神踩了你的"雷"。如果孩子与我们相处时表现出了紧张和疏离感，我们就要反省我们的教养方式，是不是对孩子太过严苛，关心太少。

此外，你还要条理清晰地表达自己的看法和观点。比如，你自己要先想清楚，你对孩子提出的是要求，而不是请求，所以，不能讨价还价。你可以说："我现在希望你能……明白吗？"你一定要看着孩子的眼睛，等待他做出明确的回答，"是"或者"不是"。如果孩子没听清楚，或者没有回应，那就再重复一遍你的要求。在这个过程中，你需要平静而不是生气、激动，更不需要愤怒。你要给孩子传递的信息是，你很坚定，你会坚持你的要求，却不会因此而发脾气，也不会跟他争论。

可见，温柔不仅仅是微笑着安抚，怎样才能体现出力量才是最重要的。你能条理清晰且冷静地将自己的观点表达出来，让孩子理解你的立场和期望，这也是孩子成长过程中的力量来源。

你可以帮他分析问题，为他指出缺点，给他一些建议。对于有较成熟想法的大孩子来说，你也可以给他一些点拨，引导他自己思考。你的温柔应该体现在点出问题且不排斥他有独立的思想，给出建议而不代替他做事。

孔子在《论语·宪问》中指出，"以直报怨，以德报德"，意思是以正直来回报怨恨，以仁德来回报仁德。从掌控情绪这个角度来看，这段文字也可以有全新的理解。也就是要坚持原则，但并不一定要用抱怨的方式去表达，而是要讲清楚自己的感受，明确表示"我很不喜欢你或者你们现在做的事情，我觉得很难过"，不需要借助夸张的言行"表演"来表达，越是简单直白，反而越能直击人心。

所以，如果你温柔以待，那么对方会不好意思再无理取闹。同样，你温柔对待孩子，孩子也会愿意靠近你，他会听你讲出接下来的话，明白你不喜欢的、不希望的事情；家人也会愿意倾听，同时也愿意与你进行理性交流，如此，很多问题自然而然地就解开了。

你需要表现得温柔有理、很有涵养，哪怕是对家人，你的涵养也一样重要；在你的感染下，家人也会学着用同样的方式来处理各种问题。尤其是对于孩子，你温柔贤淑、有礼有节的样子，会教会他应对各种问题，他也能受益匪浅。

现在，你对温柔的妈妈这个角色有了更丰满的认识了吗？不要忘记妈妈这个身份，在一个家庭中，妈妈应该是温柔且可以被依靠的代名词，一个既温柔又有力量的妈妈，一定可以养育出独立、健康、出色的孩子！

培养孩子成为自己情绪的 CEO

没人喜欢坏情绪，成年人情绪不好，还能有很多种方法来摆脱坏情绪，但是孩子就不行了。对于孩子来说，坏情绪是令他感到恐惧的东西，他不知道自己为什么感觉不到快乐，不知道自己为什么会想哭、想闹，他无法理解，也不会处理，所以孩子的情绪很容易爆发。

很多家庭中会出现暴脾气的孩子，其原因有两点。

其一，孩子自己不能掌控情绪。

做不到某件事、不喜欢某样东西、没有得到妈妈的关注、不能立刻实现自己的愿望等，这些事情都能让他的负面情绪爆发。他自己不知道如何处理，便只能任由脾气暴涨。

其二，妈妈没有教孩子控制情绪。

妈妈没有教孩子化解坏情绪的方法，而只是对他的坏情绪进行压制，不断提醒他"你这样是不对的"。孩子的坏情绪没有消失，在压制下会不断反弹，或者会在日后压不住的时刻突然爆发。

如果这样的状态不改变，家中就很容易变成母子俩负面情绪的"战场"。这样的情况发展并不乐观，所以我们需要教孩子成为自己情绪的CEO。

第一，从情绪本身入手，告诉孩子情绪到底是什么。你要告诉孩子，遇到事情出现情绪是正常的，消极情绪的存在也是正常现象，并不是他自己出了什么问题。不要急着让孩子立刻压制情绪，而是允许他发泄自己的情绪，并让他的情绪存在一段时间，让他慢慢地感受。

不过你要告诉他一些合理的发泄情绪的方法，原则是不要伤害自己、其他人和事物。你可以鼓励他倾诉，允许他撕纸或者捶一捶沙发抱枕，也可以建议他听一听自己喜欢的歌、看一场好看的电影、去户外走走，以及做一些有氧运动，等等。你可以帮助他将情绪发泄出来。

同时，你也要告诉孩子，坏情绪不会永远持续下去，是可以消除的。你要给孩子希望，让他知道他所经历的情绪问题并不是不能解决的，这样孩子才能安心和你学习管理情绪的方法。

第二，从情绪源头入手，与孩子一起关注美好事物。美好的事物更容易给人带来幸福感，所以多关注生活中的美好事物，就会让人更容易也更多地产生积极情绪。

我们可以和孩子一起多看看美丽的事物，给他讲快乐的故事，欣赏色彩明快的图画。我们可以给孩子准备一个漂亮的本子，鼓励他记录他感觉快乐的事情，也可以经常给他拍一些快乐时刻的照片、视频，让他有空就拿出来看看，进行快乐的回忆。

第三，从情绪结果入手，让孩子看到他的行为后果。有的妈妈会和孩子说"你这样做，我很不高兴"或者明确告诉孩子"我不喜欢你的行为"，然后让孩子根据妈妈的感觉进行纠正。

其实这并不是好方法，因为如此一来孩子就会更关注妈妈的情绪，而不是他自己的情绪。就如前面提到的一个孩子，自己做错了事便不断地对妈妈道歉。孩子这样的表现其实就意味着他感觉自己应该对妈妈的情绪负责，这会让他忘记自己为什么要遵守规则。这种不必要的自责与内疚并不能帮助他缓解自己的情绪。

那应该怎么做呢？孩子每次出问题后，我们应带他这样进行总结：

自我行为→事件后果→内心感受→总结→对自我负责

这是在让孩子真正从内好好看待自己。妈妈可以帮助他一起分析情绪问题。在这期间妈妈可以表达自己的看法，但也要尊重孩子的情绪表现，也就是我们要将自己从孩子闹情绪这件事中分离出去，不要让孩子以我们的感觉为判断标准，而是要让他从正确的原则角度去思考，最终让他养成主动为自己的情绪负责的好习惯。

第四，从传递管理情绪的智慧入手，要保持从容镇定。孩子闹情绪时，我们也很容易陷入负面情绪中，而一旦我们进入了吼叫状态，肯定就没办法教孩子应对他的情绪了。

所以，我们要先保持从容镇定，不否认、抱怨、贬低、怀疑他的感受。我们只有对他的情绪保持尊重，才能更好地引导他学习管理自己的情绪。

同时，我们也要将孩子的情绪与自己的情绪区分开来，不要将自己的情绪都归结于孩子，而要多想想自己怎样改进。

也就是说，在教孩子学会掌控自己的情绪之前，我们先要掌控自己的情绪，认同自己的不完美，知道自己是有改进的空间的，反思自己哪里做得不好。同时，我们也要意识到孩子的不完美。这样我们就会逐渐做到心境平和，教育孩子时也更能从理智的角度思考了。

最后，还要告诉孩子：只有提升自己的修养，才能真正掌控自己的情绪，才能真正做情绪的主人，才能拥有一个幸福、美满的人生。